新一轮广西一流学科建设项目——百色学院马克思主义理论学科开放课题“新时代大学生社会主义核心价值观培育与践行研究”的研究成果

| 光明学术文库 | 政治与哲学书系 |

# 大学生社会主义核心价值观培育与践行研究

邱其荣 | 著

光明日报出版社

**图书在版编目（CIP）数据**

大学生社会主义核心价值观培育与践行研究 / 邱其荣著. -- 北京：光明日报出版社，2022.9

ISBN 978-7-5194-6781-4

Ⅰ. ①大… Ⅱ. ①邱… Ⅲ. ①大学生—思想政治教育—研究—中国 Ⅳ. ①G641

中国版本图书馆 CIP 数据核字（2022）第 159898 号

**大学生社会主义核心价值观培育与践行研究**

**DAXUESHENG SHEHUI ZHUYI HEXIN JIAZHIGUAN PEIYU YU JIANXING YANJIU**

著　　者：邱其荣

责任编辑：李　倩　　　　责任校对：李　兵

封面设计：中联华文　　　责任印制：曹　诤

出版发行：光明日报出版社

地　　址：北京市西城区永安路 106 号，100050

电　　话：010-63169890（咨询），010-63131930（邮购）

传　　真：010-63131930

网　　址：http：//book. gmw. cn

E - mail：gmrbcbs@ gmw. cn

法律顾问：北京市兰台律师事务所龚柳方律师

印　　刷：三河市华东印刷有限公司

装　　订：三河市华东印刷有限公司

本书如有破损、缺页、装订错误，请与本社联系调换，电话：010-63131930

开　　本：170mm×240mm

字　　数：323 千字　　　　印　　张：18

版　　次：2022 年 9 月第 1 版　　印　　次：2022 年 9 月第 1 次印刷

书　　号：ISBN 978-7-5194-6781-4

定　　价：95.00 元

# 前　言

当前我国已经处于全面建成小康社会阶段，中国特色社会主义进入新时代。这个新时代，是承前启后、继往开来、在新的历史条件下继续夺取中国特色社会主义伟大胜利的时代，是已经全面建成小康社会、进而全面建设社会主义现代化强国的时代，是全国各族人民团结奋斗、不断创造美好生活、逐步实现全体人民共同富裕的时代，是全体中华儿女奋力实现中华民族伟大复兴中国梦的时代，是我国日益走近世界舞台中央、不断为人类做出更大贡献的时代。

而当前复杂的社会环境带来了多元的价值观，移动互联网的广泛使用冲击了高校的教育模式，家庭教育的缺失弱化了家长对子女的教育效果，多元化的教育方式吸引着当代大学生。这就要求我们加强新时代大学生社会主义核心价值观培育与践行。“青年的价值取向决定了未来整个社会的价值取向，而青年又处在价值观形成和确立的时期，抓好这一时期的价值观养成十分重要。这就像穿衣服扣扣子一样，如果第一粒扣子扣错了，剩余的扣子都会扣错。人生的扣子从一开始就要扣好。”① 高校是培养中国特色社会主义事业合格建设者和可靠接班人的重要基地，也是培育和践行社会主义核心价值观的精神高地。

本书对新时代大学生社会主义核心价值观培育与践行进行研究，共八章。第一章为“理论基础：社会主义核心价值观的内涵和意义”；对社会主义核心价值观的提出、社会主义核心价值观的科学内涵、大学生社会主义核心价值观培育与践行的意义进行研究分析。第二章为“外部境遇：大学生社会主义核心价值观培育与践行的环境分析”；从全球化、信息化、人的个体化三个方面进行探讨。第三章为“方向指导：大学生社会主义核心价值观培育与践行的目标、原则和方法”；就目标、原则与方法三方面内容进行深入阐释。第四章为“理论课程：大学生社会主义核心价值观培育与践行的主渠道建设”；分别从理论课的重要性和现状、理论课的实效性提升、加强通识教育和专业教育融入三个方面进

① 习近平谈治国理政：第一卷［M］. 北京：外文出版社，2014：172.

行研究。第五章为“文化育人：社会主义核心价值观融入校园文化建设”；内容包括社会主义核心价值观融入校园文化建设的必要性和现状分析，以及融入校园文化建设的要求和途径。第六章为“新媒体路径：充分发挥新媒体在大学生社会主义核心价值观培育与践行中的作用”；从加强网上网下协同育人模式、加强核心价值观网络主阵地建设、加强微媒体作用的发挥三方面进行探讨分析。第七章为“队伍保障：大学生社会主义核心价值观培育与践行队伍建设”；研究习近平关于促进教师做到“四个相统一”思想、思想政治教育队伍的素质和能力要求、思想政治教育队伍建设的途径三方面。第八章为“机制建设：大学生社会主义核心价值观培育与践行的机制构建”；包括管理机制构建、运行机制构建、评价机制构建三个方面内容。

春风化雨育桃李，思政教育润无声。新时代大学生社会主义核心价值观培育与践行具有重大的理论和现实意义，同时，面临难得的机遇与严峻的挑战，这就需要高校思想政治教育者不断求索，努力将研究成果运用到实践中，从而不断地提升其实效性。

邱其荣

2022 年 3 月

# 目　录

# CONTENTS

# 第一章

# 理论基础：社会主义核心价值观的内涵和意义

习近平总书记指出："必须坚持马克思主义，牢固树立共产主义远大理想和中国特色社会主义共同理想，培育和践行社会主义核心价值观，不断增强意识形态领域主导权和话语权，推动中华优秀传统文化创造性转化、创新性发展，继承革命文化，发展社会主义先进文化，不忘本来、吸收外来、面向未来，更好构筑中国精神、中国价值、中国力量，为人民提供精神指引。"① 社会主义核心价值观是引领我国建设和改革的重要价值导向，厘清其科学内涵和重要意义是在大学生中培育和践行社会主义核心价值观的基础。

## 第一节　社会主义核心价值观的提出

社会主义核心价值体系和社会主义核心价值观是中国共产党领导广大人民群众在构建中国特色社会主义核心价值观的过程中不断创造和积累的成果，是马克思主义中国化的成果，二者之间存在不可分割的逻辑关联，相辅相成、有机统一。

### 一、社会主义核心价值体系的内涵

每个社会都会有其独特的价值体系，社会价值体系是这个社会的价值目标、价值追求、价值取向等一切与价值相关的内容构成的综合体。价值体系是由一定社会崇尚和倡导的思想理论、理想信念、道德准则、精神风尚等因素构成的社会价值认同体系。核心价值体系则是整个价值体系中的核心所在。党的十六届六中全会明确指出："马克思主义指导思想，中国特色社会主义共同理想，以

---

① 习近平谈治国理政：第三卷［M］. 北京：外文出版社，2020：18.

爱国主义为核心的民族精神和以改革创新为核心的时代精神，社会主义荣辱观，构成了社会主义核心价值体系的基本内容。”① 党的十七大对社会主义核心价值体系建设进行了总体部署。随后，党的十七届六中全会进一步肯定了社会主义核心价值体系在文化建设中的重大作用。总体上看，社会主义核心价值体系包含以下基本内容：

（一）马克思主义指导思想

我们党在我国的革命、建设和改革中始终坚持以马克思主义为指导思想，这也是我们党带领人民夺取革命、建设和改革胜利的关键，马克思主义是社会主义核心价值体系的灵魂和支柱，也是社会主义核心价值体系最根本的内容。从历史的角度看，中国共产党领导人民群众取得革命、建设和改革的诸多成就，其经验之一就是坚持和发展了马克思主义。毛泽东在回顾总结中国革命建设的实践经验时说：“马克思、恩格斯、列宁和斯大林给了我们以武器，这个武器不是机关枪，而是马克思列宁主义。”② 主义犹如一面旗帜，旗帜树立起来了，人民群众才会明确前进的方向和目标。实践证明，马克思主义是广大人民群众认识世界、改造世界的强大思想武器，是中国共产党治国理政的根本指针，也是全国各族人民团结奋斗的理想和信念基础。只有牢固树立这个理想信念，牢牢坚持这个指导思想，才会使全国各族人民有一个坚强的精神支柱。这一指导思想集中代表了全国各族人民的共同利益，是保证人民群众紧密团结在中国共产党周围，不断开创中国特色社会主义伟大事业新胜利的精神支柱。

（二）社会主义荣辱观

荣辱观是指人们对荣誉与耻辱的根本看法和价值取向，反映了人们的基本价值观，因此社会主义荣辱观是社会主义核心价值体系的重要内容。经验表明，在人类生活中，对于善恶、美丑、荣辱，都必须有一个清晰界限，而不能含糊不清。中华民族能从积贫积弱的状态不断走向繁荣昌盛，一个重要原因就是我们在努力坚持正确的荣辱观，始终抵御了野蛮伦理和道德愚昧。基于对社会主义荣辱观的深刻体认，2006 年 3 月，胡锦涛提出了以“八荣八耻”为主要内容的社会主义荣辱观：以热爱祖国为荣、以危害祖国为耻，以服务人民为荣、以背离人民为耻，以崇尚科学为荣、以愚昧无知为耻，以辛勤劳动为荣、以好逸恶劳为耻，以团结互助为荣、以损人利己为耻，以诚实守信为荣、以见利忘义

---

① 中共中央文献研究室. 十六大以来重要文献选编（下）［M］. 北京：中央文献出版社，2008：661.

② 毛泽东选集：第 4 卷［M］. 北京：人民出版社，1991：1469.

为耻，以遵纪守法为荣、以违法乱纪为耻，以艰苦奋斗为荣、以骄奢淫逸为耻。从实践来看，社会主义荣辱观，将中华民族的传统美德、革命道德和新时代的道德要求紧密地结合了起来，为人们判断行为得失、做出道德评价提供了基本准则。

### （三）民族精神和时代精神

对于一个国家和民族而言，民族精神体现了这个民族的根本价值观，时代精神则是国家和民族长期可持续发展的根本精神。"一个民族，一个国家，如果没有自己的精神支柱，就等于没有灵魂，就会失去凝聚力和生命力。有没有高昂的民族精神，是衡量一个国家综合国力强弱的重要尺度。"① 民族精神能释放出巨大的号召力和推动力，不断激发出全国各族人民群众的昂扬斗志。习近平总书记指出："站立在九百六十万平方公里的广袤土地上，吸吮着中华民族漫长奋斗积累的文化养分，拥有十三亿中国人民聚合的磅礴之力，我们走自己的路，具有无比广阔的舞台，具有无比深厚的历史底蕴，具有无比强大的前进动力。"② 中华民族蕴含着深厚的民族精神，爱国主义、勤劳勇敢、自强不息等，都是其深刻内涵。鉴于深厚的民族精神，习近平总书记指出："中华文明绵延数千年，有其独特的价值体系。中华优秀传统文化已经成为中华民族的基因，植根在中国人内心，潜移默化影响着中国人的思想方式和行为方式。今天，我们提倡和弘扬社会主义核心价值观，必须从中汲取丰富营养，否则就不会有生命力和影响力。"③ 之后中国共产党又与时俱进地提出了以改革创新为核心的解放思想、求真务实、锐意改革、开拓创新的鲜明时代精神。总而言之，以爱国主义为核心的民族精神和以改革创新为核心的时代精神，是社会主义核心价值体系中的中国品格。

### （四）中国特色社会主义共同理想

理想是指引人们发展的重要动力，共同理想则是指引整个社会发展的不竭源泉，只有在人民群众中树立和巩固崇高的共同理想，才能指引他们不畏艰难、攻克难关，推动社会的进步和发展。中华人民共和国成立以后，中国共产党带领广大人民群众不断提出适合中国实际的共同理想。党的十三大提出，在社会主义初级阶段我国各族人民的共同理想是把我国建设成为富强民主文明的社会

---

① 中共中央文献研究室. 十五大以来重要文献选编（上）［M］. 北京：人民出版社，2000：485.

② 中共中央宣传部. 习近平总书记系列重要讲话读本［M］. 北京：人民出版社，2014：22.

③ 中共中央宣传部. 习近平总书记系列重要讲话读本［M］. 北京：人民出版社，2014：96.

主义国家。党的十六届六中全会强调，中国特色社会主义共同理想是在中国共产党领导下，走中国特色社会主义道路，实现中华民族的伟大复兴。党的十七大、十八大一再强调中国特色社会主义共同理想的重要意义。这些实践表明，中国特色社会主义不仅是中国自近代以来历史发展的合乎逻辑的产物，而且获得了改革开放实践的证实。中国特色社会主义共同理想既体现了历史观和价值观的统一、合规律性与合目的性的统一，又体现了共性和个性的统一、人类发展的普遍规律和民族发展道路的统一。坚持这个共同理想，中国才能走自己的路，创造适合自己的发展道路。

从社会主义核心价值体系的内涵中可以看出，其切实反映了社会主义意识形态的基本属性，反映了中国特色社会主义的独特价值观，是指引中国特色社会主义建设的重要价值基础。社会主义核心价值体系，“是我们民族长期秉承的反映社会主义本质和建设规律的根本原则和价值观念的理性集结体。它支撑着我们在建设社会主义长期实践中的行为指向和行为准则，从更深层次影响着我们在建设中国特色社会主义伟大征程中的思想方法与行为方式”①。中国特色社会主义实践表明，社会主义核心价值体系是富有中国特色的价值体系。作为一种价值形态，社会主义价值体系是与特定的现实条件相契合的，中国特色是其鲜明特征。它表明，中国特殊的国情要求一定的价值体系与之相适应，它是中国特色社会主义实践的精神支撑和理念引导。

## 二、社会主义核心价值观的形成和发展

社会主义核心价值观是社会主义思想体系的内核和社会主义制度的灵魂，是中国共产党在中国特色社会主义实践过程中从价值追寻层面对社会主义的深刻认知。

### （一）社会主义核心价值观的形成背景

真理源于实践，而实践则是检验真理的唯一标准。对社会主义核心价值观而言，其深层背景同样来源于中国特色社会主义实践。具体来讲，即改革开放以来所形成的中国特色社会主义实践基础构成了它的形成背景。

#### 1. 社会主义核心价值观是实现“中国梦”的价值引领

党的十八大召开后，习近平总书记提出，实现中华民族伟大复兴，就是中华民族近代最伟大的中国梦。中国梦是全体中华儿女的梦，是国家富强之梦、民族兴旺之梦、社会和谐之梦、人民安康之梦。中国梦不仅表达了中华民族奋

---

① 王泽应. 社会主义核心价值观的基本特征［N］. 光明日报，2007-04-03.

发向上的意志情怀，而且昭示着中国共产党带领全国各族人民开创中国特色社会主义伟大事业的崇高理想。实现中国梦既需要强大的硬实力，也离不开思想、文化和价值观等软实力。实践证明，社会主义核心价值观是中国梦不可缺少的价值内核，也是实现中国梦的思想保证。充分发挥社会主义核心价值观的引领作用，能有效凝聚社会共识，形成合力，促进团结，使全国各族人民心往一处想、劲往一处使，进而汇聚成实现中国梦的强大动力。

2. 利益格局调整，人们的价值诉求被唤醒

改革开放以来，利益格局的巨大变化，导致人们逐渐产生了越来越多样化的价值诉求，也就导致了一定的价值冲突。这从深层次上提出了凝练社会主义核心价值观的根本需要。改革开放的伟大实践，在充裕人们物质生活的同时，也悄然推动了中国社会利益格局的不断调整和阶层分化。诚如马克思所言，“思想一旦离开利益，就一定会使自己出丑”①。身处不同利益格局中的群体，基于不同的立场和需求，逐渐呈现出不同的价值判断和价值选择。这种情况的出现，客观上直接提出了凝练社会主义核心价值观的现实需要。实践表明，社会主义核心价值观就是在正视客观现实的基础上，通过比较、筛选，对社会主义制度和价值取向形成深刻认知的结果。

3. 思想观念深刻变革，价值观念多元化

价值观念的多元化是社会主义核心价值观生成的直接动力。社会主义市场经济的发展，客观上推动了传统社会向现代社会的转变。在一个日益世俗化、理性化和个体化的现代社会，思想观念的独立性、差异性和多元性，日益显现并呈现出不断增强的趋势。在这种情况下，如何在纷繁复杂、多元共存的价值观中实现科学辨识，进而凝聚价值共识，是社会主义价值观核心建设的重要命题。如果不能及时梳理、整合多元的价值观，必将给社会主义核心价值观制造混乱，继而成为社会主义现代化建设的阻力。基于此，中国共产党通过深刻辨识，积极传承优秀文化，逐渐凝练提出了社会主义核心价值观。

### （二）社会主义核心价值观的凝练探索

按照唯物史观的观点，自发形成和自觉形成是形成某种价值观的两种基本途径。在社会发展的实践中，为了推动社会进步和发展，人们会有意识地积极培育和践行某种价值观。因为人的能力和理性都不是万能的，因之而来的价值观培育自然不是纯粹的自发过程，也不是纯粹的建构主义路径，而是二者的有机结合，即在不违背基本规律的基础上，充分发挥理性建构作用的结果。

---

① 马克思恩格斯全集：第2卷［M］. 北京：人民出版社，2005：297.

对于社会主义核心价值观的形成来说也是如此。为了让社会公众更简单地接受社会主义核心价值体系的内容，党的十八大将社会主义核心价值观概括为24个字，这是在遵循社会主义建设客观规律的基础上，充分发挥建构性作用凝练而成的结果。换言之，中国共产党对社会主义核心价值观的凝练探索，并不是对已经存在的价值观的简单提炼和概括，也不是子虚乌有地生造。其真实过程实际上是，这些价值观念虽然存在于社会主义制度及其实践中，但并没有深深扎根于人民群众的心灵深处，而又是为广大人民群众所期盼和需要的。为此，需要中国共产党带领广大人民群众自觉地凝聚和培育，继而使这些核心价值观逐渐积淀为广大人民群众的心理认知和行为准则。

从我国社会主义核心价值体系和社会主义核心价值观的提出和发展来看，从2006年党的十六届六中全会第一次明确提出“社会主义核心价值体系”这一重要命题，到2011年党的十七届六中全会把社会主义核心价值体系建设提高到前所未有的高度，再到2012年党的十八大从“三个倡导”的层面提出“社会主义核心价值观”，人们提出了60多条、涉及90多个具体范畴、具有代表性的有关社会主义核心价值观的看法。与此同时，各级党组织还组织了多个层面的研讨、调查、分析和宣传引导，对社会主义核心价值观的内容进行了多维度、深层次的探寻和培育。当然，诚如任何一种认识自身内涵的有限性一样，对社会主义核心价值观的凝练探索也不可能是一劳永逸的，必然是一个不断深入推进的过程。

我们党之所以可以带领人们取得革命、建设和改革的成功，一个重要的原因就是其可以从纷繁复杂的辨识中抽丝剥茧地概括出认同度较高、内涵丰富、简明扼要的社会主义核心价值观。可以说，社会主义核心价值观是中国共产党在深刻剖析社会主义本质内涵、总结借鉴人类文明成果、传承中华民族优秀文化、充分吸收各种讨论意见的基础上，提出的具有广泛代表性和最大公约数的认识成果。

### （三）社会主义核心价值观的形成逻辑

从社会主义核心价值观的本质来看，价值观是价值意识中抽象层次最高、最具普遍性和概括性、具有广泛的社会意义，从深层本质和深层规律层面来反映人们对社会生活和实践中的意义问题的价值意识。由于价值观具有最深刻的反映人的主体本质规定性、要求和需要的性质，所以，当人们一旦牢固地确立起了某种价值观，就会对人的某一社会生活和实践领域内的具体的价值观念以及情感、意志、欲望等非理性的价值意识发生制约、规定、改变、更新等作用。

既然价值观是最高层次、最具普遍性的理论概括，那么也可以说它在一定程度上反映了人们在价值认知层面的理论自觉。

实际上，我们党凝练社会主义核心价值观，就是在寻求人们的价值自觉。从实践的角度来说，这个过程就是中国共产党带领广大人民群众在不断探索的实践过程中，对于理应秉持和践行的价值取向、价值规范和价值原则有清晰的认知，并能不受外界环境的影响，毫不动摇、持之以恒地一以贯之。

1. 社会主义核心价值观是党对中国特色社会主义历史使命的积极传承

列宁曾指出："判断历史的功绩，不是根据历史活动家没有提供现代所要求的东西，而是根据他们比他们的前辈提供了新的东西。"① 中国特色社会主义是我们党带领人民经过不停探索，在国家的革命、建设和改革的过程中不断实践探索得来的，它不是从天上掉下来的，是我们党和人民付出各种代价才获得的根本成就。因而，它需要中国共产党不断地创新和传承。这种创新和传承不仅包括物质文明，而且包括价值范畴。也就是说，中国特色社会主义的优越性不仅体现为它能创造出比资本主义更为发达的生产力，还能凝练出更进步、更具时代内涵的价值观。而事实证明，中国共产党正是挑起了这副重担，根据中国特色社会主义的具体实际，积极传承和创造出了体现中国风格、中国气派的社会主义核心价值观。对于中国特色社会主义来说，社会主义核心价值观是在中国特色社会主义道路开辟的过程中逐步凝练起来的，它是中国共产党对中国特色社会主义实践形成理性自觉的结果。

2. 社会主义核心价值观是党基于中国现实和契合人民意愿的凝练与整合

随着社会发展和进步，我国面临着更为复杂的现实问题，人们生活水平的不断提高使他们产生了更多元化的利益诉求。在这种情况下，亟须中国共产党深刻分析、理性辨识，回应人民意愿，提出适合中国实际的核心价值观。事实证明，社会主义核心价值观恰恰体现了中国共产党对传统与现代、主观与客观、历史与现实的融会贯通，既借鉴吸收了人类的文明成果，又契合了中国人民的现实需要，是一种典型的价值自觉过程。正是基于这种价值自觉的探寻，它鲜明体现了社会主义的本质要求和人民群众的普遍意志，得到了广大人民群众的高度认同和广泛支持。

## 三、社会主义核心价值体系与社会主义核心价值观的逻辑关联

习近平总书记指出："社会主义核心价值体系和核心价值观内在一致，都体

① 列宁全集：第2卷［M］. 北京：人民出版社，1984：154.

现了社会主义意识形态的本质要求，体现了社会主义制度在思想和精神层面的质的规定性，凝结着社会主义先进文化的精髓，是中国特色社会主义道路、理论体系和制度的价值表达。”① 由此可见，无论是从生成过程，还是从重要内容看，社会主义核心价值体系与社会主义核心价值观都具有较强的内在关联，二者相辅相成、有机融合。

### （一）社会主义核心价值体系是社会主义核心价值观的理论基础

一个社会的核心价值观是从最根本、最核心的角度反映这个社会的价值体系，社会的价值体系是对这个社会价值观做出的反映，都是以其价值体系为思想基础的。从社会主义核心价值体系和价值观的形成过程看，中国共产党带领广大人民群众始终在思考一个问题：中国人民的核心信仰、共同理想是什么？社会主义核心价值体系在很大程度上就是对这些问题的深刻思考和高度概括。

社会主义核心价值观是社会主义价值体系的精华，它是社会主义制度的精神和灵魂，它以最广大人民群众的根本利益为基础，以追求共产主义作为伟大目标。从这个意义上讲，“社会主义核心价值观在社会主义核心价值体系的基础上，更加突出核心要素、更加注重凝练表达、更加强化实践导向”②。脱离了社会主义核心价值体系，社会主义核心价值观将无从形成。因为，历史证明，一个社会的核心价值体系和核心价值观之间基本上是一种包含关系，前者包蕴后者，后者寓于前者之中。前者是基础、载体，后者是内核、精髓。核心价值观的提炼不能脱离核心价值体系，应该是从中抽象出来得更为精练、更为深刻、更为基本的东西，它是核心中的核心、本质中的本质。对于社会主义核心价值观而言，它正是在社会主义核心价值体系的基础上的凝练和提升。没有社会主义核心价值体系作为理论基础，社会主义核心价值观将难以形成。

### （二）社会主义核心价值体系与社会主义核心价值观各有侧重

社会主义核心价值体系与社会主义核心价值观一脉相承，但是二者也各有侧重。这集中体现在表达方式、诠释角度两个方面。

#### 1. 从表达方式进行分析

社会主义核心价值体系是一个复杂的体系，它强调社会价值内容的体系架构。因此，相较于社会主义核心价值观，其具有更庞大、复杂的架构，集中反映了我们党对共产党执政规律、社会主义建设规律和人类社会发展规律已经从

① 中共中央宣传部. 习近平总书记系列重要讲话读本［M］. 北京：人民出版社，2014：93.

② 中共中央宣传部. 习近平总书记系列重要讲话读本［M］. 北京：人民出版社，2014：93.

理论层面、制度层面进一步深入价值层面，已经从真理性认识深化到真理性认识与价值性认识相统一的高度。而以“三个倡导”为形式的社会主义核心价值观，则更注重形式的简洁明了，通俗易懂，符合大众化、通俗化要求，便于阐发，便于传播。可见，从社会主义核心价值体系到社会主义核心价值观，体现了从抽象到具体、从思想到行动的演化过程，“更加突出核心要素，更加注重凝练表达，更加强化实践导向”的特点非常明显。

2. 从诠释角度进行分析

社会主义核心价值体系侧重于体系建构，从理想、精神、道德等层面构建基本内涵，并可见其逻辑之缜密、结构之完整。而社会主义核心价值观则从国家、社会、公民三个层面阐释中国特色社会主义的基本理念、目标追求、价值取向和行为方式，尤其是清晰地阐释了国家层面的价值追求是什么、社会层面的目标追寻是什么、公民个人层面的理想信念是什么。整个逻辑体系非常清晰，条理化特征非常明显，核心要素特征非常突出。从一定意义上说，社会主义核心价值观是从内在的精神观念入手，强调对社会主义的准确理解和深刻把握，倾向于根本价值理念的建构；而社会主义核心价值体系则是从外在的体系入手，强调实践上的操作性，倾向于更加直观的结构和具体的内容。

### （三）社会主义核心价值体系与社会主义核心价值观一脉相承

不论是社会主义核心价值体系，还是社会主义核心价值观，都是围绕着“什么是社会主义，怎样建设社会主义”这一重要议题而展开的。从这一角度来理解二者之间的辩证关系，实际上就是要把二者统一于中国特色社会主义伟大实践。中国特色社会主义作为一条主线，使二者一脉相承，蕴含共同的价值内核。

从实践角度来看，我们党带领人民建设中国特色社会主义，始终都是围绕着“什么是社会主义，怎样建设社会主义”这一主题开展的。自 20 世纪 80 年代以来，中国共产党带领广大人民群众对“什么是社会主义，怎样建设社会主义”进行了初步探索，并形成了一些颇具中国特色、契合中国实际的结论，其中总结提炼社会主义核心价值体系就是基本结论之一。基于此，党的十八大报告指出，社会主义核心价值体系是兴国之魂，决定着中国特色社会主义发展方向。由此可见，中国特色社会主义始终是社会主义核心价值体系的根基。既然中国特色社会主义实践构成社会主义核心价值体系的基础，那么立基于社会主义核心价值体系而成的社会主义核心价值观，同样是以中国特色社会主义为思想和理论基础。中国特色社会主义构成二者一脉相承的灵魂所在。

中国特色社会主义建设要求，不论是核心价值观还是核心价值体系，都应该将建设作为重点，也就是要在实践中坚持弘扬共同理想、凝聚精神力量、建设道德风尚，这都是为了形成全民族奋发向上、团结和睦的精神纽带，使我们的国家、民族、人民在思想和精神上强起来，更好地坚持中国道路、弘扬中国精神、凝聚中国力量。

### （四）社会主义核心价值观是社会主义核心价值体系的高度凝练和集中表达

"社会主义核心价值体系"这一命题是在党的十六届六中全会上首次正式提出的，会议对其基本内涵做出了界定，自此各相关领域开始对这一概念进行深刻的探讨和研究，人民群众也表现出了对这一全新概念的关切与重视。在这个过程中，人们逐渐清晰地认识到，社会主义核心价值体系的提出，反映了中国共产党对社会主义的思想内涵、价值彰显、精神品格有了新的更加全面的认知。

但是在培育和践行社会主义核心价值体系的过程中，社会主义核心价值体系具有丰富的科学内涵，并且具有很强的理论性、广泛的涉及面，这就导致其比较抽象、繁复，从而制约和影响了社会主义核心价值的传播和内化。如何立足于中国实际，尤其是如何满足广大人民群众思想观念的需求，如何从经济、政治、文化、社会等多个层面解读"什么是社会主义""如何建设社会主义"，中国特色社会主义该树立什么样的理想信念、弘扬什么样的中国精神，就成为一个重要的现实议题。从这个意义上讲，基于社会主义核心价值体系提炼社会主义核心价值观，既是深入推进核心价值体系建设的紧迫需求，也是核心价值观为广大人民群众所接受的内在要求。基于此，党的十八大审时度势地凝练出社会主义核心价值观。习近平总书记指出："它所强调的'三个倡导'二十四个字，是社会主义核心价值体系的内核，是对社会主义和谐价值体系的高度凝练和集中表达。"① 对此，中共中央办公厅印发的《关于培育和践行社会主义核心价值观的意见》指出，社会主义核心价值观是社会主义核心价值体系的内核，体现着社会主义核心价值体系的根本性质和基本特征，反映着社会主义核心价值体系的丰富内涵和实践要求，是社会主义核心价值体系的高度凝练和集中表达。

---

① 中共中央宣传部. 习近平总书记系列重要讲话读本［M］. 北京：人民出版社，2014：95.

## 第二节　社会主义核心价值观的科学内涵

社会主义核心价值观是国家、社会和人民的价值追求。习近平总书记在纪念马克思诞辰200周年大会上的讲话指出："我们要立足中国，面向现代化、面向世界、面向未来，巩固马克思主义在意识形态领域的指导地位，发展社会主义先进文化，加强社会主义精神文明建设，把社会主义核心价值观融入社会发展各方面，推动中华优秀传统文化创造性转化、创新性发展，不断提高人民思想觉悟、道德水平、文明素养，不断铸就中华文化新辉煌。"① 想要落实这点，首先需要理解和把握社会主义核心价值观的深刻内涵。

### 一、国家层面：富强、民主、文明、和谐

#### （一）富强

富强是国家层面的社会主义核心价值观的内容之一，其具有两层基本含义。第一，社会生产力发达，产品丰裕、安全可靠，能够满足社会各方面的需求，民生富足、安乐，国家手中掌握较多资源，可以用于发展各种利国利民的事业、向社会提供福利以及救灾抢险等。第二，有一支听党指挥，能打胜仗，保卫国家安全、社会稳定、人民生命财产安全的武装力量。实现富强的主体是广大人民群众，富强的成果最终也要由全体人民来共同分享，全面提高人民生活水平。富强的具体内涵还应包括：基本公共服务均等化总体实现。全民受教育程度和创新人才培养水平明显提高，进入人才强国和人力资源强国行列，教育现代化基本实现。就业更加充分。收入分配差距缩小，中等收入群体持续扩大，扶贫对象大幅减少。社会保障全民覆盖，人人享有基本医疗卫生服务，住房保障体系基本形成，社会和谐稳定。同时，政治上，人民民主不断扩大。不断完善社会主义民主制度，丰富社会主义民主形式，更好地发挥人民在社会主义建设中的积极性、主动性、创造性。依法治国基本方略全面落实，法治政府基本建成，司法公信力不断提高，人权得到切实尊重和保障。

我们应该在充分考虑中国历史和具体国情的基础上，科学客观地阐释"富强"这一价值观内涵，其中最重要、最基本的，就是将"富强"诠释为"富

① 习近平：在纪念马克思诞辰200周年大会上的讲话［N］. 人民日报，2018-05-05（02）.

裕、强健”。富裕，包括了经济的良性发展，人民的丰衣足食；而强健，则是一种健康的、充满活力的强，是一种有生命力的强。强健，更多的是强调自强，就如同源远流长的中国武术，旨在内外双修、强筋健骨、强身健体，而不是以强凌弱，由强进而霸，进而恶。此外，这里不宜把“富强”简单地分拆为“民富、国强”加以解释。实际上，我们既要国富，也要民富；既要国强，也要民强。社会主义若要称得上强，必须能够比资本主义更快地发展社会生产力，实现经济与社会的可持续发展，而且，必须能够更加公正地分好“蛋糕”，让全体人民共享改革发展的成果。

富强是社会主义核心价值观的基本内容，同时也是位于价值观首位的重要内涵。只有保证国家在经济上实现富强，才能解决我国改革开放进程中的各种困难和问题，富强是重要的物质保证，是步入或超越现代发达国家的物质前提。在和平与发展是世界主题、综合国力竞争日趋激烈的今天，实现国家的繁荣富强，既是提升中国国际地位的现实需要，也是中国特色社会主义事业的当代价值目标。国家富强既体现在国家的经济力、科技力、国防实力的强大上，也体现在文化软实力、文化创新力和民族凝聚力的强大上，这些强大本身都不是目的，目的只有一个，那就是实现人民幸福。

将“富强”放在中国特色社会主义的语境中进行阐释，则可以将其划入社会发展的重要范畴，包含了民富国强、共同富裕、人与自然和谐发展的富强、人民物质精神的共同繁荣以及和平崛起下的富强五个内容。同时，富强即国富民强，是社会主义现代化国家经济建设的应然状态，是中华民族梦寐以求的美好夙愿，也是国家繁荣昌盛、人民幸福安康的物质基础。

### （二）民主

“民主是人类社会的美好诉求。我们追求的民主是人民民主，其实质和核心是人民当家作主。它是社会主义的生命，也是创造人民美好幸福生活的政治保障。”① 民主是人类社会发展到一定程度的产物，是人类共同创造的文明成果，不独享于某个国家、民族和政党。同时，民主也具有特殊性。资本主义民主是有限的、不充分的民主；社会主义民主是人民当家作主的民主，是能够得到充分实现的民主。

通常人们会从制度层面阐释民主，这也是通常所讲的一般意义上的民主，主要是指公民获得自由和平等权利的制度保障。作为一种价值理念，民主与自由、人权、平等密不可分，与现代国家和现代公民密不可分。作为社会主义国

---

① 吴潜涛. 深刻理解社会主义核心价值观的内涵和意义［N］. 人民日报，2013-05-22.

家，民主从来都是我们的核心价值追求。民主是社会主义运动的本质规定，是社会主义制度的内在属性，是社会主义社会的基本特征。将民主政治作为核心，建构社会主义政治价值观，最根本的就是要把坚持党的领导、人民当家作主和依法治国有机统一起来。

西方发达国家所说的民主与社会主义民主并不是同一个概念。早在古希腊时代就有奴隶制的民主，民主并不是西方资本主义的专利，社会主义同样有民主，而且要建立更加广泛、更加符合人民利益的民主形式。古希腊的民主自由是少数奴隶主的民主自由；而资本主义的民主自由，是资本主导的片面的民主自由；马克思主义的目标是实现真正全面的民主，实现所有人自由而全面的发展，是马克思主义关于人类社会进步的最高价值追求。①

相较而言，社会主义民主价值观代表着历史发展的趋势，具有历史合理性的优势。中国特色社会主义民主价值观是中国人民在建设中国特色社会主义的历史进程中的智慧结晶，既具有民族性，又具有社会主义的优越性。

### （三）文明

随着社会的进步，才逐渐形成文明，社会的文明程度也标志着这个社会的发达程度。可以说，文明是社会主义现代化国家的重要特征。它是社会主义现代化国家文化建设的应有状态，是对面向现代化、面向世界、面向未来的，民族的、科学的、大众的社会主义文化的概括，是实现中华民族伟大复兴的重要支撑。②

文明作为人类进步和发展的标志，与“野蛮”和“落后”相对，是人类在改造世界的实践中所创造的物质财富和精神财富的总和，主要包括物质文明、精神文明和政治文明三个方面。一般说的文明国家和文明社会主要是从政治文明层面讲的，指社会基本政治制度合乎民主正义，法治建设比较健全，社会风气良好，社会公共管理公正开明、合理高效等；一般说的文明公民主要是从精神文明层面讲的，指社会公民思想道德素质高尚，科学文化素质较高，行为举止文明优雅、符合道德规范等。

### （四）和谐

和谐是中国传统文化的基本理念，集中体现了学有所教、劳有所得、病有所医、老有所养、住有所居的生动局面。它是社会主义现代化国家在社会建设

---

① 韩震. 从体系建构到观念的凝练［N］. 学习时报，2008-05-12.

② 吴潜涛. 深刻理解社会主义核心价值观的内涵和意义［N］. 人民日报，2013-05-22.

领域的价值诉求，是经济社会和谐稳定、持续健康发展的重要保证。

和谐，也可以理解为在事物发展中的一种相对均衡、统一的状态。它是社会存在的理想状态，包括人与社会的和谐、人与人的和谐、人与自然的和谐，是一与多、个体与群体、活力与秩序的辩证统一。它是科学社会主义的题中应有之义。

同时，和谐还是人类社会发展过程中最重要的价值追求，象征着人类文明的进步。早在中国古代春秋战国时期，儒家创始人孔子就提出“和为贵”的理念；墨子则提出了“兼相爱”的理想社会方案；孟子也描绘了“老吾老以及人之老，幼吾幼以及人之幼”的社会状态。在西方，1803 年法国空想社会主义者傅立叶在其发表的《全世界和谐》一文中，不仅深刻地批判了资本主义制度的不合理性，而且指出这种不合理的社会制度必将为未来的“和谐制度”所代替。1842 年空想共产主义者魏特林在《和谐与自由的保证》一书中，也把社会主义社会称为“和谐与自由”的社会，并指出新社会的“和谐”是“全体和谐”。

## 二、社会层面：自由、平等、公正、法治

从社会层面来说，社会主义核心价值观的价值取向表现为自由、平等、公正、法治。这是立足社会层面对社会主义核心价值体系的高度提炼，既契合了中国特色社会主义的发展要求，又承接了中华优秀传统文化和人类文明优秀成果。有学者指出，自由、平等、公正、法治是一个有机统一体，它们相互支撑、相互促进，共同指向一个生机勃勃的现代和谐社会。

### （一）自由

马克思主义的自由，并非新自由主义所说的理性决定论，必然也不是非对象性的存在物。马克思主义的自由，是目的自由与工具自由、形式自由与实质自由、自发自由与自觉自由、个人自由与社会自由的对立统一。

人类的任何一种形式的解放，实际上都是将人类世界和人的关系还给人自己，从而促进人类的自由全面发展，实现人类社会的自由而全面发展。社会主义与自由不可分离，也不容分割，自由是社会主义确凿无疑的核心价值观。劳动的自由、劳动的权利，构成人的自由的内在规定。言论自由，以及由此出现的作为这种自由的物化形态的出版自由，是人们表达思想意识的自由。人身自由，是人的最基本的自由。人，作为一个有生命的个体，首先需要的是能够自由地处置自己和发展自己，能够在既定的社会条件基础之上，像人那样地生活和工作。这如同马克思所描绘的那样：只有在人与世界的各种关系之中，在他

看着、听着、嗅着、尝着、感觉着、思考着、愿望着、忍受着的时候，能够作为一个完整的个体，肯定并表现为他的个体的一切器官时，这才是人身自由的真实表现。不言而喻，这样的自由只有在社会主义社会才能够充分实现。①

马克思人类解放理论的核心内容就是自由，马克思针对人类和社会发展展开的研究，从某种角度来说就是围绕“自由”这一课题展开的。马克思早期深受资产阶级革命自由思想的影响，但在洞悉资本主义私有制的实质后，他深刻指出：资本主义自由观总是试图表明它为全社会成员共同利益服务，但它归根到底是为私有制、为资产阶级服务的。马克思进一步指出，实现自由的真正道路在于实际地改变现实的资本主义社会关系。马克思一生追求的最高目标，就是使人从现实的物质利益驱使下获得解放，建立自由人的联合体。社会主义自由观是对资本主义自由观的扬弃，具有丰富的科学内涵。自由是具体的、历史的。当前，我国正处于发展的重要战略机遇期，以及社会矛盾凸显期，为此必须坚持具体性、历史性有机统一，用发展眼光、动态思维把握社会主义自由观。自由的实现既要观照现实，从我国国情、生产力发展阶段、社会经济结构、社会阶层结构等现实情况出发，又要审时度势，不断化解各类社会矛盾，随着实践的发展不断创造自由实现的良好条件。社会主义自由是形式自由和实质自由的有机统一。形式自由的重点在于实现自由的有效程序和途径，实质自由的重点在于自由的实质性内容。我们党和国家在推进我国的社会主义现代化进程中，结合我国基本国情和发展实际，不断明确自由的科学内涵、拓宽自由的实现路径，在经济建设、政治建设、文化建设、社会建设和生态文明建设各领域全面深化改革，切实保障全体人民的形式自由和实质自由。社会主义自由是自由、平等、公正、法治的有机统一。在社会主义社会，自由的实现与平等、公正、法治的社会环境息息相关，因而社会主义核心价值观在社会层面将自由、平等、公正、法治作为不可分割的四大价值范畴。特别是社会主义法治，对自由的实现尤为重要。人们只有在法律的规范和保护下，才能为自己争取最大的自由空间，才能获得现实的自由。②

在社会主义核心价值观中，“自由”这一价值取向是指每个公民都应该享有的自由，也就是全体人民的自由，而不是少数人或者某个阶层的自由，是消极自由与积极自由的有机统一。中国社会需要这样的共同自由，党的十八大报告

① 许耀桐. 论马克思主义的社会主义核心价值观［J］. 上海行政学院学报，2012，13（3）：4-12.

② 乔瑞. 以科学辨析把握社会主义自由观［N］. 人民日报，2015-05-18.

第一次将“自由”这个词与平等、公正、法治一起写入执政纲领，充分体现了中国特色社会主义的共同理想与现实诉求。

我国著名马克思主义学者陈先达先生指出，资本主义制度下的自由不是真正意义上的自由，因为这种自由包含了不可解决的矛盾，在这种社会制度下，只有一部分人可以实现自由，因为一部分人的自由总会妨碍另一部分人的自由。资本主义法律上规定人人具有自由、平等、人权。可资本主义的市场经济的自由竞争，必然导致自由、平等、人权之间不可解决的矛盾。在资本主义制度下，资产者与劳动者在经济、政治、文化、教育等方面存在事实上的不平等；至于所谓人权，也会由于贫富对立而导致对弱势群体、对穷人甚至对妇女人权的侵犯。因此，马克思最憧憬的自由，不是资本主义的那种会导致不平等、人权受到侵犯的以个人为本位的自由，而是每个人的自由是一切人的自由发展条件的自由。这种自由与平等、人权能达到和谐的结合。

在马克思主义自由理论中，自由被看作一个整体概念，是一种集体主义。这种自由在价值判断上，不仅考虑个人自由，同时考虑个人自由与他人自由的关系，考虑个人自由与个人组成的共同体即国家民族阶级之间的关系。人的自由是人在社会实践中生成、呈现和实现的。社会主义和共产主义是一种人民群众彻底摆脱强权奴役、金钱奴役的自由，是人民群众的真正彻底解放。

陈秉公先生认为，自由是一种人类的自觉、自主的活动状态和境界，这是在人类认识世界和改造世界的过程中表现出来的，主要表现在正确地处理人与自然、人与社会（他人）和人与自身的关系上。人无可避免地要生活在这三个关系之中，也只能在正确处理这三个关系的实践中获得自由。一般而言，在人与自然关系上，自由体现为人与自然的共生共存、和谐发展，反对和制止破坏生态环境的行为。在人与社会（他人）的关系上，自由体现为正确地处理人与人、个人与集体之间的关系，使每个人的自由发展是一切人的自由发展的条件。在人与自身的关系上，自由体现为肉体与精神、情感与理智、他律与自律、外向超越与内向超越的统一，使人成为自由而全面发展的人。自由并非抽象的概念，而是具体性的概念，这个世界上只存在具体的自由。自由是一个相对概念，而非绝对概念，那种无视必然规律，不要法律、制度和纪律，认为自由就是随心所欲的观点是错误的和有害的。自由具有历史性，是一个在科技生产和社会发展基础上不断建设和发展的过程，无视社会条件去追求自由，只会陷入空想和不自由。在阶级社会里，自由具有阶级性，由于社会主义社会仍然在一定范围内存在阶级斗争，所以自由仍在一定意义上带有阶级性，限制少数敌对分子的自由，正是为了实现劳动人民的自由。总之，自由是一个具有相当理论深度、广度和复杂性的崇高价值理念，一定要科学地掌握它的真谛，不可简单化理解。

我们党和国家带领人民建设中国特色社会主义事业，目的就是尽可能实现最广大人民群众的根本利益。而人民群众的根本利益并不仅仅是物质层面的利益，更重要的是保证人民能够充分享有发展自我、实现自我的条件和自由，使每个人都能够自由全面地发展，都能享有人生出彩、梦想成真的机会。社会主义核心价值观倡导的自由是劳动者在经济、政治和思想等各个方面的自由、平等和解放，是一种真正意义上的自由、平等和解放。

### （二）平等

“平等”这一价值取向，可以从社会成员自身素养和社会地位两个层次进行分析。社会成员的素养是一个综合概念，包括其生理素质、心理素质和文化素质。可以看出，社会成员的自身素质并不是平等的，特别是先天性的生理素质和心理素质更是不平等的。这是任何时候都需要承认的事实，无须论证。社会主义的平等首先要求权利平等。所谓权利平等，就是每个社会成员享有的权利和得到的权利都是相同的、平等的，不允许任何人享受任何特权，也不允许存在歧视等。社会主义平等是机会平等。所谓机会平等，就是社会要为每个社会成员追求自身利益、自我发展和自我完善提供平等的机会和条件，主要包括教育、就业、医疗、福利等各种公共服务方面的平等。社会主义平等也是结果平等，即社会成员在收入、财富、地位、权威、各种社会福利等方面的平等，这种平等由于涉及国民收入等分配的最终结果问题，故称为结果平等。

有学者曾在分析“平等”这一价值取向时指出，平等具有鲜明的具体性和历史性。虽然资产阶级也强调“平等”这一价值取向，但是生产资料的私人占有制，决定了资产阶级的平等不过是资本的特权，是资产阶级在资本、金钱面前的平等。社会主义公有制的确立，使人民真正成为国家和社会的主人，也为人们平等的经济、政治和社会地位与权利的实现奠定了坚实基础。当然，社会主义社会也是一个不断发展的历史过程。与这一历史过程相适应，平等理念的张扬、平等规则的完善、平等行为的规范、平等目标的实现，也将是一个逐步发展和完善的过程。在推进中国特色社会主义伟大事业、实现中华民族伟大复兴中国梦的进程中，我们必须通过全面深化经济、政治、文化、社会等各个领域的改革，消除影响平等的各种体制和制度障碍，消除现实社会中仍不同程度存在的不平等、不公正现象，努力营造一个更加平等公正的社会环境，确保全体社会成员享有更多平等参与、平等协商、平等竞争、平等发展的权利和机会。①

从法律的角度来阐释平等，可以得到不同的答案。在法律层面，平等不仅是社会主义核心价值观的重要内容，它还是社会主义法律的本质属性，是为了实现社会主义法治而必须遵循的重要原则。社会主义的本质就是解放生产力，发展生产力，消灭剥削、消除两极分化，最终达到共同富裕。社会主义的这一本质，就决定了平等是它的本质追求。其消灭剥削、消除两极分化，最终达到共同富裕，为法律平等提供了政治前提、社会基础和理想目标。我们理当坚定不移地实现这一原则。为此，在立法、执法、司法、守法等各个环节，我们都必须高度重视对社会主义平等原则的实际运用与切实坚守，使社会主义法的平等性成为客观的社会实际。平等原则要求守法上一视同仁与人人平等，因此它必然反对任何组织、任何个人对法治的破坏行为。每个社会成员都不可谋求特权而获得法外的利益。任何组织或者个人都不能利用权力、关系、金钱妨碍平等执法，干预公正司法。每个社会成员尤其是各级领导机关、领导干部、公务人员、司法人员都应担负起维护平等、努力实现平等的守法责任。这既是道德的要求，更是法律的义务。我们必须深刻认识社会主义法律的平等属性，坚持社会主义法律面前人人平等的原则，确保平等，实现公正。

### （三）公正

公正是社会主义核心价值观的重要内容，相关学者对这一课题极为重视。有学者指出，人类社会发展的目标之一就是实现社会公正，人们对于公正的追求不低于对效率的追求。遵循公正的既定规则，使社会成员按照各自具体的贡献得到有所差别的回报，可以实现社会的有效整合和社会的团结。也有学者认为，公正是对制度体制的价值判断，因此好社会、善治社会的首要价值就是公正。还有学者认为，公正作为社会主义的核心价值观念是针对资本主义事实上的不平等提出的新型价值目标，代表着人类社会的发展方向。以人为本，实现人类的解放，使每个人都能够自由全面发展，是马克思主义最彻底的公平正义观。在公平正义的实现过程中，要把实现公平理解为社会主义的实质正义。②

公正具有十分丰富的内涵，具体来说，包括权利公平、机会公平、规则公平、分配公平等方面，社会公正会从各相关方面体现出来。权利公平，指全体公民不分性别、年龄、出身、地位、职业、财产、种族等方面的差别，在政治、经济、文化、社会等方面享有平等的、相同的生存和发展权利。它包括公民合

---

① 韩振峰. 平等——人类社会进步的基石［J］. 时事报告，2014（11）.

② 李德顺. 谈社会主义核心价值“公正”［J］. 中国特色社会主义研究，2015（2）.

法的生存权、居住权、迁移权、受教育权、劳动权、财产权、质询权、诉讼权等，都能平等地得到国家法律的尊重和保障。它是整个社会公平的逻辑起点，也是社会公平的核心。权利公平还必须体现在起点、过程、结果和原则的平等上。机会公平，即机会均等原则，是指生存与发展机会起点的平等、机会实现过程本身的平等，它强调人们在创造社会财富过程中的平等权利。机会公平使人人享有同等的机遇和权利，使进入市场的主体不因家庭背景、自然禀赋、特权等因素而少得到或多得到某种竞争机会。规则公平，也称形式公平、市场公平，意即在规则面前人人平等，没有区别对待，每个人都在同一规则下平等竞争。规则公平，在我国主要指党和国家制定的法律、制度的安排及其执行的公平。只有保证规则公平，才能保证社会公平，规则公平是实现社会公平的制度保障。分配公平，有时也称结果公平，主要是指分配结果的公平。从外延上看，公正包括政治、经济、文化、生态等全方位的公平。人们最初比较多地关注经济分配的公正，而忽视了其他领域的公正。随着经济和社会的发展，人们对社会公正的要求也从经济领域扩展到其他领域。社会公平正义是指社会的政治、经济和文化权益在全体公民之间公平而合理地分配。社会公正的外延已不限于财富的公平分配，还包括政治、社会、文化、道德、教育、司法等其他方面的公正。生态文明所理解的公正在此基础上又进了一步，它不仅包括政治公正、经济公正、法律公正，还包括代际公正。为了实现可持续发展，在当代与后代之间要维持一种公正的代际关系。

公平正义还是人类社会在发展过程中的一个共同价值追求，是一种社会理想。公正观就是社会公平正义的具体体现，它不仅成为引领人类社会进步的价值观念，也是整个社会主义核心价值体系中居于主导地位的价值理念。社会主义公正观的基本要求是在处理个人与他人、个人与社会的关系中，自觉以社会主义思想观念、制度要求和道德规范来指导和调节各个生活领域的关系，讲求正义，秉持公道，维护公平。社会主义公正观不仅体现在各个领域，也体现在权利公正、规则公正、效率公正、分配公正等各个方面。当然，我们必须看到，社会主义公正观及公正实现程度也是历史的、具体的、相对的，随着社会发展而不断完善、不断进步。①

公正不仅是社会主义核心价值观的重要内容，同时还为我国的社会建设和改革指明了方向，推进中国特色社会主义建设就必须将实现社会公正作为一个

---

① 陈延斌. 公正观：社会主义核心价值体系建设的着力点［J］. 马克思主义与现实，2013（3）.

重要目标和准则。社会公正建设应该从社会建设的规范要求走向对现实的个体观照，即社会公正的落脚点在于个体对于社会公正的感受和认知。从现实来看，社会公正建设和个体价值观是影响个体公正感的重要因素。从价值观维度来审视个体公正感形成的问题，个体需求的物化所产生的拜物教主义倾向和追求公正过程中的个人主义取向所导致的价值观问题是影响个体公正感形成的重要因素。破解个体公正感培育的难题，要从现实个体出发，以价值观教育为内容选择，具体而言，就是要将马克思主义公正观教育、社会主义核心价值观教育、人性教育以及法权教育有机结合起来。

公平正义是人类和人类社会发展的目标，同时这也是社会主义的一个本质要求，当然也是中国特色社会主义建设的本质要求。公平正义是中国特色社会主义的内在要求，要在全体人民共同奋斗、经济社会发展的基础上，加紧建设对保障社会公平正义具有重大作用的制度，逐步建立以权利公平、机会公平、规则公平为主要内容的社会公平保障体系，努力营造公平的社会环境，保障人民平等参与、平等发展的权利。三大公平是政治建设、社会建设的目标和根本方法，也是推动马克思主义在青年中更好地传播的有效路径。在维护和实现社会公平正义的手段中，制度尤其是法律制度更具有根本性、全局性、稳定性和长期性，民主法治是维护和实现社会公平正义的重要途径和根本保障。党的十八届四中全会强调，公正是法治的生命线。司法公正对社会公正具有重要引领作用，必须完善司法管理体制和司法权力运行机制，规范司法行为，加强对司法活动的监督，努力让人民群众在每一个司法案件中感受到公平正义。

### （四）法治

法治是社会主义现代化的一项重要内容。习近平总书记在党的十九大报告中指出，“全面依法治国是中国特色社会主义的本质要求和重要保障。必须把党的领导贯彻落实到依法治国全过程和各方面，坚定不移走中国特色社会主义法治道路”。① 法治不仅在于制定了一整套法律制度，而且在于真正实现了法律面前人人平等。在一个法治社会，宪法和法律上升为社会生活的最高权威，任何个人和组织都必须在宪法和法律的范围内活动，而不得有任何凌驾或超越于法律之上的特权存在。毫无疑问，这样的法治只能建立在主权在民的民主政治的基础之上，民主才是法治的精神实质。法治是一个体系，它包含了多重要素。首先，法治是一种思想意识和价值观念，它崇尚的是法律至高无上的权威，维护的是人民不可剥夺的主权，反对的是一切腐朽落后的人治观念。其次，法治

① 习近平谈治国理政：第三卷［M］. 北京：外文出版社，2020：18.

是一种制度。法治会通过一系列法律制度对权力的运行进行规范和管理、为人民的合法权益提供保障、科学调节人们的关系。法制是法治的基础和主要表现形式，所谓离开了法制的法治是不存在的。最后，法治是一种治理活动，是对人治的一种超越，它与人治的根本区别就在于，法治不承认任何凌驾于法律之上的权力主体，任何人（及其活动）都必须纳入法律的范围之内，否则被视为违法。

法治与其他治理方式之间存在很大区别，最显著的一点就是法治具有独立价值。法治不仅仅在于它可以实现社会公平正义，保障个体的权利和自由，法治本身也是一种独立的价值形式。法治之所以能够成为独立的价值形式，是因为法律程序。通过程序性规则来实现社会调整和治理功能，是法治的灵魂。因此，有人说正是程序决定了法治和人治之间的根本差别。①

### 三、公民层面：爱国、敬业、诚信、友善

社会主义核心价值观并不仅仅体现在国家和社会层面，在公民层面也有所体现，即爱国、敬业、诚信、友善。它回答了我们要培育什么样的公民这一重大问题，从各个层面可以对爱国、敬业、诚信、友善进行不同的阐述。

#### （一）爱国

我国从古至今都十分重视爱国主义精神的培养，爱国主义是中华民族的民族精神，全体中华儿女都具有这种精神。中国拥有悠久的历史，从很早之前中国就是一个由各个民族构成的国家，各个民族在共同的山河疆域内、统一的国家治理下，共同地生存和发展，相互依存、密不可分。交往交流交融是中国从民族起源到中华民族形成的过程中始终存在的发展特点。近代以来，遭受帝国主义侵略和压迫的中华各族儿女，在反对共同敌人的斗争中，同生死，共命运，结成了命运共同体。从旧民主主义革命到新民主主义革命，五四运动和北伐战争、土地革命、抗日战争、解放战争，直到新中国成立和社会主义建设，中国共产党在领导这一解放事业的斗争过程中，一直遵循着马克思列宁主义的教导，我们爱自己的祖国，“我们正竭尽全力把祖国的劳动群众的觉悟程度提高到民主主义和社会主义的程度”②，使中华民族的民族精神，从自发实现自觉。中华爱国主义已经成为具有民主主义和社会主义觉悟的民族精神。中华爱国主义在社会主义时期具有了新的内涵。增强对伟大祖国的认同、对中华民族的认同、对

---

① 张立伟. 中国特色社会主义法治理论的价值阐释［N］. 学习时报，2015-09-17.

② 江流. 新时期中华爱国主义［N］. 光明日报，2015-03-26.

中国特色社会主义的认同，成为中华各族儿女热爱祖国的共同道德追求。中华爱国主义是具有国际主义精神的爱国主义，是具有民主主义和社会主义内容的爱国主义。①

对于当代中国来说，爱国主义是社会主义核心价值观的重要内容，是公民层面的价值追求，也是对全体公民的基本要求。从一般意义上说，国家包含着三大相互依存的要素：以土地山川为基础的空间实体、以共同历史和血缘联系为基础的社会群体、以思想文化和典章制度为基础的精神文化实体。这三大要素与人们的工作生活息息相关，爱国的含义也因此具体而切身。爱国就要爱国家的领土。领土是国之为国的根本，是国民生存生活的物质依托。一旦失去领土，国民便失去了生存繁衍的基本条件。爱国就要爱国家的每一寸土地，保护国家领土免受外敌入侵。自古以来，每当遭受外敌入侵，中华儿女都会奋不顾身去保家卫国，面对侵略者的铁蹄与利刃，寸土不让、寸土必守、寸土必争，展现了“捐躯赴国难，视死忽如归”的爱国主义精神。我们应该热爱国家的每一寸土地，这不仅要求社会公民保护国家领土不被外敌侵犯和破坏，还应该珍惜土地，要用科学的态度和方法开发和利用土地，要保护土地。当前，我国生态环境面临诸多严峻挑战。这就要求我们将眼光放长放远，约束私欲，承担责任，遵循自然规律，善待国土、资源和环境。爱国就要爱自己的同胞。国家是由人民组成的，爱国必然意味着爱人民、爱自己的同胞。从这个意义上说，爱祖国和爱人民是有机统一的，爱人民是爱祖国的具体体现。爱国就要爱我们的文化和制度。中华文化源远流长，积淀着中华民族最深层次的精神追求，代表着中华民族独特的精神标识，为中华民族生生不息、发展壮大提供了丰厚滋养。爱国就要爱中华文化，树立文化自觉和文化自信。从某种意义上说，制度是文化的固化，也是国家发展的根本保障。中国特色社会主义制度是中国共产党带领全国人民长期探索奋斗的结果，也是我们国家进一步发展的根本保障。因此，爱国必然意味着热爱中国特色社会主义制度。当前，坚定道路自信、理论自信、制度自信、文化自信，就是爱国的具体表现。

### （二）敬业

敬业主要是指社会公民应该对自己的职业负责，这是对公民的职业道德的要求，也是构建和谐社会的重要基础。我们的社会主义事业是需要全国各族人民共同为之奋斗的历史伟业。爱岗是敬业的首要因素，只有热爱自己的工作，才会始终保持强烈的责任感，才会在工作中投入自己的最大精力，才能干一行

---

① 江流. 新时期中华爱国主义［N］. 光明日报，2015-03-26.

爱一行。尽责是敬业的必然选择。强烈的责任意识是一个人报效祖国、建功立业的动力之源。每个人都应该忠于职守，尽心尽力做好自己的工作，善始善终完成自己的任务。专注是敬业的核心因素。专心致志、心无旁骛是敬业的内在要求。敬业更要精业，专注才能精业，必须有专业技能和职业能力。

同时，敬业也是对社会公民的行为要求，要求他们在实践中的行为符合"敬业"这一价值要求。敬业是一种对公民的价值要求，它不仅是一种工作伦理或职业道德，更重要的是，敬业还是一种人生价值观和人生哲学观。敬业是对待生产劳动和人类生存的一种根本价值态度。敬业之业，涵盖了人们所从事的一切促进人类生存与发展的劳动领域和工作领域，而劳动和工作正是人类社会存在和发展的基础。对劳动和工作的珍视，本质上就是对人类社会生存和发展根基的珍视。敬业首先是一种对待劳动、工作、职业、事业、使命、义务、职责的敬畏态度和负责精神。人的一生总是在某种特定的职业生活或工作中度过的。如何对待自己所从事的职业，以什么样的精神状态投入自己所从事的工作，是做好一切工作的首要前提。敬业价值观首先要求人们尊重和认同自己的职业，热爱自己的工作，珍惜自己的工作，以认真负责的态度对待自己的工作。有所敬畏和认真负责，是对待工作的起码态度，也是敬业价值观的基本要求。敬业的深层含义还在于要有全身心投入的专注精神和勤奋、刻苦、执着、精益求精的品质。敬业的再一层含义是视职业、工作、劳动、创造、贡献为公民的社会责任和义务，视劳动和工作为实现个人理想和个人价值的基本途径。这是敬业价值的最高境界。

（三）诚信

诚信是每个人都应该具备的优秀品质，同时也是推动社会和国家持续、稳定、健康发展的重要基础。中华民族始终重视人们诚信的培养，在中华民族优秀传统文化体系中，诚信既是个人修养和人格完善的核心要求，也是社会道德和价值追求的内在基础。诚信在当今时代获得了新的意义，成为社会主义核心价值观的重要组成部分。诚信不仅是对个人道德涵养的基本要求，更是社会主义市场经济健康发展的道德基石。倡导和培育诚信的核心价值观，既是党应对社会转型期出现的诚信缺失现象的重要举措，也是通过社会伦理规范对接主流价值体系以凝聚社会共识的一次尝试。

党的十八大报告对诚信建设提出了具体要求，指出要加强政务诚信、商务诚信、社会诚信和司法公信建设。党的十九大指出，要加强公民的思想道德建设，推进诚信建设。贯彻落实党的十八大的要求，推动党的十九大指出的诚信建设，有必要从文化层面对诚信进行深度阐释。在中国文化中，历史地看，“诚”与“信”首先并不是一个合一的概念。在中国古代典籍中，“信”是一个比“诚”出现得更早的概念。这在迄今的有关考证中也得到了证实。尽管如此，从逻辑上看，诚却是信的前提和基础，也就是说，无诚即无信。这与中国文化特别重视诚以及中国文化对诚与信之关系的论证方式有关。

我们可以将“诚信”拆成两个部分来看，也就是“诚”和“信”。诚是指为人要真诚、诚实；信则是指为人要守信、有信用，同时也要给予别人信任。诚与信合起来作为一个科学的道德范畴，是现代社会的产物。在现代社会，经济的市场化和国际化、政治的民主化和法治化以及文化的多元化和交往方式的现代化，无不凸显着诚信的价值并要求践行诚信。我们可以把“诚信”定义为适应现代市场经济发展要求的、同现代经济契约关系和民主政治密切相关并继承了传统诚信美德的真诚无欺、信守然诺的心理意识、原则规范和行为活动的总和。

诚信的本质，要从以下几个方面来把握：首先，诚信是一种人们在立身处世、待人接物和生活实践中必须而且应当具有的真诚无欺、实事求是的态度和信守然诺的行为品质，其基本要求是说老实话、办老实事、做老实人。诚信之诚是诚心诚意，诚信之信是说话算数和信守然诺，它们都是现代人必须而且应当具备的基本素质和品格。在市场经济的条件下，人们只有具备真诚守信的道德品质，才能适应社会生活的要求，并实现自己的人生价值。其次，诚信是社会的重要道德原则和规范，它要求人们应该诚实守信，应该以求真务实的态度对待人和事，以此为基本原则指导自己的实践行为，在实践中做到知行合一。在现代社会，诚信不仅指公民和法人之间的商业诚信，也包括建立在社会公正基础上的社会公共诚信，如制度诚信、国家诚信、政府诚信、企业诚信和组织诚信等。最后，诚信是个人与社会、心理和行为的辩证统一。诚信本质上是德行伦理与规范伦理，或者说信念伦理与责任伦理的合一，是道义论与功利论、目的论与手段论的合一。如果说诚强调的是个人内心信念的真诚，是一种品行和美德，那么信则是诚这种内在品德的外在化显现，是一种责任和规范。在中国历史上，就有“诚于中，形于外”的说法。诚信不仅是一种道德目的，是人们应当具有的一种信念，也是一种道德手段，是人们应当承担的一种社会责任和谋取利益、实现利益的方式。诚信，既可以是价值论和功利论的，又可以是道义论和义务论的。在诚信问题上把道义论和功利论结合起来，既把诚信的讲求视为一种谋利和促进发展的手段，又把诚信的讲求视为一种神圣的使命和内在的义务，使诚信的讲求既崇高又实用，既伟大又平凡。诚信在社会生活中具有十分广泛的作用，这不仅限于对社会成员的教育功能、激励功能和评价功能，同时还可以有效地约束、规范和调节人们的行为。就个人而言，诚信是高尚的人格力量；就企业而言，诚信是宝贵的无形资产；就社会而言，诚信是正常的生产生活秩序；就国家而言，诚信是良好的国际形象。

诚信最基本的意义就是诚实守信，这也是对社会公民的基本要求。具体来说，诚是指一种真实无妄、表里如一的品格，也是道德的根本；信是指一种诚实不欺、遵守诺言的品格。诚信之德在于言必信，行必果，言行一致，表里如一，讲究信用，遵守诺言。诚信也是人类千百年传承下来的优良道德传统，是中华民族的传统美德。在发展社会主义市场经济、构建社会主义和谐社会过程中，更要大力倡导诚实守信美德。它是市场经济条件下经济活动的一项基本道德准则，是职业道德要求，是做人的一项基本道德准则，是构建社会主义和谐社会的重要目标和要求。①

### （四）友善

有学者认为，可以从四个方面阐释“友善”这一社会主义核心价值观内容。第一，友善应该体现社会主义的本质要求，遵循社会主义道德建设的方针和原则；第二，友善应该是中华优秀传统文化的继承和发展，对儒家仁爱思想等传统道德文化做到既有传承又有升华；第三，它应当体现对世界文明有益成果的吸收，对西方文化关于公民友善相处的道德经验进行必要的借鉴；第四，它应当体现时代精神，契合发展市场经济和依法治国的需要，倡导以尊重、包容、助人、负责为主要内容的友爱观。②

同时，友善也是党和国家处理公民关系的基本道德规范。正因如此，“友善”这一道德规范是由公民关系所内在规定的。在宗族社会中，血缘关系是社会成员相互联系的主要依据。而在现代社会中，公民关系则成为社会成员共同生活的根本纽带。随着社会的发展，特别是社会分工的进一步细化，作为公民基本道德规范的友善，意味着：公民之间必须形成公共意识，在社会生活中不能只关切自我利益的实现，必须将他人纳入自己的视野。友善作为公共道德，要求人们能够明晰自我权利与他人权利之间的边界，在维护自我权利的同时也维护他人权利。友善是社会生活的润滑剂，有助于建立、维护和谐社会的伦理秩序。首先，友善是维系公民平等的重要纽带。亚里士多德曾指出，平等是友

---

① 朱剑昌．对社会主义核心价值观的探析［J］．湘湖论坛，2008（1）．

② 艾国，刘艳．从四个维度把握社会主义核心价值观之友善的内涵［J］．思想理论教育导刊，2015（10）．

爱固有的特点。只有保证社会各主体的平等，才可能在此基础上建立友善。友善是对双方的一种共同要求，是建立在主体的平等地位之上的，友善的双方都拥有共同的要求，彼此间有着同样的愿望。其次，友善维系着公民间的真诚。友善不是一种偶然的情绪，而是一种稳定的道德联系。在这种联系之中，公民之间真诚相待，建立互爱互信的伦理秩序。最后，友善维系着公民间的互助。友善虽然不以互利为前提，但是在友善的联系中，公民之间进一步巩固了互助的关系。在公民互助中，大家都平等相待，没有任何公民因为给予帮助或者接受帮助而处于人格的优先或者弱势地位。

## 第三节　大学生社会主义核心价值观培育与践行的意义

对于一个国家和民族来说，大学生是未来建设的重要人才资源，他们是一个国家和民族的未来和希望。大学阶段对于青少年来说是走向社会的重要过渡阶段。大学生的思想政治道德情况直接影响国家和社会的稳定和发展。大学生要用科学的理论武装自己的头脑，要把握时代的发展脉搏，在当今这个意识形态多元化的社会中保持精准的判断力，要坚定地拥护党和国家的路线方针政策，学会用科学的知识以及理性的眼光看待和判断外部世界及各种社会现象，用包容的心态迎接未来的挑战。只有这样才可以保证国家的稳定，才可以促进社会的发展，也才可以使大学生自身得到自由全面发展。习近平总书记在北京大学考察时曾指出："人类社会发展的历史表明，对一个民族、一个国家来说，最持久、最深层的力量是全社会共同认可的核心价值观。核心价值观，承载着一个民族、一个国家的精神追求，体现着一个社会评判是非曲直的价值标准。"① 由此可以看出，通过社会主义核心价值观引领大学生思想政治教育，对于国家、社会和个人的可持续发展具有十分重要的意义。

### 一、有利于推进社会主义核心价值体系建设

党的十六届六中全会通过的《中共中央关于构建社会主义和谐社会若干重大问题的决定》对社会主义核心价值体系的内容做了科学的阐述。经过多年的

---

① 习近平. 青年要自觉践行社会主义核心价值观——在北京大学师生座谈会上的讲话［N］. 人民日报，2014-05-05.

努力，我国的社会主义核心价值体系建设工作已经取得了不错的成绩。社会主义核心价值体系在引领社会思潮、凝聚社会共识方面起到了重要作用，同时可以有效地巩固和规范社会公众的价值和道德规范等，对于社会稳定和社会发展来说具有重要意义。但是随着建设实践的不断推进，人们也逐渐意识到社会主义核心价值体系建设中存在的一些问题，如该体系比较理论化，因此人们可能难以理解和记忆等，这样就会导致在社会尤其是大学生群体中推广社会主义核心价值体系存在一定困难。习近平总书记在党的十九大报告中指出："社会主义核心价值观是当代中国精神的集中体现，凝结着全体人民共同的价值追求。要以培养担当民族复兴大任的时代新人为着眼点，强化教育引导、实践养成、制度保障，发挥社会主义核心价值观对国民教育、精神文明创建、精神文化产品创作生产传播的引领作用，把社会主义核心价值观融入社会发展各方面，转化为人们的情感认同和行为习惯。"社会主义核心价值观将社会主义核心价值体系转化为最朴实简单的语言，帮助人们更好地理解并践行，尤其是对于大学生群体来说，这样可以使其更好地理解和全面把握社会主义核心价值体系的内涵，并促使他们在实际学习和生活中自觉践行社会主义核心价值体系。

党的十八大提出了"三个倡导"的社会主义核心价值观，分别从价值目标、价值追求和道德准则三个维度对社会主义核心价值体系做出了明确的阐释。其中，"富强、民主、文明、和谐"表达的是当前阶段全体社会公众的共同价值目标，同时也是我们建设中国特色社会主义的基本目标；"自由、平等、公正、法治"表达的是全体社会公众的共同价值追求，也就是全体社会成员的最大公约数；"爱国、敬业、诚信、友善"表达的是当前我国全体社会成员的共同道德准则，也就是指社会成员应该达到的基本道德水准。社会主义核心价值观可以充分体现我国作为社会主义国家的建设目标，同时还吸收了人类文明的先进成果，将自由、平等作为全体社会成员的共同价值理念。社会价值体系过于繁复和理论化，而社会主义核心价值观则可以更直观地反映人民群众的共同道德理念和价值追求。采取适当的方法和手段培育大学生的社会主义核心价值观，将其内化为大学生的自我价值追求和价值实践，以此为基础推动我国社会主义核心价值体系建设的进一步发展，使其向更高层次和更深领域发展。

## 二、有利于国家发展战略的顺利实施和实现

我国建设中国特色社会主义的目标就是建立一个富强、民主、文明、和谐的社会主义现代化强国。只有保证国家具有强劲的实力，使人们得到富足的生活，才可以充分展示出社会主义制度的优越性和感召力。我国当前社会政治稳

定、经济持续发展，人们的思想素质也有了明显提高。但不可否认的是，在多元化的社会背景下，我国也出现了很多新情况、新问题、新挑战，虽然这些社会矛盾是人民内部冲突的表现，但是使用不正确的方式处理很可能造成矛盾的进一步激化，严重的甚至可能威胁社会稳定。因此，必须用严谨的态度处理这些问题。历史证明，安定团结的政治局面是一个民族、一个国家向现代化发展的重要前提。如果社会处于一个动荡不安的状态，就不可能推动改革开放、经济建设、民主法治建设和社会进步。如果不能正确恰当地处理各种社会问题，就无法使全体社会成员共享改革发展带来的利益和好处。因此，有必要在全社会内传递共同理想信念，强调其意义和价值，也就有必要开展社会主义核心价值观培育工作。面向大学生开展社会主义核心价值观培育的活动，就是使他们形成共同理想信念的共识，使他们可以用理性、公正的目光看待社会发展过程中出现的各种问题和困难。国家在培育和践行社会主义核心价值观的过程中，要坚持两手抓、两手硬，必须将经济建设作为中心，应该深入了解人民群众的思想认识和实际问题，在此基础上为人民群众答疑解惑、排忧解难，使人民群众形成整体统一的思想和行为，使人民群众主动为我国的全面深化改革奉献力量。按照唯物辩证法的观点，在一定条件下，精神可以转化为物质，也就是说精神力量可以转化为物质力量，如果人民群众拥有强大的精神力量，那么就可以有力地推动物质力量的发展，同时还可以促使物质力量更好地发挥自身的作用。通过社会主义核心价值观的培育和践行，促使人民群众参与到中国特色社会主义伟大事业的建设工作之中。

培育社会主义核心价值，不仅是党中央的重大决策，同时也是推进我国全面深化改革、推动国家治理体系和治理能力现代化提出的必然要求。培育和践行社会主义核心价值观，是推进中国特色社会主义伟大事业、实现中华民族伟大复兴“中国梦”的战略任务。对于一个国家和民族来说，想要有效地推进治理体系和治理能力现代化进程，就必须科学有效地推进社会主义核心价值观培育，因为国家的治理能力会直接影响其生存与发展。随着我国改革开放不断深入，我国的治理能力也必须有所提高。为了更好地提高国家治理能力，党的十八届三中全会提出了国家治理体系和治理能力现代化的战略，这是推动我国向现代社会发展的一项重大转变。对于一个国家来说，其管理模式从传统转向现代化，首先需要解决的是价值问题，其次便是价值引领的问题。也就是说，必须从主流价值的层面理解和掌握推进国家治理体系和治理能力现代化的原因和方法。同时，必须有主流价值观进行科学有效的引导，才能实现国家治理体系和治理能力现代化。因为只有实现人民群众在价值观念上形成一个相对统一的共识，才可以有效地汇聚国家力量，从而实现共筑“中国梦”的目标。建立现代化的治理体系需要现代化的核心价值观作为理念支撑，需要现代性的价值作为科学指引。实现了理念和观念的现代化，才可以在此基础上实现治理能力的现代化。《关于培育和践行社会主义核心价值观的意见》明确指出：“把培育和践行社会主义核心价值观落实到经济发展实践和社会治理中。”该规定从思想层面、价值层面为国家治理体系和治理能力现代化提供了价值指引。

培育和践行社会主义核心价值观不仅可以起到凝聚和吸引精神力量的作用，还可以对外展示社会主义制度的感召力和亲和力。对于一个国家的世界地位和影响力而言，不应该只重视提升自身的经济实力、军事实力等国家硬实力，同时还应该重视提升精神层面的国家软实力。美国学者约瑟夫在其著作中提出：“一国达到其在世界政治中所期望的结果，可能因为其他国家希望追随它，羡慕其价值观，以其为榜样，渴望达到其繁荣和开放的水平……往往与无形的权势资源相关，如有吸引力的文化、政治价值观和政治制度、被视为合法的或有道义威信的政策……如果一国代表着其他国家所期望信奉的价值观念，则它领导潮流的成本就会降低。”① 由此可见，我国如果想成为一个真正稳定、和谐富强并且具有吸引力的大国，就必须建立自身稳定、持续有效的核心价值观。社会主义制度要优于资本主义制度，因此必须体现出相较于此剥削制度更为宽厚的包容能力，使社会主义核心价值观成为广大人民群众所接受和认可的先进价值理念，成为他们采取行为的价值准则。当代大学生应该积极学习各种科学知识，树立健康积极的精神风貌，以这样的面貌在世界上展示自己，要继承和发扬中华民族优秀的传统品质。同时，还应该广泛吸纳世界其他国家和民族的先进经验，不断地创造中国产品、作品，以此有效地提升社会主义中国对世界的吸引力和感召力。为此，就必须对大学生开展持续而有效的社会主义核心价值观培育。

在建设中国特色社会主义的过程中，必须有广大人民群众的最广泛参与。大学生是一个国家和民族的未来，是未来社会的主要建设者，因此大学生的个人素质不仅关乎个人发展，还与国家发展战略能否顺利实现具有紧密联系。所以，有必要对大学生进行持续而有效的社会主义核心价值观教育，使他们可以有效认同和践行社会主义核心价值观的基本理念，可以在实际学习和生活中运用马克思主义基本原理辨别是非对错、消除各种错误思潮对社会的消极影响。

---

① ［美］约瑟夫·奈．硬权力与软权力［M］．门洪华，译．北京：北京大学出版社，2005：109.

同时，还可以将世界各民族优秀文化成果有效地与社会主义核心价值观所弘扬的中国传统文化进行有机融合，从而激发他们的民族文化创造力，提升国家的文化软实力。帮助大学生构建理想信念、思想道德，以此弘扬社会主义主旋律，汇聚社会主义正能量，树立社会主义新风尚。培育和践行社会主义核心价值观，能为实现“两个百年”奋斗目标和中华民族伟大复兴的“中国梦”提供精神力量，可以有效增强大学生对中国特色社会主义的理论、政治和情感认同，加强社会主义意识形态对大学生的凝聚力和吸引力，从而充分发挥大学毕业生在建设中国特色社会主义工作中的作用。用社会主义核心价值观引领大学生思想政治教育可以有效促使社会和谐、民族振兴的国家发展战略顺利实现。

### 三、有利于社会的全面进步

我国当前正处于一个思想活跃、文化交融、观念碰撞的全新时代。随着全球化进程的不断推进，文化交流成为一个特征，而这也导致了更为复杂的价值选择和判断，给世界各国和各民族自身的价值观念、意识形态造成了有形或无形的冲击。我国作为发展中国家受到了以美国为首的西方发达国家的文化冲击。这些发达国家在向发展中国家出口经济或科技产品的同时，也在向发展中国家灌输它们的文化产品和价值观念，传递所谓的“普世价值”。对于发展中国家来说，在经济和科技方面普遍处于较为落后的地位，也缺乏文化交往中的话语权，这就导致发展中国家处于被动局面。长久以来，西方一些敌视社会主义制度的势力勾结我国境内一些民族分裂势力，通过利用各种载体及文化信息产业冲击我国的社会主义主流意识形态，对我国进行有意识、有步骤的分化、西化，这在很大程度上对我国的国家安全和民族统一造成了严重危害。因此，进行社会主义核心价值观培养刻不容缓。

“一个民族、一个国家的核心价值观必须同这个民族、这个国家的历史文化相契合，同这个民族、这个国家的人民正在进行的奋斗相结合，同这个民族、这个国家需要解决的时代问题相适应。”① 在当前复杂、多样而又易变的社会现实面前，党和国家一直强调社会主义核心价值观的培育和践行，因为只有做好这项工作才可以从源头上改变人们的观念意识，使人们拥有具有社会主义特征的精神世界和价值观念，有效提升整个社会的理性程度和文明程度。面对外来文化产生的强烈冲击，我国首先应该做的是继承和发展中华民族的传统优秀文

① 习近平. 青年要自觉践行社会主义核心价值观——在北京大学师生座谈会上的讲话[N]. 人民日报，2014-05-05.

化，以此有效地增强民族凝聚力。中华民族拥有悠久的历史，在其发展的进程中积淀了深厚的文化传统，这对于一个民族来说具有十分强大的凝聚作用，也正是因为中华民族拥有强大的凝聚力，才使得人们可以在经历过深重的民族灾难后还可以屹立不倒、奋勇前进。中华民族生生不息的源泉就是强大的民族凝聚力。通过开展核心价值观教育可以增强人们的民族文化认同感，可以巩固我国各个民族之间的和谐统一，从而形成持续而有强大感召力的文化软实力。在当前这个多元化的社会背景下，这可以有效抵御外来文化的侵蚀和冲击，具有不可估量的历史价值和现实意义。在多元化背景下，我国社会开始盛行拜金主义、享乐主义、极端个人主义等不良风气，而想从根本上消除这些不良风气就必须建立起全社会认可的统一而坚定的信仰，充分发挥信仰的力量感染人、影响人，通过核心价值观的培育和践行凝聚社会共识，引领社会思潮，以此有效应对西方腐朽价值观带来的冲击，进一步强化和巩固我国社会主义意识形态安全，一定要在全球化语境下的思想竞争中牢牢地把握住主动权和话语权，以此为基础不断提升我国的国家软实力。“培育和弘扬核心价值观，有效整合社会意识，是社会系统得以正常运转、社会秩序得以有效维护的重要途径，也是国家治理体系和治理能力的重要方面。历史和现实都表明，构建具有强大感召力的核心价值观，关系社会和谐稳定，关系国家长治久安。”①

想要使社会主义核心价值观在全社会内得到广泛和持续的传播，就必须形成一批坚定的信仰者和践行者。对于一个国家和民族来说，大学生是推动其发展的中坚力量，也是走在时代前沿的一个特定社会群体。通过历史实践我们可以看出，只有大学生群体有理想、有抱负，充满渴望、敢于担当，才可以为国家和民族带来希望，只有这样才可以为国家和社会实现其整体目标提供有力的支持。大学生普遍拥有灵活的思维，他们乐于接受新的知识并且更容易接受新事物，大学生的思想意识对于整个社会来说具有十分重要的示范效应。并且，由于大学生在社会中的特殊地位，其行为可以直接对社会风向以及社会公众的价值取向造成实实在在的影响。对大学生开展社会主义核心价值观教育，可以使他们从国家和社会的发展历程及历史性贡献中看到社会主义中国的历史进步和光明前途，以此使他们拥有更加坚定的民族自尊心、自信心和自豪感，进一步加强大学生的凝聚力。大学生勇于面对社会变化，他们可以平静面对不断变化、各式各样的文化潮流及各种价值观念和意识。如果通过社会主义核心价值

---

① 习近平. 把培育和弘扬社会主义核心价值观作为凝魂聚气强基固本的基础工程［N］. 人民日报，2014-02-26.

观正确地引导他们，提高他们的知识储备、人生阅历等，加强他们对于各种文化思潮的理性判断和辨别能力，使他们意识到自身对于社会和国家的责任，树立积极向上的价值目标和人生理想，使他们不会被西方文化刻意宣扬的新自由主义、消费主义、极端个人主义等价值所侵蚀，对于国家和民族的未来发展来说具有十分重要的意义。大学生是中国社会的未来建设者以及社会主义事业的接班人，因此他们不仅对当前的社会具有重要影响，更重要的是他们关乎民族的未来。可见，大学生对于整个社会理想信念、道德意识的重建具有关键性作用。因此，改变中国社会的精神面貌，首先应关注大学生群体的社会主义核心价值观培育，要用马克思主义、共产主义信仰武装他们的头脑，再让大学生通过自己的行为影响其他社会成员，利用大学生在社会生活中的特殊地位向社会传播核心价值观，传承进步的价值理念，从而强化和巩固全社会共同奋斗的思想基础。由于大学生群体的特殊社会地位，他们的选择在一定程度上决定了社会的未来发展，他们的追求切实反映了一个国家、民族和社会的未来发展方向。在社会主义核心价值观培育的过程中，必须承认和尊重多样性与差异性的客观存在，要加强与大学生之间的交流与沟通，在潜移默化中对他们进行熏陶。对于我国的文明发展来说，要充分发挥榜样的带动作用、引领作用，开展社会主义核心价值观的培育工作。通过这种方式深入实践，可以为中国特色社会主义道路更加自信提供根本保障。

### 四、有利于整合大学生的价值共识

在当前这个时代，社会面临着各个方面的变革，经济全球化、文化多元化、信息网络化是当前的全球发展趋势，而我国社会主义市场经济仍然在不断推进和加深，并且还处于多种利益和价值观并存的情况下，如果不建立并巩固统一的社会价值共识，很可能导致社会不稳定甚至分崩离析。而大学生作为社会中的特殊群体、国家和社会未来发展的主要动力，必须整合价值共识，必须对其开展切实有效的社会主义核心价值观培育工作，这也是当前高校思想政治教育的一项最重要任务。

社会主义核心价值观想要充分发挥其主导和引领作用，就必须实现对社会成员的思想凝聚，并以此为基础将社会主义核心价值观渗透到各个社会领域，以此长期发挥效用。在文化多元化和信息网络化背景下，形式多样的国内外社会思潮对大学生的思想观念和行为方式造成了一定影响，尤其对他们的主导价值观造成了强烈冲击。随着时代进步，人们开始意识到大学生个性发展的重要性，在当前的时代背景下，我国大学生的价值观念也向个性化方向发展。当前我国正处于实现中华民族伟大复兴的关键时期，各种社会矛盾被放大，很多社会现象在网络平台上被扭曲传播，以致很多事件的“真相”明显违背或扭曲了人们的传统价值理念和价值认同。例如，全社会都在抨击人们竟然不去主动扶起摔倒的老人，但个别老人却利用故意摔倒讹诈为其提供帮助的人，这种矛盾在很多领域都存在。在这样的社会背景下，有的大学生的心理发生了变化，他们开始感到迷茫，不知道到底何为正确的道德观和价值观，进而导致他们对于当前的社会无所适从。当前大学生处于复杂的社会环境中，他们的传统价值参照系发生了巨大的变化。大学生的心理还不够成熟，对于各类信息的辨别能力不强，这就导致一些有悖于传统价值观的价值观念成为他们的价值参照，这无疑对他们的成长成才造成了不良影响。大学生群体在整个社会中处于特殊地位，是社会主导价值观培育的主要群体，尤其是他们还正处于形成正确价值观的关键时期。在这种多元价值差异共存的现状下，必须以社会主义核心价值观引领大学生的主导价值观形成，以此提高他们对消极意识形态的抵御能力。

社会主义核心价值观强调的是全体社会成员的共同价值追求，并不是一味地要求他们单向地为社会服务和贡献，它吸取和借鉴了人类文明的一切积极成果和人类价值共识的美好价值理念，它重视人们的个性化发展，倡导的是自由、平等、公正、法治。可以说，社会主义核心价值观是站在人类价值共识制高点的价值理念。在传统价值观教育中，通常都会带有十分浓重的政治色彩，但是社会主义核心价值观教育遵循先进性与广泛性相结合的原则，实现了更务实、更人性化的教育，以此更好地引导大学生树立正确的价值观念，帮助他们树立理想与现实完美结合的价值取向。在当前的社会背景下，当代大学生的价值观念出现了功利化、短期化、个性化等不良倾向，而为了改善这一情况，就需要在大学生中培育和践行社会主义核心价值观，以此有效地整合和规范当代大学生的多元价值取向。

### 五、有利于抵御西方资本主义的价值输入和渗透

当下，有些人追捧西方资本主义推行的所谓“普世价值观”，但这种“普世价值观”的根本就是“个人本位”和“个人主义”，支持这一理念的人极度推崇个人权利，追求虚有其表的个人自由，并且在社会上强行推广这种“人权民主”。西方资本主义推崇的自由民主实际上只是经过伪装的价值观，只有表面光鲜无瑕，但其本质并不如其倡导的那样，而大学生正处于价值观形成并趋于成熟的阶段，他们思想开放、善于接受新事物，这种伪装过的价值观对于他们具有很强的诱惑力和欺骗性，对于他们形成正确价值观具有十分不利的影响。当

前仍然有很多高校的思想政治教育采用传统的填鸭式理论教学模式，没有重视大学生在思想政治教育中的主体地位，而西方资本主义标榜的“人权民主至上”价值观可以从表面上满足他们发挥主体性的要求，因此对他们造成了很大影响。由此可见，有必要在大学生中培育和践行社会主义核心价值观，这样可以提高他们对西方资本主义价值观的抵御能力，看清这些所谓“民主自由”的本质，从而形成并稳固正确的价值观。

以美国为代表的西方资本主义国家一直在世界范围内推行其西方资本主义价值观，并利用各种渠道向我国渗透这些价值观，妄图对我国的社会主义核心价值观进行“分化”和“侵蚀”。一方面，随着我国对外开放的深化和经济全球化的加速，我国与各国之间的交流变得频繁，与各国的关系也逐步加深，这为我国进一步的经济发展提供了有利条件。但同时，随着开放程度加深而来的还有各种社会思潮、思想文化观念和价值观念的涌入，这些对我国社会公众的思想观念、行为方式等均产生了一定影响。另一方面，不可否认的是，西方发达资本主义国家在很多方面处于世界领先地位，它们掌握着网络的控制权，实际上从一定角度来说这也是占据了大学生获取信息的重要来源，西方资本主义国家可以对网络信息进行屏蔽、筛选、窃听、监视等，会将一些具有隐含意义的信息通过隐性方式向我国大学生传递，从而用这些带有资本主义性质的信息渗透大学生的思想，可以看出，我国当前面临着严峻的意识形态斗争形势。价值观念多元多样多变，西方敌对势力乘机加紧对我国实施价值观渗透战略。为了更好地抵御西方资本主义价值观的渗透，我国提出了社会主义核心价值体系，并为了人们能够更好地理解和践行提出了社会主义核心价值观的概念，其涵盖国家、社会、个人三个层面，指导人们的行为。为提高当代大学生对西方资本主义价值观的抵御能力，应积极培育和践行社会主义核心价值观，从而粉碎西方敌对势力想要“西化”“分化”我国的不良企图。

### 六、有利于大学生的自由全面发展

在全球多元思想文化、价值观念、生活方式并存的状态下，我国新旧体制之间的矛盾、不同思想观念之间的冲突以及不同利益关系之间的调整等问题越发显著，这就导致社会中存在各种各样的思想观念、道德意识、价值取向，人们面对的是多样的、复杂的选择。大学生在这样的社会环境下成长，会形成比较活跃的思维，而他们关注的重点也会集中在个人现实利益的实现上，注重对自身权利的维护。同时，他们很重视精神上的自我实现，在心理上还具有很强的自主意识。他们对于外面世界具有强烈的好奇心，他们善于质疑和思考，并不会轻信某种说辞，也不会屈从于某种权威，他们更倾向于以自己的生活经历和现实情况判断价值及行为是否合理正确。这是当代大学生的时代印记，可以从他们身上明显感受到社会的发展。但是由于受年龄、阅历以及知识储备等因素的限制，大学生并没有充足的自控能力和选择能力，他们的言论及行为还不够成熟。一些大学生受到不良风气的影响，缺乏对他人和社会的信任感，还存在着个体认知和行为选择的偏差。由于面临理想价值目标与现实取向的背离，他们无法树立正确的世界观、人生观和价值观。在政治思想方面，一些大学生受到西方资本主义国家的新自由主义、极端个人主义等思潮的影响，并没有正确地认识和理解社会主义的前途命运、坚持马克思主义的指导思想和共产党的领导等问题。

对于这些有待提高和改变的观念和意识，应该通过培育社会主义核心价值观切实满足大学生精神发展的需要。对大学生进行理论引导和行为示范，让他们明确青年时期对于人的发展具有重要意义，让他们可以正确地认识自身成长和发展需要面对的机遇和挑战，使他们了解自己担负的历史使命和社会责任。习近平总书记提出：“为什么要对青年讲讲社会主义核心价值观这个问题？是因为青年的价值取向决定了未来整个社会的价值取向，而青年又处在价值观形成和确立的时期，抓好这一时期的价值观养成十分重要。这就像穿衣服扣扣子一样，如果第一粒扣子扣错了，剩余的扣子都会扣错。人生的扣子从一开始就要扣好。”① 通过社会主义核心价值观的培育，让大学生认清自己未来发展需要面对的社会现实，让他们深刻理解理想与现实之间的落差，同时让他们直面理想实现过程中的曲折和艰难，让他们可以脚踏实地地学习和生活，既具有坚定的理想信念又可以直面各种艰难险阻。在大学生选择未来发展道路时，应该让他们充分了解个人、社会和国家之间的关系，明确个体始终都要依存于一定的社会关系，个体只能从社会中获得生存和发展的条件。也就是说，只有保证国家拥有强大实力、社会安全稳定，才具有实现个人理想和价值的前提条件；个人的理想和价值只有在国家发展的宏伟蓝图中找到正确的途径和方式，才可以顺利实现；只有保证个体的不断发展和提升，才可以在自我发展的同时推动社会的进步。从满足自身需求的角度来说，应该有机地将个人需要和社会需要结合在一起，如果个人只将满足个人需要作为目的而完全无视社会需要，那么个人需要将失去社会基础和条件，甚至会导致个人欲望、个人需要的无限膨胀。通过社会主义核心价值观培育，使大学生正确地认识个人与社会、个人与国家之

① 习近平谈治国理政：第一卷［M］. 北京：外文出版社，2014：172.

间的关系，这并不是简单的对立关系，而是相辅相成的关系。也就是说，国家和社会的发展，需要全体社会成员的共同努力，而国家发展目标的实现过程也是个人人生价值的实现过程。

### 七、有利于引导大学生自觉实现“中国梦”

2012 年 11 月 29 日习近平总书记在参观“复兴之路”展览时，首次提出了实现中华民族伟大复兴的“中国梦”。可以说，对于当前的中国来说，中国梦涵盖了全社会的最大共识，同时也体现了全国人民的共同愿景，反映了全世界华人的共同心声。在开展高校思想政治教育的过程中，应该坚定培育和践行社会主义核心价值观的重要地位，以此更好地实现中国梦与大学生个人梦想的有机结合，实现理想与实践的进一步紧密联系；尤其是在当前复杂的国际环境和国内环境下，以此保证我国大学生具有更清醒的认识，以坚定的理想信念作为支撑，追求个人理想的实现，追求中国梦的实现。

对于中国人民来说，共同富裕、公平正义、民主法治、自由平等、文明和谐等均是人们的共同理想愿望，它反映了不同个体的理想愿望，是中国人民理想愿望的集合。而这些平实朴素的梦想与社会主义核心价值观是完全相融合的，社会主义核心价值观为中国梦的实现指明了方向。对于中国特色社会主义建设来说，青年大学生具有不可代替的重要作用，与中国梦的实现具有紧密的联系。而在思想政治教育中开展社会主义核心价值观培育与践行，可以帮助大学生树立坚定的理想信念，促使他们更好地联系个人愿景与全社会的思想共识，自觉地保证个人理想与中国梦的一致方向。

核心价值观鲜明体现了一个社会主导性的价值准则，因而构成一个民族、国家发展进步须臾不可缺失的精神支柱。中国梦与是否能够实现中华民族的伟大复兴具有紧密联系，而实现中国梦是一个长期过程，并不是短期内就能完成的。并且，这个过程必然是充满艰难险阻的，需要在中国共产党的领导下，动员激励全体中华儿女为实现中国梦而持续团结奋斗。而在这个长期奋斗的过程中，必须有坚定的理想信念作为支撑。对于我国大学生来说，积极培育和践行社会主义核心价值观可以帮助他们树立积极正确的理想信念，促使他们拥有共产主义远大理想，坚定中国特色社会主义信念，在当前这个复杂的国内外环境下，可以使大学生有效地增强对外界的抵御能力，树立坚定的理想信念，自觉投身到中国特色社会主义伟大事业中，自觉将个人前途与中国命运紧密联系，不断学习各种知识和技能，增强个人本领，为实现中国梦而不断磨炼自己。

# 第二章

# 外部境遇：大学生社会主义核心价值观培育与践行的环境分析

面临全球化、信息化和个体化的时代大背景，生存于其中的每一个人都需要顺应这个时代的要求调整自己、发展自己。大学生群体也不例外。对大学生进行社会主义核心价值观教育不仅是为了适应时代对每个人生存与发展所提出的客观要求，也是为了承担起时代新发展赋予社会高层次人才的新任务，即以先锋模范作用引领整个社会的价值观念。所以，我们需要着重分析对大学生群体进行社会主义核心价值观教育的外部境遇，以便深入理解这一任务的时代必然性。

## 第一节　最现实的社会背景特征——全球化

经济全球化的历史潮流，正震荡着世界的各个角落。随着全球化进程的加快，大学生的价值观念、思维方式和行为方式发生着剧烈变化，传统的道德规范受到强烈冲击，而与全球化进程相一致的道德体系尚未建立起来，导致社会道德出现了某种混乱和无序。在这一社会快速变迁与转型的时期，社会成员的道德和道德教育正经历着前所未有的困惑和价值失落。站在这世界性、世纪性的时代发展浪潮中，如何认识和把握全球化进程中大学生社会主义核心价值观教育的现实走向，提高大学生的道德情操，以走出道德冲突与困惑，是大学生社会主义核心价值观教育工作面临的一项充满挑战性、前瞻性的时代课题。

### 一、全球化概述

#### （一）全球化的概念

“全球化”一词在20世纪80年代风靡全球，其概念至今在国内外科学界的使用频率、内涵界定分歧依然很大。英语中的“globalization”指的就是“全球化”或“全球性”，它由形容词“global”派生而来，而“global”又来自拉丁语中的“地球”的概念。

经济学者认为，全球化是世界经济的一体化和市场的一体化，是商品、服务、资本和技术在世界性生产、消费及投资领域中的扩散。

政治学者认为全球化是从国际政治中“相互依存”的概念演化而来的，并认为全球化只是一个动态的过程，而不是一种状态、一种结果。“它指的既不是价值观念，也不是结构，而是既在人们思想上展开，又在行为上展开的序列，是随着人们及其组织从事日常工作并设法实现其特定目标而展开的过程。”

社会学者视野中的全球化，是指超越构成现代世界体系的民族国家（包含着社会的概念）的复杂多样的相互联系和结合。它确指一种过程。通过这一过程，在地球某一地方的事件、活动、决定会给遥远的另一个地方的个人、群体带来重大影响。

文化学者视域中的“全球化”概念同“世界文化”“全球文明”的争论紧密相关。文化学家认为，全球化就是指在世界范围内起作用的文化生长与加速发展的复杂的整体过程，特别是世界整体意识和全球文明的形成过程，认为全球化的进程就是全球文化相互联系状态的扩展过程，而这种全球文化应该是文化的多元化。

由上可见，全球化是一个多维度的概念，需要从多个角度来理解和把握：从内涵上看，全球化是人类从各个领域、民族、国家之间彼此隔离孤立的状态向全球一体化社会的演进，人类社会的生活跨越国家和地区界限并在全世界范围内进行多层次、全方位的相互沟通、相互联系、相互影响和相互作用，包括经济上的依赖，文化上的彼此沟通，价值观念上的理解认同等。从表现形式上看，全球化表现为一个多维度的过程，一方面指全球化在多领域、多层面上发生，涉及政治、经济、文化、科技等各个领域和层面；另一方面指的是全球化参与者的多元化，包括国家、国际组织、企业甚至个人。从全球化的动因和基础来看，全球化是世界经济和科技发展的结果和必然要求，其实质是全球经济发展超越了政治上的以民族国家为主体的国家和地区界限，产生了人才流、物质流和信息流的全球流动，从而对全球政治、文化、思想观念和社会生活的发展进程产生了巨大影响，促进了世界历史的统一进程。

### （二）全球化的特征

#### 1. 横向层面

从横向层面分析，全球化主要表现为政治、经济、文化和科技的全球化。

（1）政治全球化

政治全球化主要表现为政治民主化的大发展。在全球化的浪潮中，不同国别、不同民族、不同肤色的人民现存的社会结构、价值观念、生活方式和思维方式等都必将受到很大的冲击，各国之间的政治、经济、文化和社会等各方面的交流将会日益增加。随着物质生活的丰富，人们必然较多地关注自己所处的政治环境，公民的政治意识不断增强、政治参与素质将极大提高；日益发达的信息传媒网络，从技术上支持了人的自主选择的权利，宣扬了人的主体地位和价值意识，民主化思想也在全球范围内广泛传播，在很大程度上呈现了全球政治民主化趋向。当然，全球政治民主化趋向并不意味着政治上的同质化或统一的模式。几百年来，冲击世界的民主化浪潮大多发源于欧美等西方发达国家，几乎所有非西方国家的现代民主进程最初都是在西方政治文化的冲击下启动的。西方发达国家凭借其在经济、技术和军事等方面的强大优势，将其民主文化强加给其他国家和民族。所以，许多国家实行的民主制度，并不是出于其内在的需要，而是由羡慕西方的强大而产生的连带模仿。其结果就是在实践中由于条件不成熟，民主原则难以真正落实。

（2）经济全球化

经济全球化是指经济活动的相互依赖，特别是资本越出国界在全球自由流动，资源在全球内配置。经济的全球化，包括劳动市场和资源的全球化、生产和销售的全球化、商品和消费模式的全球化、财政金融市场的全球化、交通运输的全球化、资本的全球化等。其基本特征是：在自由化的推动下，国际贸易、国际金融市场化和金融全球化迅速发展，与之相联系的是区域经济一体化和集团化大发展，劳动力资源国际化，经济活动规则全球化。

（3）文化全球化

文化全球化主要表现为人类各种文化、文明发展的异质性、多样性与统一性的融合。“既有本国文明、文化对外输出过程，也有他国文明、文化对本国不断输入过程，其中既有文化产品的输入、输出，也有国与国之间在教育、科研、传媒、艺术、出版、宗教等领域的交流。”由于文化具有精神技术属性和价值观念的属性，其异质性、多样性在走向统一性的过程中必然伴有矛盾和冲突。众所周知，作为精神成果的科学技术等共性文化并不具有民族、国家和制度的身份，其利益关系也就不具有此消彼长的“零和”特征；而民族精神、价值观念、意识形态等层面的个性文化则体现着鲜明的民族、国家和制度的特性，这种带有个性的文化认同是民族国家存在的根本前提，也与民族国家利益有着直接的对应关系。如果不加分析地把两者混淆或单纯强调其中的一个方面，自然就会引起不必要的纷争。也就是说，文化的全球化并不等于文化的一体化，而是各民族文化相互碰撞和融合而产生的一种现象。各民族文化通过交流、融合、互渗和互补，不断突破本民族文化的国界并在人类的评判、制约和取舍中获得文化的认同，不断将民族文化区域的资源转变为人类共享、共有资源。当然，各种文化之间是存在差异的，差异意味着矛盾和冲突，但又并非绝对排斥，而是一种相互碰撞和融合的过程。与文化全球化进程相伴随，还出现了教育过程和形式的全球化。

在经济全球化的推动下，生产要素之一的劳动力必然需要进行全球配置和流动。而教育作为培养人才的摇篮和基地，也必然要在国际范围内甚至全球范围内在人才培养方面进行广泛的和全面的合作。只有这样，才能使人才培养符合经济全球化趋势的要求，各国才能在全球化物质资源、人才资源合理配置中获得自身的特殊利益，因此经济的全球化加速了教育的全球化。同时，信息技术和现代交通的发展为教育的开放提供了极大的便利条件，教育资源可以实现瞬间在“地球村”里传送，全世界的教育资源连成一个信息海洋，以实现教育资源的全球化。时至今日，教育的全球化已不仅仅表现在教育资源方面，而且在教育结构、办学方式等方面也在走向全球化，但全球化的高等教育极为不平等。强势大学始终控制着知识的生产和传播，而那些薄弱的院校机构和系统则因为资源短缺和学术标准低下而亦步亦趋。2011 年 8 月 13 日至 14 日，世界 200 名大学校长在深圳召开的世界大学校长论坛，从经济全球化和教育国际化的战略高度，围绕本国和本地区的经验与思考，就高等教育国际化人才培养、提高大学生适应经济社会发展需求的能力、大学体育与国际视野和创新精神的培养、绿色大学的建设等议题，各抒己见，其基本的共识是：在经济全球化背景下，为增强国际竞争力，国际化人才培养成为各国政府和高等院校的首要任务；培养适应经济社会发展需求的人才，是彰显高等教育办学质量的重要标志；创新能力是大学的灵魂；建设绿色大学，促进大学可持续发展。这一教育目标的确立对高校核心价值观教育的挑战是不言而喻的，这不仅涉及文化认同问题，还涉及文化冲突、文化生存等深层问题。

（4）科技全球化

信息技术的全球化既是全球化综合概念中的重要内容，也是全球化进程的重大支撑。作为全球化的一个重要组成部分，科技全球化在 20 世纪得以较快发展。尤其是 20 世纪 80 年代以来，随着信息技术、网络技术的发展，科技全球化的步伐加快了，人类社会生产力水平的提高，使得各国经济的发展越来越依赖于科学技术水平。为了避免在激烈的国际经济竞争中落后于竞争对手，各国政府和企业也越来越重视科技的发展，都在大幅度增加研究开发支出。而且全球性的信息网络促进了各国科研人员、科研机构以及设备、仪器、技术资料等基础设施的流动和信息资源的共享，虚拟实验室等新型组织形式应运而生，世界正逐步变成一个“地球村”。这突出表现在：一是国际科技合作与交流迅速增加；二是科技资源的扩散速度在加快，如“慕课”（MOOC，大规模网络开放课程）的产生与传播，其速度之快、影响之大，使很多教育者深感措手不及；三是全球科技管理体制的规范化（包括科技成果交易准则，即知识产权保护、科技活动的学术规范和行为准则等）。科技全球化对全球化进程起着推动和深化的作用，但科技全球化主要是由西方发达国家及其跨国公司主导的，由科技全球化所引起的国际科技结构变化以及蕴含其中的文化背景和价值观念也主要有利于西方发达国家，对发展中国家来说，在短期内可谓挑战大于机遇。

2. 纵向层面

从纵向上来看，全球化是指人类不断跨越空间障碍和历史、文化、社会制度障碍，在全球范围内实现沟通、融合和达成共识、共同行动的过程，是一个统一性与多样性并存的发展过程，也是一个不断出现矛盾、摩擦、冲突而又不断协调、妥协、合作的过程。其呈现如下动态性特点：

（1）全球化具有互动性、融合性与不确定性

全球化是一种客观历史进程和趋势。首先具有互动性，即没有互动就没有联系。在人类历史上，世界上的各个国家和地区并不是一开始就是有紧密联系的共同体。总体来说，资本主义产生以前的世界是以自给自足的自然经济为基础的相互孤立封闭的社会形态存在。虽然当时的国家和地区之间也会有这样或那样的联系，但是这种联系是松散的、偶然的、断断续续的，这种经济单位之间的交往十分狭隘，经济、政治、文化之间的交往表现出极大的局限性，有别于内在的必然的普遍联系。伴随着资本主义生产方式的确立，生产的社会化、商品化驱使资产阶级奔走于全球各地，“开拓了世界市场，使一切国家的生产和消费都成为世界性的了……过去那种地方的和民族的自给自足和闭关自守状态，被各民族的各方面的互相往来和各方面的互相依赖所代替了。物质的生产是如此，精神的生产也是如此”。① 从此，社会从过去漫长时代的封闭状态转变为开放状态，使人类的社会生活跨越国家和地区界限，在全球范围内展现出全方位沟通、联系、相互影响的客观历史进程与趋势。不管人们相信不相信，理解不理解，赞同不赞同，全球化都只会按照自身逻辑向前推进，不会以任何人的主

① 马克思，恩格斯. 共产党宣言［M］. 北京：人民出版社，2018：31.

观意志为转移。

不仅如此，全球化还具有融合性的特点。它不仅使经济飞速发展和扩张，更重要的是，人类的精神文明和文化也在相互交融，形成一种相互融合的趋势。即全球化的逻辑由经济领域展开，但绝非仅仅局限于经济领域。经济全球化只是世界新秩序和人类生活全球化的一个方面，同时也是最主要的方面。经济全球化，在很大程度上是科技进步的结果。电子计算机技术，远距离通信手段和基础结构、信息交流，以及教育科学由于科学及其他各种知识交换而普及是全球化的基础。可以说，信息与经济的发展使全球化进程的速度仿佛“忽如一夜春风来”。但就全球化的发展与人类的关系而言，全球化发展的规律及其后果还未被人们所全面认识和掌握，尚存在着许多不确定的因素。美国乔治·华盛顿大学国际关系学教授詹姆斯·罗西瑙（James N. Rosenau）指出：“‘全球化’一词似乎贴切地表现了正在改变人们对领土和国家制度的传统安排所关注的‘某种东西’，这个词正好包含变化的意思，因此它能够把现象作为一个过程而不是作为一个普遍状态或一种人们所希望的最终状态区别开来。”① 全球化进程中，经济的不确定因素比较突出。跨国公司的全球化生产、资本的数字化等增加了国家对经济的不可控性，经济危机的爆发也往往产生连锁反应而成为世界性的。同样，文化也存在不确定因素，文化在相互交融的同时也产生了激烈的碰撞，这些文化的差异甚至导致部分地区产生冲突，文化的冲突成为威胁世界和平的诱因之一。

（2）全球化是科技进步的必然结果

科学技术的发展，尤其是20世纪以来科学技术的巨大飞跃，促进了全球化历史进程的必然性向现实性的转化。一方面，电报、电话，尤其是通信卫星、数字化通信等先进通信技术的发明和广泛的使用，使地球变得越来越小，使处于不同国度、不同文化背景的人们可以便捷地交流思想和情感。信息传播业的发展，尤其是以电视为代表的现代传播业的发展，使那些即使身处“第三世界”发展中国家的人，也有条件呈现“全球化效应”，因为生活在地球上每一个角落的居民都有可能通过电视等传播媒体成为若干重大历史事件的“目击者”，并能够分享不同国度和民族精神的文化产品。国际互联网的建立，更使得人们可以将自己的思想观念进行深入的“全球性”交流。此外，电子信息技术还为现代全球金融业提供了技术基础，使得不同的国家在经济活动上发生了更加紧密的

---

① Rosenan James N. The Complexities and Contradictions of Globalization [J]. Current History, November 1997, 96 (613).

关联。另一方面，现代交通运输工具和设施的发展大大缩短了不同国家和地区之间的距离，使世界各地更紧密地联系在一起，真正意义上的"国际化的生产格局"和"国际分工体系"正式形成。从社会信息化浪潮的飞速发展的角度来说，这个世界从来没有像今天这样如此紧密地联系在一起，生活的空间在不断变小，生活的内容在不断丰富，世界已经成为一个整体，地球是人类共有的家园，全球化已成为一个实实在在的过程。在推进全球化过程中，市场经济体制的确立是基础，是前提；科学技术的发展是关键，是全球化进程的重要条件。以市场经济体制为核心内容的现代生产方式的确立和科学技术的迅猛发展，不仅使得全球化进程具有历史必然性，而且具有了现实性。

（三）全球化的影响

全球化是一柄锐利的"双刃剑"，既有积极的影响，又充满着矛盾。全球化不仅是不以人们意志为转移的大趋势和潮流，而且其过程是一个充满矛盾和冲突的过程，世界在多元中共存，在同一中分异。也就是说，在全球化进程发展的初始阶段，世界经济、政治、文化更多的是在多元化发展中，通过彼此的撞击与磨合，才逐渐形成了互相适应、互相理解、互相提高、互相依赖的动态格局。人们也正是通过对世界各个民族、国家和地区经济、政治、文化的互相适应，通过对一系列矛盾的协调才发现了"全球化"这一事实。从资本主义与全球化的关系看，"全球化"不等于"全球性"，全球化不等于全球资本主义。

全球性是一个目标概念，而全球化是过程概念。目前的世界并没有进入"全球性的世界"，而是处于这一全球性世界的发展过程中。全球化是人类文明的进程，是多种文化、文明共存和竞争的过程。也就是说，人类文明是一个多元异质的共同体，资本主义只是文明的一种，而非唯一的文明，资本主义的全球化将由于其他文明的崛起受到挑战，未来的全球化应是多种文明共存的状态。在当今世界，社会主义的文明已经是一种与资本主义文明平起平坐的、具有强大生命力的、代表人类文明发展方向的文明；全球化是在特定条件下人们思考全球性问题的独特的思维方式，成为考察现代性和后现代性的新背景。

也就是说，全球化是一个跨学科的命题，具体学科的解释不足以囊括全球化的全貌。但是，作为一种思维方式，可以多系统、多视角、多层次、广范围地考察和思考复杂多变的纷繁世界，考察现代性和后现代性的趋势和特征，从而进一步影响和改变人类运动的方式，特别是生活方式和思维方式，并进而推动世界全球化进程，推动世界历史进步。全球化是现代化的特有现象，全球化的到来，不仅改变了所有民族、国家现有的生存与发展的基本条件，而且逐渐对世界的经济、政治、文化甚至人的社会心理、伦理道德等方面都会产生广泛而深刻的双重影响。

## 二、全球化给大学生社会主义核心价值观教育带来的挑战

不同文化、不同背景的各个国家要在世界各价值文化碰撞中竞争、生存、发展，就必须适应全球化所提出的挑战。中国自鸦片战争被迫打开国门之时，中西两大文明在价值观念上的碰撞就已出现，并持续至今。放眼世界，西方价值体系、中华价值体系和伊斯兰价值体系，以及世界其他本土价值理念之间的接触、融合十分频繁。

### （一）社会主义核心价值观教育难度的增加

在全球化浪潮下，西方的拜金主义、享乐主义、个人主义等不良思想传入中国，不仅腐蚀着意志不坚定者的内心，更使得他们在不良思潮影响下，对中国特色社会主义共同理想产生怀疑，对社会主义核心价值观产生动摇。西方思潮的传播，不仅仅带来了多元的文化和习俗，同时也为西方国家意识形态的渗透打开了便利之门，很容易使对西方社会缺乏实际了解的人心生向往，甚至对当前国内社会环境产生误解和质疑，在心理上逐步向西方社会靠拢。因此，在全球化浪潮中，在对外开放进程中抵御西方不良思想就显得尤为重要。

适应全球化和增强民族认同是全球化背景下培育和践行社会主义核心价值观不可回避的一项辩证课题。正如政治学家亨廷顿所言："人类在文化上正在趋同，全世界各民族正在日益接受共同的价值、信仰、方向、实践和体制。"① 全球化使全世界的共同文化财产和共同价值观念比以往任何一个时代都多。毫无疑问，世界性的文化正在生成，而我们亟须对此进行积极的回应。"面对全球化，如果表现出一种无动于衷、无所作为，结果只能是'被全球化'并迟早会'被全球化'，至多也只是等待西方提出价值文化建设方案，我们再来被动地发表意见，做出非常有限的修改和补充。既然全球化是大势所趋，那么，正确的选择只能是主动融入、自觉对接，只能是从世界发展大势中来定位和把握我国主流价值文化的发展前景，主动地与包括西方在内的世界各价值主体进行平等的对话，对于全球伦理、普遍价值提出建设性的主张。"②

---

① ［美］塞缪尔·亨廷顿. 文明的冲突与世界秩序的重建［M］. 周琪，等译. 北京：新华出版社，1998：43.

② ［美］罗兰·罗伯森. 全球化：社会理论和全球文化［M］. 梁光严，译. 上海：上海人民出版社，2000：11.

全球化为大学生社会主义核心价值观教育带来一些过去不曾遇到的困难，从而使其难度增加，主要体现在以下两个方面：

首先，全球化将经济效益最大化作为追求的目标，这就使经济因素在社会发展过程中的作用得到强化，并在无形之中降低了道德因素在人们心目中的位置，使经济利益逐渐在价值观构建中产生更大的影响。反映到社会主义核心价值观教育领域，则出现了大学生对核心价值观教育逐渐轻视的趋势。

大学生是民族的新生力量，是社会主义事业的接班人与建设者，对于国家的未来具有举足轻重的作用。因此，既要继续做好大学生的学科知识教学，更要坚持“德育为先”的原则，不断巩固核心价值观教育在整个教育体系中的地位。

其次，市场经济还使大学生的心理环境发生变化，并为他们带来思想观念上的冲击。具体来说，当代大学生的成长阶段正好是我国社会主义市场经济的蓬勃发展阶段，大学生的个体意识比较强烈，他们大都追求经济上的独立自主与个性的自由发展，因此集体主义意识相对薄弱。若没有得到及时有效的引导与教育，他们极可能出现极端的个人主义倾向。此外，当他们面对充满诱惑的物质环境时也很容易抛弃道德因素与政治立场，出现思想上的困惑，有的甚至陷入拜金主义的泥潭。因此，为使大学生坚持一条正确、科学、良性的发展道路，强化核心价值观教育是十分必要的。

### （二）社会不公和教育不公有待缓解

全球化使市场竞争的作用逐渐凸显，而竞争的结果就是优胜劣汰。中国幅员辽阔、人口众多，区域经济发展的不平衡性更加突出。具体到教育领域，则表现为一些边远地区与经济落后地区的教育水平严重滞后于东部沿海地区与经济发达地区。

长期以来，一些地区的教育滞后问题是有目共睹的，越来越多的学者都将关注的焦点投向农民工与刚越过脱贫线家庭等弱势群体子女的受教育权利领域，即教育公平领域。对在校大学生来说，他们只有在得到基本的物质生活保障的前提下，才有可能全身心地投入科学知识学习与核心价值观学习中来。因此，弱势群体学生的核心价值观教育仍是社会主义核心价值观教育体系中的难点与重点。

### （三）使社会主义理想信念教育面临挑战

全球化国际分工体系和市场体系的形成，使商品、资本跨越不同社会制度自由流动，把整个世界联结成一个有机整体。社会主义经济与资本主义经济相互交织、相互融合，社会主义制度与资本主义制度的关系也由“遏制—对抗”为主转变为“接触—合作”为主，既对抗又合作成为当今资本主义和社会主义相互关系的基本态势。然而，在这种时代条件下，有些人淡化了“两种制度”之间的差异与对立，社会主义信念不再坚定；一部分人尤其是一些领导干部盲目推崇西方价值体系，往往用西方的理论、制度、发展模式、价值观念、生活水平等来解构、批判中国现实，丧失应有的国家和民族精神的独立性。对此，中共中央组织部印发了《关于在干部教育培训中加强理想信念和道德品行教育的通知》（以下简称《通知》），要求各地区各部门加强理想信念和道德品行教育，引导和帮助干部始终坚定共产主义理想和中国特色社会主义信念，始终坚守共产党人的精神家园。《通知》指出，开展理想信念教育，关键是要引导干部把理想信念建立在对科学理论的理性认同上、对历史规律的正确认识上、对基本国情的准确把握上。要深入开展马克思列宁主义、毛泽东思想、邓小平理论、“三个代表”重要思想、科学发展观的教育，尤其要深入学习领会习近平总书记系列重要讲话精神，使干部真正领会贯穿其中的马克思主义立场观点方法，坚定对马克思主义的信仰，防止在西方宪政民主、“普世价值”“公民社会”等言论的鼓噪下迷失方向，防止在封建迷信和邪教的影响下失去自我。要深入开展中华优秀传统文化教育，引导干部继承和弘扬传统美德，捍卫国家和民族的精神独立性，防止成为西方道德价值的“应声虫”。学校是社会的重要细胞，领导干部的腐败及理想信念的丧失，在很大程度上挑战着社会主义核心价值观教育“以理服人”的传统教育模式，“身教胜于言教”、国家综合治理能力的提升胜于“苦口婆心”的教育。

### （四）给爱国主义教育带来了挑战

一方面，全球化条件下爱国主义的相关理念受到了冲击。在全球化的推动下，各国之间的相互联系、相互依存空前加强，各国利益相互交织，加上现代交通、通信、网络技术的飞速发展，联合国等国际组织作用的增强等，国家、地域的概念趋于淡化，世界仿佛已经变成了“地球村”。在全球化进程中，人们所处的环境与看问题的角度等都发生了变化，传统的国家观念、主权观念、民族观念及爱国主义思想均受到了不同程度的挑战，一部分人的爱国理念与爱国情感受到冲击。这主要表现为民族虚无主义和狭隘的民族主义思想并存。民族虚无主义认为，世界各民族正在融为一体，国界正在消失，没有必要把个人同特定的国家、民族捆绑在一起，应该淡化国家民族观念。这种观点实质上是丧失民族精神，丧失国家认同感和民族自信心的表现。狭隘的民族主义者认为，在全球化背景下本民族的利益绝对高于其他民族的利益，为了维护本民族利益，必然排斥甚至牺牲其他民族利益。另一方面，全球化条件下高校爱国主义教育方式和途径面临挑战。全球化的开放性使得家庭、学校、社会形成更加直接、有机的联系和相互渗透的态势，家庭尤其是社会对人们的影响越来越大，这就使得爱国主义教育途径由传统的“家庭的基础地位、学校的中心地位、社会的辅助地位”转向“家庭的辅助地位、学校的基础地位和社会的中心地位”，社会性途径在爱国主义教育中的地位和作用越来越凸显。同时，全球化也使得传统的以“灌输为主”的教育方式面临诸多不适。在政治多极化、文化价值多元化的开放环境中，教育对象无时无刻、随时随地都会受到来自四面八方的各种思潮的冲击，特别是西方价值观念、思维方式和意识形态对个人的影响无处不在、无时不有、潜移默化。讲究“灌输”的策略和方法，提高爱国主义教育方式的艺术性与开放性，是当代爱国主义教育迫切需要解决的问题。全球化背景下以经济和科技实力为基础的综合国力的竞争日趋激烈，国家利益的发展和维护也面临更加复杂的国际环境。随着中国的崛起，一些大国把中国当作战略竞争对手，企图破坏中国安定团结、稳定发展的大好局面，对中国的内政外交进行各种阻挠、干涉和遏制。中国作为一个发展中的社会主义大国，要真正自立于世界民族之林，在增强综合国力的同时，必须大力增强民族凝聚力。当前，既要克服盲目排外、自我封闭的狭隘民族主义，又要旗帜鲜明地加强爱国主义教育，弘扬和培育民族精神，积极维护民族的独立和国家主权的完整，为实现中华民族伟大复兴的中国梦营造良好的国际环境。

### （五）全球化带来教育的国际化，社会主义核心价值观教育将面对反华势力和西方文化意识形态霸权的挑战

随着世界经济全球化趋势的不断强化，各国把拓展知识产品出口，强化知识产权的保护与加大对他国开放服务和知识市场作为对外政策的重要组成部分，使得不同社会制度和价值观念之间的意识形态领域的冲突与斗争日益剧烈，社会主义核心价值观教育的国际化成为必然趋势。一方面，全球化的发展对高校、对人才培养质量提出了新的要求，谁能够培养高素质的人才，谁就能在日益激烈的国际竞争中赢得主动权。另一方面，教育国际化又促进了世界范围内的广泛交流与合作，在交往促进各民族各类文化相互交流和融合的过程中，不可避免地引发或激化全球化与民族文明、民族文化的矛盾。国际化人才的培养必将面对的是中国文化和其他国家文化之间的差异，包括宗教信仰、文化形态、民族意识、价值取向等诸多方面。作为国际化人才，既要保持本土文化，吸取西方文化中的精华部分，也要对糟粕有警惕意识，不能任其侵蚀。国际化人才在

面对文化冲击时，必不可少的需要是文化免疫力的提升。人才在实现自身价值和维护国家利益时，如果完全被异国文化同化，就达不到培养国际化人才的目的。

如果放弃西方价值中心主义的“元叙事”逻辑，那么一个社会的发展最主要的基础还是在它自身发展的时间序列之中。它的传统需要受到合理的尊重，它的未来需要得到本土力量的支持。因此，每个社会都会形成符合自身发展的价值系统。它的价值观教育也会有着多样性的方式和内容。

全球化并非如有些人理解的那样仅仅是一个“同质化”“单一化”的过程。在全球经济一体化的过程中，还有着对多元文明的包容和融合。这样的全球化才是在“应然”的意义上为大家所接受和欣赏的。全球化带来了各种价值文化的激荡，不同意识形态的国家宣传各自的意识形态，社会主义国家利用全球化的平台使得世界各国对社会主义意识形态有着更多的了解，资本主义国家也用各种方式将其意识形态进行输出，使其不断对其他国家进行渗透。

在竞争如此激烈的全球舞台上，想要有一席之地唯有提高自身的文化软实力。提高文化软实力很重要的一点在于对本国文化有着充分的自信，这在我国体现为对中国特色社会主义共同理想的坚持，对社会主义核心价值体系的支持，对社会主义核心价值观的认同。在多元文化激荡的今天，唯有明确民族文化的重要性，以民族文化为主导，才能立于世界之林。让世界更加了解中国文化，以促进世界更好地了解中国，以社会主义核心价值观为核心，不断对其进行完善，使群众对本国文化更有归属感，更有自信，使人民的行为有所约束和规范，以此促进社会主义共同理想的实现，更好地建设中国特色社会主义。

全球化客观上促进了不同国家、不同价值文化之间的交流，为我国社会主义核心价值观的传播与宣传提供了渠道。正是在全球化的流行与发展过程中，在各国文化的交流中，各种思想相互涤荡，社会主义意识形态在国际舞台上有了一席施展魅力的舞台。

同时，全球化使得各个国家之间的联系越发紧密，在不断对外开放的过程中，抵御不良的西方意识形态的问题也应运而生。面对全球化的冲击，我们需要正视西方意识形态的渗透与挑战。不断完善社会主义核心价值体系建设，捍卫我国意识形态安全，以社会主义核心价值观来引导中国特色社会主义建设事业持续走向新的高峰。

### 三、全球化给社会主义核心价值观教育带来的机遇

全球化已然是不可抗拒的潮流，以前所未有的速度席卷世界每一个角落。

“生存环境、生存状况特别是相互交往的这种社会化、全球化，极大地突破了人们的狭隘视野、地方意识和封闭情结，突出了人类文化精神中的‘类意识’、整体精神，要求不同民族、文化的不同群体、个人，摆脱既有的各种限制，真正作为‘社会人’‘世界公民’‘普遍价值的主体’思考问题。在这种情况下，人们之间的封闭、对抗意味着代价、落后，而开放、合作则意味着双赢、共赢。这一切要求人们在相互交往过程中，必须超越种族、国别、地区、宗教、文化等的不同，超越具体主体的个性化需要和多样性诉求，在诸多共同的、统一的目的和需要导引下，从整体、全局的视角来看待问题，特别注意相互之间的关系、利益的协调一致。因此，在开放性、多样性的具体主体的价值取向之间，也必然存在着社会的、历史的统一性或一致趋势。”①

### （一）为加强社会主义核心价值观教育注入了强大的力量

全球化的发展离不开科学知识提供的强大智力支持，而全球化的发展又反过来有力地推动了知识经济的发展。所谓知识经济，是指以信息、知识为主要资源，以知识阶层为主体，以科技创新、人力资本为主要动力，以可持续发展为宏观特征，以服务业、高新技术产业为支柱产业的新型经济形式。在知识经济时代，创新、智慧、知识成为重要的代名词，这就从理论、方法、地位等方面为社会主义核心价值观教育带来了强大的动力。

首先，知识经济使社会主义核心价值观教育的地位更加突出。知识经济时代呼唤以人为本，知识经济对人才的要求是：具有高尚的道德情操、先进的思想、正确的政治方向和高级智慧。这一目标与大学生社会主义核心价值观教育的方向是十分吻合的。随着知识经济的持续推进，大学生社会主义核心价值观教育将受到越来越多的关注。

其次，知识经济使社会主义核心价值观教育的方法得到优化。近年来，由知识经济所带来的一些先进教学方法（如数据统计分析、数学模型构建等）越来越广泛地应用到社会主义核心价值观教育中，这不仅使核心价值观教育的定量分析能力得到极大增强，定量与定性相统一的方法还明显提升了核心价值观教育的准确性。

### （二）为加强社会主义核心价值观教育提供了开放的环境

全球化意味着在全世界范围内进行资源的有效配置，其中当然也包括教育

---

① 孙伟平. 价值差异与社会和谐——全球化与东亚价值观［M］. 长沙：湖南师范大学出版社，2008：34.

资源。换句话说，基于全球化的教育资源的开放与共享使社会主义核心价值观教育具有了更加开放的环境。

首先，全球化赋予了社会主义核心价值观教育新的内涵。具体来说，社会主义核心价值观教育除关注马克思主义理论的发展与创新以及中国的具体国情之外，还应将目光投向丰富多彩的世界文明，不仅要用世界眼光来重新审视中国的传统文化，还应把握世界文化、思想、道德发展的最前沿。

其次，全球化有利于培养、强化大学生的全球意识与竞争意识，有利于他们解放思想、更新观念、扩大视野，从而使社会主义核心价值观教育具有更加先进的思想基础。此外，在全球化环境下，对国外核心价值观教育的先进理念进行学习，对他们的先进经验进行借鉴也变得更加便捷。

### （三）使人与人之间全面依存关系深入发展

世界市场的日趋拓展使得物质资料、精神产品在全球范围内“共享”，打破了国家和民族的局限，形成了资源在全球范围内流动和传播的态势。随着生产力发展水平和对外交往水平的提高，不同国家之间、民族之间的交流与合作越来越频繁。正如马克思在《德意志意识形态》中早已预见的那样，现代资本主义社会所开创的全球化已使得人与人之间的交往变得普遍，其中“地域性”的个人也已被“世界历史性的个人、经验上普遍的个人所代替”。人与人之间的关系变为全面的依存关系，各个看似独立的个人在世界体系之中都有着普遍的联系和交往。

全球化是由经济领域的全球化所引领的政治、文化等多领域的全球一体化进程，故而，经济全球化、政治全球化、文化全球化乃是全球化表现的应有之义。其中，在意识形态领域，以文化全球化影响最为突出，即便对还在学校围墙之内的大学生群体来说，也产生着不可估量的作用。

文化全球化浪潮来势汹汹，各国文化不仅仅是国家软实力的象征，也是各国之间交往的纽带。随着各国交往越来越密切，文化在综合国力中的作用也越来越凸显。科学的进步、技术的发展，使得交流手段越来越先进，交流渠道越来越多样，某种文化的流行，很容易演变为全球范围内的时尚，如韩流席卷全球、好莱坞电影遍布世界，这些都是鲜明的例子。文化全球化一方面促进了各国文化的交流，另一方面也极大地冲击着本土文化。

正是在这种多元领域中的冲突与合作造就了世界历史性的个人，形成了这种个人之间的普遍交往。现代社会之中，任谁也无法逃脱人的发展中的这一最为现实的时代背景。

## 四、大学生社会主义核心价值观教育应对全球化的对策

核心价值观教育工作必须适应时代的要求，与时俱进地进行创新，才不至于被全球化的时代浪潮淹没。

### （一）要立足全球化现实，进行社会主义核心价值观教育工作的方法创新

大学生社会主义核心价值观教育工作目标能否实现、是否取得实效，关键是方法的运用。首先，要转变传统的思维方式和方法，由单向平面向全方位立体方法转变，实现社会主义核心价值观教育工作方法的多样化。其次，要充分利用网络等新技术，实现社会主义核心价值观教育工作方法的现代化。最后，要吸取和运用现代科学研究成果，充实社会主义核心价值观教育工作方法。

### （二）要立足小康社会的现实，进行社会主义核心价值观教育工作的内容创新

大学生社会主义核心价值观教育工作内容的更新要从增强时代感，加强针对性、主动性和实效性方面下功夫。首先，要以小康社会为社会主义核心价值观教育工作的内容。其次，高校要把全球化教育与马克思主义教育结合起来。最后，高校要加强对全球化的研究和对大学生的全球化理论教育。

### （三）要中西合璧，进行社会主义核心价值观教育工作的观念创新

任何国家、任何文明都不能在与世隔绝的状态下生存和发展。经济发展要走向世界，精神文明建设要海纳百川，这就要求：在全球化背景下社会主义核心价值观教育具有宽阔的视野和开放的胸怀面对和吸取人类文明创造的一切优秀成果和进步观念；在世界视野中推进社会主义核心价值观的改革与发展；在坚持正确的价值导向的前提下，在思维方式、信息交换、内容拓展等方面更多地体现开放性和兼容性，以保持不断更新和充沛的生命力。

### （四）要与时俱进，进行高校核心价值观教育工作的队伍创新

社会主义核心价值观教育者要坚定地以马列主义为指导，加强自身的理论学习，注重理论联系实际，用正确的理论分析、解决实际问题，更要善于联系社会生活中的重大问题，如政治体制改革、社会保障等，同时要进一步联系社会发展规律问题，如世界全球化、经济一体化等。这样就要求我们必须加强社会主义核心价值观教育队伍的建设，确保社会主义核心价值观教育者具有相当的素养，及时把握社会发展的新形势、新情况，才能在较大程度上了解大学生的所思所想，对学生的教育才有针对性和说服力。

（五）要随机应变，进行社会主义核心价值观教育工作的环境创新

社会主义核心价值观教育环境既是社会主义核心价值观教育的重要内容，又是社会主义核心价值观教育其他内容得以实现的重要保障和外部条件。创建良好的教育环境对优化育人环境，实现社会主义核心价值观教育活动与环境的良性互动，对大学生核心价值观的形成、发展，对高校实现人才培养目标起着至关重要的作用。如何统观国际环境、把握国内环境、调适社区环境、创新校园环境，是每一个社会主义核心价值观教育工作者首先应该思考的问题。

（六）要积极主动，进行社会主义核心价值观教育工作的载体创新

社会主义核心价值观教育载体，是一种联系主客体的形式。在实施社会主义核心价值观教育的过程中，能够承载和传递社会主义核心价值观的内容或信息，促进社会主义核心价值观教育主客体之间相互作用，是社会主义核心价值观教育工作大系统中不可缺少的重要组成部分。载体不可能凝固不变，它必须与时俱进，在继承传统的基础上，不断优化创新。全球化背景下，各种思想文化交流、交融和交锋，大学生社会主义核心价值观教育面临新形势、新任务，要求我们从创新社会主义核心价值观教育体系的角度增强教育的吸引力、感染力，提高主动性、针对性、实效性。

（七）要合理借鉴，进行社会主义核心价值观教育工作的管理创新

管理，是组成社会主义核心价值观教育系统的要素。要使大学生社会主义核心价值观教育有序运行并取得实效，有效的管理必不可少。运用现代管理学原理，遵循社会主义核心价值观教育基本规律，在科学总结历史经验的基础上，创新社会主义核心价值观教育管理理念，完善社会主义核心价值观教育机制、转换社会主义核心价值观教育管理模式，形成系统科学的管理内容、畅通高效的管理过程、充满活力的管理组织体系，是社会主义核心价值观教育管理的当务之急。

## 第二节　最活跃的时代背景——信息化

不同的时代背景、历史环境和生产方式会带来不一样的生活方式。不同生活方式、实践方式会使特定社会的价值要求各异。随着科技的进步、信息时代的到来，社会主义核心价值观也在实践中不断地自我发展和自我完善，以反映时代的变迁，以回应时代的召唤。信息化作为最活跃的时代背景，既直接作为

价值观的物质载体，又充当了价值观在现代社会形成和发展中的催化剂。

## 一、信息与信息化发展

信息、能量、物质是当代世界的三大资源，是自然界和人类社会赖以生存和发展的重要基础。物质为人类提供材料，能量向人类提供动力，而信息贡献于人类的则是知识和智慧。事实上，物质和能量的相互转化，全靠信息的媒介作用。没有信息交流便没有人类社会，没有信息运动就没有自然界和人类社会的发展，我们已经进入一个全新的信息化时代、信息社会。

### （一）信息

信息论的创始人申农（C. E. Shannon）提出："信息是对不确定性因素的排除。"① 各类文献发表的有关信息的概念，仅1995年的统计就有59种之多，这些关于信息的界说，是不同的时期，从不同的角度对信息做出的解释和定义，具有一定时期的科学性。但是，社会是进步的，人们的认识是发展的。因而，对信息的认识也是不断变化的。我们认为：信息是事物确定性的表征。这里的"事物"正是人们经常说的客观事物。"确定性"是事物的内涵，是事物的基本属性，是事物的存在形式，是人们认识、了解和把握事物的支点。任何事物都必须有它自己的确定性，没有确定性的事物是不存在的。确定性是对事物的肯定，表明事物是什么。如大小、颜色、种类、规格、型号、特征、属性、形态等。确定性通常用肯定判断或其他非否定性陈述语句来表达。与事物的确定性相反的方面是不确定性，不确定性不能表征事物，只能从某一角度、某一层面、某种形态或属性等方面提供借鉴和参考，作为排除的对象，不能最终表征事物，不能说明事物是什么，不能揭示事物的本质。如我们说某事物不是红色、不是白色、不是绿色、不是黄色、不是黑色等。这种不确定性的表述再多，我们仍不知道该事物是什么颜色，事物的其他属性、性状也都是如此。因此，事物必须用确定性来表征，事物也只能用确定性来表征。既然事物是由确定性来表征的，那么，反映此事物、区别于彼事物的信息也必然是事物本身的确定性。所以说，信息是事物确定性的表征。我们认识、了解和把握事物，都是从获得事物的信息开始的。我们对某事物的信息获得的越多，就越容易把握事物的确定性，把握了确定性，就是把握了事物。认识、了解和把握事物从获得信息开始，也就是从获得事物的确定性开始，获得了某些有关事物的确定性，就是获得了

---

① Shannon C. E. A mathematical theory of communication [J]. *The Bell System Technical Journal*, 1948, (27): 379-423.

有关某事物的某些有关信息。获得事物的确定性，就是获得事物的信息。获得信息，是我们认识、了解和最终把握事物的开始、起点或者出发点。我们说，信息是事物确定性的表征，是说事物的确定性是它本身传递给我们的关于它自身的信息。事物的信息是事物本身的确定性，事物本身的确定性就是它自己发出的信息。我们就是通过获得信息来了解、认识其事物的确定性，进而把握该事物，没有任何别的什么路径或渠道。事物的确定性与其自身的信息是一一对应的关系。事物的确定性就是事物的信息，事物的信息就是事物的确定性。

### （二）信息是事物的存在形式

任何事物都有它自己的信息，或者说关于它自身的信息，没有无信息的事物，也没有无事物的信息。任何事物都必须有它自己的信息，无信息的事物是不存在的，信息是事物的存在形式。由分子、原子构成的实体事物，其结构、组成等是其基本信息之一，这是大家所熟知的。人们通常看不见、摸不着的以“场”的形式存在的事物，如电场、磁场、能量场等，也都同样有它们的信息，如场强、方向等。抽象的事物，科学的名词、概念、术语等，这些事物也都有表征它们自己的信息，那就是它们的内涵，是它们最本质的信息。语言、声音、图像、气流、温度、光、电等，本身既是信息，也是事物。人以及人类赖以生存的社会、构成的事件更含有极其复杂和多变的信息。我们无法找到不含有信息的事物。信息反映了事物，表征了事物。

任何事物都是借助信息这种形式来表征自己的存在，信息是事物的表征手段，是事物的存在形式。我们了解、认识和把握事物，首要的都是获得事物的信息。没有关于某事物的信息，就没有对某事物的认知。一切事物都是通过信息被认知的。我们要从某个角度、某个方面获得有关某事物的知识，就必须从某个角度、层面获得关于该事物的信息。离开了信息，我们就无法了解、认识和把握事物。离开了信息，何谈事物的存在；离开信息，就没有事物。信息是事物的存在形式，信息是事物的表征手段，信息表征了事物的存在，事物不能离开信息而存在，信息不能不表征事物，没有无信息的事物，没有无事物的信息。信息和事物相互依存，相互依赖，是同一问题的两个方面，是辩证统一的关系。

农业经济、工业经济时代是物质的时代，是物质社会的时代。哲学家们在探讨物质社会时代基本问题时，在研究物质属性和存在关系时，提出了物质和运动之间关系的这个基本命题和时代的结论，对时代的发展与进步，做出了划时代的贡献。现在，人类已经进入知识经济的时代，进入知识的社会。知识经济是信息的时代，是信息的社会。知识经济是在农业经济、工业经济的基础上发展起来的。知识经济不是农业经济和工业经济的简单积累或整合，但知识经济又不能脱离农业经济和工业经济这个基础。知识经济不能超越社会存在而成为空中楼阁，不能不涉及物质和运动这一哲学问题。但是，信息已经成为时代的主角，我们正是通过获得信息知晓了事物的存在，把握了自己，了解了他人与社会。知识经济时代是信息的时代，是信息的社会。

### （三）信息是事物的基本属性

任何事物都有自己的属性。以实体的形式存在的具体事物有自己的属性，以观念的形态存在的抽象事物也有自己的属性。无论是事物的形状、数量、大小、颜色、构造，还是事物的状态、程度、结构、性质等，都是事物的属性，这些属性同时恰恰又是事物本身的重要信息。任何事物都有自己的基本属性，全部事物都以自己的基本属性而存在。事物自己的这些基本属性的存在，都以其信息的形式呈现给探索、了解和认知它们的人们，任何人都是通过获得有关事物信息，从而认识或把握其事物。信息是事物的存在形式，是事物的基本属性。获得关于事物的信息，是人类探索、了解和认知事物的唯一途径，没有别的任何方法、手段或措施。为什么人类只能通过获得关于事物的信息这一唯一途径来认识和把握事物呢？这是由事物本身的存在形式或基本属性决定的。因为任何事物都以其信息的形式而存在，都以一定的信息作用于我们的感觉器官，以表征它的存在，没有其他的存在形式。所以，人类只有通过获得关于事物的信息这一唯一途径来探索和认知事物，没有其他的途径。哲学上很早就提出了“运动是物质的存在形式”这样一个早已为大家所认可的命题，这里说信息又成了事物的唯一的存在形式主要是因为运动也是信息，运动呈现给人们运动的方向、运动的速度、运动的主体等一系列信息，所以说，运动本身就是信息。我们也正是通过获取关于运动的信息，来认知运动的方向、速度以及加速度等运动的性质，来把握运动，所以说，运动是信息，信息是运动的存在形式和基本属性。既然运动是信息，运动是物质的存在形式，那么，信息就是物质的存在形式。因此，运动是信息，信息是运动的存在形式。但是，反之却不能成立。信息比运动更善于呈现物质的存在或属性，信息比运动更善于表征物质的存在，更具有科学的严谨性。

物质是运动的，运动是绝对的，静止是相对的。但是，这并不否定相对静止的存在，并不否定暂时不运动的、处于相对静止状态的物质或事物的存在。既然有相对静止的物质或暂时不运动的物质，那么，这类暂时不运动的物质也应该而且必须有它的存在形式。这类暂时不运动的物质的存在形式是什么呢？不应该是不运动，也不应该是相对静止，而应该是信息。运动的物质（事物）呈现给人们的是运动的信息，不运动或暂时相对静止的物质（事物）呈现给人们的是不运动或相对静止的信息。信息比运动更科学地表现了物质（事物）的存在。信息可以表征一切事物的存在，包括具体事物和抽象事物，运动、发展、变化的事物和相对静止的事物。

（四）信息的重要特征

1. 共享性

信息的共享性是指信息可以同时为大家共同所有、共同分享、共同利用。信息不是一次性产品，信息多次反复利用的频率越高、范围越广泛，其共享性越好，信息的价值也就越大。信息的共享性并不表明信息一定要为大家共同所有、共同分享，信息不是公共产品。信息的分享过程是对信息的开发和利用过程，是信息的社会化过程，是社会进步的体现。信息的获得与共享的能力与教育的发展水平紧密相连。

2. 准确性

信息的准确可靠、科学可信是非常重要的特性。信息不准确、不科学、不可信就失去了信息的本来意义。信息不准确，就不能表征事物的确定性，不能反映该事物，不能区别彼事物。信息的准确性程度是科学技术和人类认识客观世界和主观世界的尺度。

3. 可传输性

信息的可传输性是指信息可以被开发出来，被扩散出去，以便更多的人共享。信息开发是科学发现乃至发明创造的过程，信息传输也是科学研究的重要部分。在信息社会的今天，信息传输越来越引起人们的关注。信息传输技术是当今社会最重要的技术之一。信息的可传输性是信息共享性的基础，没有信息的可传输性，就没有真正意义上的信息共享性。信息的可传输性包括很多内容。比如，信息的可编辑性、可解码性，信息的可压缩性、可扩展性，信息的信号化、数字化过程，等等。信息传输是社会沟通、信息交流的必备前提，也是信息价值实现的重要基础。信息不能被封闭起来，尤其不能被封闭在特定的物理空间内。当然，信息也不能被任意传输和扩散，信息保密也是信息价值得以实现的重要基础和保证。

4. 时间性

信息的时间性特征表明，信息的价值和意义应该经得住时间的检验。过时的信息是毫无意义的，这是对信息的时间性特征的最恰当的阐述。商业信息特别突出时间性，技术信息也非常强调时间性，显然，信息都有时间性。对事物确定性的表征——信息的获得，只有第一次才是重大发现、发明乃至创造，意义特别巨大，第二次及其以后都是重复，都不会有什么特别的科学意义和价值。所以，信息特别讲究时间性，时间性是信息的生命，是非常重要的属性。

（五）信息化发展

西方国家在20世纪五六十年代实现高度工业化后，进一步发展就是要从工业社会转入“信息社会”。整个人类社会现在正步入信息社会。信息化社会有以下特征：

1. 文字信息与知识急剧增长

据美国科技史专家德普赖斯等人的统计，1750年全世界只有期刊10种，到了1965年就突破了10万种，现在仍以每年约增长1500种的速度在发展。世界情报资料大约每10年就要翻一番，其中尖端文献资料每2~3年就要翻一番。目前，全世界每年出版的文献就有300万篇，论文400万篇，专利说明书40万种，科技新书10万多种。

经济发展更多地依赖信息资源，而不再是自然资源。在信息化社会里，劳动技能主要不是靠体力，而是以智力和知识为基础。价值不是随劳动而增加，而是随知识而增加，这就是知识经济的时代。

2. 信息的传递手段多样化

除了文字、电影、广播、电讯外，第二次世界大战后增加了电视、录音、录像等。近20年来，卫星通信、电子计算机网络系统、信息高速公路得到快速发展，人们获得信息的途径、方式、手段、速度令人惊诧。

3. 信息传递迅速化、全球化

现代信息技术的发展，加快了信息的空间传递。由于人造通信卫星在信息传递中发挥越来越大的作用及全球通信网络的建立，人类进入了全球卫星通信时代。人类在各个领域中获得的信息，可以通过全球通信网络得到广泛的交流，使信息在各个国家、各个领域中得到充分的利用。

4. 信息综合化

现代信息量急剧增加，使信息达到高度分化并相互渗透，构成了一个整体化、综合化的网络。

5. 信息传递普及化、系统化和集中化

当代教育迅速发展，很多国家早已在量的方面普及了中等教育，正在扩大高等教育；在质的方面，更集中、更系统地传递人类发展至今的各种知识和最新成就，把人类的认识能力提高到历史上前所未有的高度，人类的智力开发出现了新的飞跃。

伴随着社会信息化的发展，人们对信息的计量、传递、存贮和使用规律的研究逐渐深入。从1948年美国数学家申农创立信息论到20世纪70年代信息科学的建立，信息理论已经影响到各门学科并导致人们的工作方式、生活方式发生了新的变化。教育科学和人们的教育实践也不例外。信息科学为教育提供了分析、解决问题的新的理论和新的方法，它赋予教育科学以新的活力，推动教育理论跨进现代化的社会。

## 二、信息化时代社会主义核心价值观教育的新环境

随着信息社会的发展，社会主义核心价值观教育的环境实现了新的发展，这是核心价值观教育基本结构所发生的最为重要的变化。信息物理层和软件层为社会主义核心价值观教育环境的发展提供了新的技术架构，以此为基础，人际互动之深化、交往活动之拓展以及新的精神文化之建构得以实现。具体来说，信息化时代大学生社会主义核心价值观教育的环境可以从三个层面来进行剖析，即技术维度、社会维度和文化维度。

### （一）信息化时代社会主义核心价值观教育环境的技术维度

在信息化时代社会主义核心价值观教育环境下，信息技术已经成为教育活动的基本要素之一。

#### 1. 信息技术带来了新型的学习生活方式

就大学生而言，信息技术不仅仅成为其与外界沟通、交流的手段和载体，而且创造出以信息环境为载体的新型学习生活方式。在学习方面，大学生对信息媒介的使用日趋广泛和频繁。他们可以在互联网上查阅所需资料，可以利用电子邮件实现与同学和老师的实时沟通，可以通过校园网进行选课、图书借阅、教学管理信息查询等。在生活方面，信息技术丰富、方便了大学生的课余时间。他们可以在网上交友聊天、观看电影电视、欣赏音乐、阅读文学作品等，信息技术下的网络空间已经成为他们活动的重要场域。

#### 2. 信息技术创造出具有强烈的青年亚文化色彩的话语体系

在百度上输入“2021年网络流行语”，随之可搜寻到“百年未有之大变局”“小康”“赶考”“‘双减’”“躺平”等众多词条，而这些词语或句子无一例外都具有广泛的传播度及较高的使用率，渗透于生活的方方面面。网络话语作为

信息技术与青年亚文化相结合的产物，不仅成为人们表达情绪的载体和工具，更成为人们社会交往中的身份标识物和维系社群存在的重要纽带，青年亚文化色彩的话语体系由此产生。

3. 信息技术开发出新的发展性资源

第一，信息技术是一种价值观念的资源。技术是蕴含价值的，技术的价值性包含在其知识、方法、程序及结果之中，具有丰富的内容。信息技术蕴含着开放、平等、创新、共享等积极的价值观念，促进了当代大学生思维方式和精神境界的成长和提升。第二，信息技术是一种思想文化的资源。信息技术使得传统意义上的边界被打破，人类社会成了一个可能实现普遍交往和信息交流的“地球村”。在这个村落中，世界各民族的文化得以交流和融合，从而形成巨大且珍贵的思想文化宝库供人类获取各种各样有益于自身成长与发展的资源。第三，信息技术是一种教育资源。信息技术不是凭空产生的，而是人类有意识、有目的的产物。人类能动地创造出信息技术，并且使之服务于自身。教育在某种意义上是人类对自身的再生产机制，不仅仅是在后代繁殖层面的再生产，而是作为现实的具体的人的再生产。因此，教育必须在占有人类历史上和现时代的所有资源的基础上，实现人自身的发展和提升。在这个过程中，技术是一种通向丰富的历史社会资源必不可少的手段和能力，只有掌握了先进的技术能力，教育才能够真正承担起其历史使命，即把所有的历史传递给下一代，并使之具有更强的创新和发展能力。

### （二）信息化时代社会主义核心价值观教育环境的社会维度

人类通过自身的活动不断创造着“属人的世界”，社会关系也得到丰富和完善。信息技术的发展为人类的交往提供了更为便捷有效的途径，社会关系和社会结构由此发生改变。一方面是技术的进步本身使得一种新型的社会关系和结构的出现具有了可能性；另一方面是技术的进步使得某些处在社会边缘的特殊的社会结构走向社会的中心地带。信息化时代社会主义核心价值观教育环境在社会维度上具有突出的场域区隔，主要表现为公社型交往场域、科层型交往场域以及广场型交往场域。

1. 公社型交往场域

马克思提出，社会的本质是人们交互作用的产物。信息社会依然如此。人类借助信息技术不但使得既有的社会交往关系和互动模式得以保存和延续，而且使之更加具有活力。公社型交往场域是信息化时代最常见的社会结构，其以约定俗成的规范和共同的价值观念（兴趣爱好、信仰、追求等）为基础，成员之间往往具有比较密切的非正式关系，如校园网上的“熟人社区”就属于这一类型的社会场域。因为具有相同的兴趣爱好、目标追求或者相似的社会身份、情感经历，交往主体之间的关系十分稳定，交往的内容也相当广泛，包括学习、生活的方方面面。

2. 科层型交往场域

科层型交往场域中的交往者以法律和社会规范为纽带彼此联系，他们之间具有正式的关系，但是社会地位存在差异，彼此分工不同又相互依赖。科层型交往场域即这类交往者的交往社群和活动空间。随着信息技术的飞速发展，电子政务、电子商务等也蓬勃兴起，数字化政府、数字化校园等理论设想也开始付诸实践且取得了一定的成果。因此，科层型交往场域不仅仅是现实社会空间的组成部分，在虚拟的网络社会其也具有重要作用。校园网上的“师生关系场所”，就是最典型的科层社会类型场域。师生关系场所是指老师和大学生以网络为媒介进行交往、互动并施加教育影响的场所，如核心价值观教育网站、网络学堂等。

3. 广场型交往场域

与公社型交往场域中由于同质性而产生社会关联和科层型交往场域中由于权威规范而产生层级控制不同，广场型交往场域中的个体相对比较自由、平等，他们之间几乎没有维持稳定结构关系的力量。广场型交往场域就是这些个体集合、互动的空间，其具有不稳定性且维系交往关系的成本较高。在现实生活中，临时性或突发性的集会或游行等都属于广场型交往场域。网络的发展消除了交往者之间的空间距离，降低了交往行为的成本，因此广场型交往场域在网络空间得到了极大的发展，如学校新闻网站开设的网上论坛便是此类交往场域的典型，很多大学生都乐于在这些贴吧、论坛上发表自己的言论。

### （三）信息化时代社会主义核心价值观教育的文化维度

信息化时代的社会主义核心价值观教育不仅是一种技术与关系的存在，更是一种以人为主体的文化存在。从文化维度对社会主义核心价值观教育的环境进行审视，就是从当前视域下人的价值观念和人格心理状况出发，有益于明确思想政治教育实践中的内在矛盾关系，推动思想政治教育的发展。

1. 技术性与人文性

信息技术从诞生之日起就带有军事工业技术的鲜明烙印，并且在其不断发展、进步的过程中彰显着人类改造和控制外部世界的技术理性；同时，信息技术又是人类有目的、有意识的产物，其不可避免地受到人类价值选择的制约，与人的需要和情感形成互动，呈现出人文理性的色彩。因此，信息化时代技术性与人文性相伴相生。

有学者指出："人们发展了科学技术，创造了信息，缔造了整个信息化时代。而在这个新兴时代里，一些人对信息以及信息技术的依赖远远超过了预期，全然不觉自己已慢慢陷入了这张自己编织的信息网中，更没有意识到在主宰信息的过程中，最终被主宰的恰恰是一些人自己。伴随而来的越来越严重的道德滑坡、情感冷漠、信仰危机和人格丧失，标志着一些人对信息技术的盲从与过分依赖而使人迷失了自我。"① 由此可见，承载技术性与人文性的天平在信息化时代的核心价值观教育环境中似乎正在失去平衡，这为人们敲响了警钟。在思想政治教育实践中，教育者不仅要具有规范技术力量的意识和能力，更要能够控制技术力量，使其发挥正面积极的作用；同时还要主动积极地去学习信息技术的知识并且应用于实践，让技术性与人文性在自己身上得到完美的结合。

2. 知识性与价值性

在信息化时代，各种信息充斥着人们的视野，究其本质和特点，信息大致可以分为知识性的信息和价值性的信息两大类。前者是指人们关于客观事物的知识性的认识，主要用于回答"是什么""怎么样"的问题，如各类新闻报道和历史事件描述等，它们客观性地反映出了事物的状态、性质、面貌。如果是对于客观事物的正确认识，那么其结论或者表述应该具有一致性。后者是指人们关于客观事物的价值性的认识，主要用于回答"好不好""该不该""要不要"的问题，如各类评论、判断、对人们价值追求的表达等，它们主观性地描述了对事物的看法。对这类信息的认识正确与否主要在于其有没有正确反映人与客观事物之间的价值关系。

知识性和价值性的信息对于指导人们的实践具有重要的作用。正确的知识性的信息基本上属于真理的范畴，是人们以实践为认识来源，从中概括提炼出的客观尺度即真理尺度；正确的价值认识，是人们在进行价值追求中获得的经验总结，对人们的行为起着制约、导向和驱动作用的主体尺度即价值尺度。在社会主义核心价值观教育中对大学生进行人生观、道德观、审美观等的价值观教育，实际上就是对其进行最根本、最普遍、最深刻的价值观的教育。在信息化时代，信息媒介正是通过为人们提供大量的知识性信息和价值性信息来影响和制约人们实践的真理尺度和价值尺度的形成。

在社会主义核心价值观教育中必须把握好知识性信息和价值性信息之间的

---

① 郑永廷，银红玉. 试论人的信息异化及其扬弃［J］. 教学与研究，2005（6）：73.

关系，善于以知识教育为依托实现科学价值观的教育。在信息化环境下，各种各样的信息对大学生的思想和行为产生或积极或消极的影响。教育者最主要也是最重要的工作之一就是使大学生在纷繁复杂的信息海洋中沿着正确的路线前行，教育、引导、帮助他们树立正确的价值观念，从而能够明辨是非、正确选择自己的立场和观点。此外，相关工作人员还要努力为大学生构造一个纯粹、绿色、有益于其自身发展的信息环境，多在网上发布和传播一些知识性的信息，以对大学生形成正确的价值观产生积极的影响，努力让知识性信息的传播服务于大学生正确价值观的形成。

3. 开放性与凝聚性

开放性是信息化时代最突出的特点，也是其最基本的技术理念。正是由于这一特性，人们的认识视野和行为可以无限制地扩展至全球，他们可以借助于互联网获得任何国家和地区已经公开的信息，可以在任何一个网络媒介上进行交往和休闲娱乐活动。凝聚性是指处在这种开放性的信息环境中的人们能够依靠某种力量凝聚起来。如校园网络亚传播圈的形成，正是大学生以校园文化的凝聚力量为依托，在信息获取、人际交往等行为下的结果。

在现实生活中，一些人因为在网络虚拟社会的相识、相知而将关系发展到网下，他们定期举办面对面的聚会或者出游活动，这在一定程度上加强了人们之间的交往、扩大了人们的交际圈。就高校而言，信息环境也使得大学生与外界的人际关系得以强化，并且深化和增进了大学生群体内的互动和交往关系，凝聚性作用明显增强。

在社会主义核心价值观教育中处理好信息化时代的开放性和凝聚性具有十分重要的意义，教育者要因势利导，充分发挥信息媒介的正面作用，从而助力大学生的发展。

4. 自由性和控制性

自由与控制在任何环境中都是一对矛盾关系，在信息化环境中也不例外。信息技术的开放性和虚拟性使得身处其中的人们具有相当大程度的自由，人们可以尽情地发表自己的观点、获得自己所需要的信息。但是，过分的自由对人类社会的稳定和秩序带来了挑战，当人类社会的秩序面临威胁时，控制就成为迫切的需要以及必不可少的手段。对于社会主义核心价值观教育而言，“失控”体现为两个方面：一是信息在自由传播中失控，政治领域的意识形态斗争形势在自由的信息环境下越发复杂和严峻；二是以网络为依托的自组织群体失控，这种社会结构性力量对政治秩序和社会稳定产生巨大的潜在威胁。

在社会主义核心价值观教育中，必须致力于使信息的传播达到自由性与控制性的平衡，引导大学生接受正确、健康的信息，对信息源头能够进行有效把控，更加深入地了解教育对象所处的时代环境、所具备的个性特征，从理论和实践上深化核心价值观教育水平。

5. 传统性和创新性

信息化时代是一个不断超越与创造的时代，创新性是信息化时代的基本属性。1965 年，英特尔创始人之一戈登·摩尔发现了信息技术进步速度的“摩尔定律”，即芯片中的晶体管数量以 18 个月为一个周期成倍增长，性能也将有所提升。在过去的几十年里，一个芯片上的晶体管已经从几个增加至如今的 17 亿个，曾经犹如庞然大物的计算机也发展成为今天便于携带存放的微型电脑，互联网联结了整个世界。创新不仅是科学技术实践的价值目标，更是人类生存、发展、进步的源泉。但是创新并不是脱离实际、天马行空的，而是以社会历史条件为基础的继承与变革。传统性和创新性也是信息化时代社会主义核心价值观教育环境下的基本矛盾之一。

在传统性与创新性并存的信息环境下，社会主义核心价值观教育要以传统为根基，努力继承传统、推陈出新，紧跟时代的步伐进行教育理念、教育方式、教育方法等方面的创新，尽可能地实现社会主义核心价值观教育的有效性。

6. 社会性与个人性

社会性与个人性同样是信息化时代社会主义核心价值观教育环境下的一对基本矛盾关系。从教育方式来看，可以分为社会教育和自我教育；从教育目的来看，可以分为社会需要和个人需要。信息化时代社会主义核心价值观教育的目标仍然是将社会需要与个人发展紧密结合，按照社会发展规律和人的思想道德品质形成规律进行核心价值观教育，从而实现社会价值和个人价值的统一。在信息环境中，社会教育和自我教育的功能以及方式都发生了改变。

一方面，在信息化时代，社会教育发挥着越来越重要的作用。就高校而言，校园信息环境是开展核心价值观教育的微观环境，与以往的情况相比较，校园信息环境相对单一和纯净，信息传播的途径也很有限，主要以传统媒介为主进行正面、直观的宣传教育。在这样的环境下，大学生只能通过有限的资源来认识、了解社会，这使得他们在步入社会之前和步入社会之后对社会的认识差异较大。信息化时代彻底改变了这一状况，其开放性、多样性等特点使得校园的信息环境发生了巨大的变化，原先学校对校园信息环境的垄断地位被打破，以互联网为基础的各种媒介信息进入校园，改变了校园信息环境的内容架构。大学生足不出户便可以了解到较为全面的社会图景，信息内容在类别上缩小了校园信息环境与社会环境之间的差异，有益于大学生随时了解、关注、思考社会变革过程中的新问题、新现象和新状况。

另一方面，信息化时代更加凸显了大学生自我教育的作用。在信息环境下，大学生的行为和思想更加自主、自由，他们通常根据自身的需要、兴趣、态度等来进行选择，以往被动接受的局面有所改变。因此，大学生对于信息的选择性接触、选择性采纳、选择性接受和内化的过程就成为他们在信息环境中进行自我教育的重要方式。

社会主义核心价值观教育工作者以及大学生要充分认识到当前环境的变化以及社会教育和自我教育相结合的重要性，不断推动信息化时代社会主义核心价值观教育实效性的提高。

### 三、信息化发展对社会主义核心价值观教育的影响

信息化发展对社会主义核心价值观教育产生的影响是多方面的，而作为社会主义核心价值观教育者，其首先要做的就是更新观念，使受教育者具备符合时代要求的精神气质。

#### （一）批判和创新精神

创新是社会发展的方向和动力，没有创新就没有发展。创新是在批判基础上的创新，批判是创新的前提和动力。社会主义核心价值观教育的重点便是使大学生具备创新精神。在信息化时代，人们大量生产知识和信息，社会不断增强人们的智力，并使知识的生产系统化，知识和智力成为社会发展最大的推动力。知识无限而人的记忆有限，这就要求大学生除了获取必要的知识外，更要具备正确对待这些知识的态度。这种态度要求大学生成为获取知识的主人，而不再仅仅是被灌输的对象。社会主义核心价值观教育应该注重培养大学生的批判和创新精神。在信息社会，核心价值观教育目标的层次将要改变，其重点是创新精神，优先重视态度和技能的掌握。这并不是无视有用的知识和信息的获得，而是因为具有全面思想的人，具有批判和创新精神的人，才更适合于获得和更新自己的专业和文化知识。

#### （二）竞争和进取精神

竞争是个人或团体的一种优胜心理所导致的行为，它重视人的能力，鄙视封建特权制及其所形成的关系网。要在竞争中生存与发展，就必须具备敢于竞争、锐意进取的品质。在社会主义市场经济的今天，汲取以及运用信息的效率决定着经济活动的成败，因此，教育者必须培养大学生敢于竞争、锐意进取的精神。

（三）合作精神

现代科学技术出现了整体化趋势，信息化的发展缩短了人们之间的空间距离，科学研究开始了联合攻关、协同作战和团队精神的时代。由个人完成重大发明的时代已经一去不复返了。合作精神可以说是现代信息社会的必然产物。比如美国“阿波罗登月计划”的实现，就是200家公司、120所大学、400万人合作的结果。科学研究的这种趋势，要求肩负着国家未来的大学生具备合作精神，具备与他人合作的思想与能力。

（四）自尊、自信、自主、自立的观念

社会主义核心价值观教育要求大学生在心理上要树立自尊、自信的观念。自尊是自己尊重自己，要求保持自己人格和尊严的心理需要；自信是相信自己，不人云亦云的心理状态。有了自尊和自信的心理品质，才可能具有批判和创新精神，才敢于向“权威”挑战，不畏传统势力，不受官僚束缚，不怕打击、挫折和失败。但培养自尊、自信的观念，要注意与“偏激”“狂妄”“固执”划清界限。人既要自尊，又要尊重别人，既要自信，又能虚心听取别人的意见。

实施核心价值观教育就是要使大学生确立自主和自立的观念。自主就是充分发挥自己的主观能动性，事事有主见；自立就是自己能够管理自己，独立生活。自主和自立观念的培养就是独立精神的培养，它应该是大学生成长的必然结果。人是自己生存和发展的主体，他们要在社会生活实践中存在和表现自己，就要求确立自己的奋斗目标，用达到自己的目标来实现社会的发展目标。主体人不满足于使自己默默无闻地融化在人群中，而要求在社会关系中应有自己的特定地位和表现自己的特定作用，以此来表现自己在社会中的存在和在社会中的价值。实施核心价值观教育就要重视培养大学生的主体性。不赋予一个人任何权利，就无法教育他履行义务。今日的大学生已不再只是教育措施的客体，他们是核心价值观教育和自身发展的主体。

（五）时效观念

信息社会是一个瞬息万变的社会，时间的价值越来越大。在农业经济、工业经济时代，人们是以年为单位来计算时间的，老牛拉车式的慢节奏、慢速度，使我们忽略了争分夺秒。今天是信息的时代，世界上的竞争在一定意义上说就是时间和效率的竞争。人们是以分秒甚至以毫秒和微秒来计算时间的，这就要求大学生树立起珍惜时间、讲求效率的观念。大学生正处于长身体、长知识的黄金时代，时间对他们来说尤为宝贵，他们精力充沛、动作敏捷，办事喜欢高效率、高速度。这是对大学生进行时效观念教育的有利条件。

### （六）新的人生价值观念

不同的社会、不同的时代，人生有不同的追求、不同的价值观念。我们的社会不允许用“损人利己”的行为去实现个人的价值，要求人们以集体主义和共产主义精神协调个人与个人、个人与社会的关系，同时为发展个人才能，发挥个人潜能提供便利条件。对于集体利益和个人利益的关系，我们以往过分强调集体利益，忽略了个人利益。马克思说：“人们奋斗所争取的一切，都同他们的利益有关。”① 摆正个人利益的位置，处理好个人利益与集体利益的关系是发展社会主义市场经济的重要方面，也是实施社会主义核心价值观教育，使大学生确立科学的世界观、人生观、价值观的新课题。

以上几个方面是信息化的发展和新的时期对人的思想的必然要求。个体行为社会化内容的选择标准、价值取向深深植根于社会发展的要求。现代社会道德社会化内容的来源及具体内容已被拓宽。现代社会发展面临的许多复杂问题，人们在社会生活中共同关心的问题，都开始以各种途径成为教育内容。教育本身已不仅仅指以往所强调的正规教育的内容，也包括非正式教育的内容，已经不仅指大学生在校内所接受的教育，也将大学生在家庭和社会中通过交流手段获得的所有信息纳入学校教育之中。人们对教育的理解越来越广泛。它既包括规范教育所阐明和安排的信息，也包括“潜在”或隐性的内容，即经由学校生活质量、教师态度、教学活动的背景、校外活动等传递的内容。信息不等于知识，面对着来自四面八方、各种各样并与日俱增的信息量以及这些信息的裂变，社会主义核心价值观教育不仅要改变以往埋头完成教学任务，回避道德、政治和社会性的问题和具体情况的倾向，而且应对各类信息背景制定出概念参照准则和解释准则，以便控制和吸收信息。

## 四、社会主义核心价值观教育信息环境的优化

21 世纪是信息社会，谁掌握了信息，谁就拥有知识，谁就有进行创新的可能。信息对于大学生获取知识，进行创新，对于实施社会主义核心价值观教育，使之成为对社会有用之人具有极其重要的作用。然而，信息内容的丰富多彩、千变万化与信息传播方式的多种多样又决定了信息环境的纷繁复杂，与之相应的是，实施核心价值观教育的信息环境也异常复杂。从这个层面审视，无论是施教者还是受教者，都应该对这种异常复杂的信息环境中的积极因素与消极因素有较强的分辨能力，有效地利用积极因素，避开或转化消极因素来实施社会

---

① 马克思，恩格斯. 马克思恩格斯全集：第 1 卷［M］. 北京：人民出版社，1956：82.

主义核心价值观教育。实施社会主义核心价值观教育，就应当对大量涌入学校的各类信息进行及时的处理，保留有益于大学生学习和发展的各种信息，并利用有益信息排除不利信息的干扰，将自发的信息影响转化为有目的的信息教育。

社会主义核心价值观教育的质量与处理信息的水平相关。所谓处理，即在接受和输出信息之间的信息加工过程。社会主义核心价值观教育的信息处理有以下四种方式：

### （一）转达

转达，即把接收的信息经过提炼或转译，选择适当的方式或载体传递出去。转达的主要原则是传真和简约信息。大学生获取社会信息的方式有两种：一是直接获取社会信息，二是间接获取社会信息。直接获取社会信息是指大学生与社会直接接触、耳濡目染而获取的信息，不需要转达。间接获取社会信息与前者是相对的，它通过中间环节（教师、家长、大学生所处的相对固定的社会网络）有选择地转达。从学校方面看，大学生从与教师交往中获得的信息是大学生的“闻知”，具有间接性。大学生容易从教师那里获得信息并接触社会，因此，教师所转达给大学生的信息必须是真实信息。如果转达的信息是错误的，就会妨碍大学生对社会的正确认识与理解。从家庭方面看，孩子与父母长期生活，也会从父母那里获得大量的信息，也具有间接性。大学生所处的相对固定的社会网络，即我们平常说的生活圈子，教师、家长、同学、亲戚朋友构成这一固定的社会网络，其中，同学与亲戚朋友也常常有选择地转达信息，这也是大学生间接获取信息的方式。现代传媒（电影、电视、网络、手机等）是大学生间接获得信息的重要方式，但是，其转达信息的选择性相对小一些，这就需要施教者进行有效的筛选。

### （二）筛选

筛选，即确认信息的储存、传递、意义、使用等价值，把有特别意义和价值的信息从诸多信息中挑选出来。筛选也要求保真，但与转达不同，传递的内容不在信息本身，而由筛选者选定。因而，筛选本质上是一个价值的比较和判断过程，它要有明确的取舍标准和深入的比较分析过程。信息不同于知识，实施核心价值观教育不能只顾信息刺激量，而忽视信息质量。教师传递信息，应力求准确地反映社会本质，描述社会现象，对于社会的不良现象应少向大学生传递，以免产生副作用。学校、家庭、社会应三位一体，注重大学生的核心价值观教育，加强对不利于大学生核心价值观形成与发展的社会活动情境的控制，有目的地为大学生创设良好的信息环境。网络完全改变了现代人的生活，它使世界越来越小，我们生活的世界变成了一个小小的村落——地球村。世界每一个角落的信息通过互联网传达给我们，这些纷繁复杂的信息，既有积极的，也有消极的，既有正面的，也有负面的。对于实施核心价值观教育来说，这一信息环境尤为复杂，我们要善于应对这种形势，对互联网的信息要进行必要的筛选。

（三）综合

综合，即把各方面的信息按某种宗旨整理，组织为一组系统的信息。综合不但是一个价值判断过程，而且是一种增加信息价值的过程。它与取得的信息是否全面、丰富和系统有密切关系，也与教育者的信息能力有关。经综合处理的信息已不是直接的传真，但并不失真，它不仅具有加工的作用，而且具有"再生"性质。

（四）转化

转化，是一种信息的创造性生产过程，即把取得的信息经过加工制造出新的信息。转化不考虑传真，但也不失真，而是根据获取的信息创造出适合需要的新的信息。

综合和转化是创造性地处理信息的过程，这两种方式具有重要意义。信息环境对大学生的影响并非完全是由信息环境本身决定的，它既受信息原料的制约，也受大学生认知结构的制约。所以，核心价值观教育要做到积极适应环境，就必须从改善信息原料和大学生认知结构两方面努力。核心价值观教育信息经综合和转化之后容易纳入大学生的认知结构，从而促进大学生和环境之间大量的信息交流。由于经综合和转化后的信息对大学生认知结构来说是上位概念，因此，它也促进了大学生头脑内部各子系统间的信息交流。当大学生头脑内部具备某种潜在信息稳态时，认知系统内部就会自动产生从低级结构转变为高级结构的自组织过程。

## 第三节　最深层的时代背景——人的个体化

20 世纪 60 年代，世界进入了后工业时代、高科技和信息时代、全球化时代、消费时代。随之，社会的"去一体化"和多元化，以及人的"个体化"进程不断加速。

## 一、“个体化”概述

个体化，或者说“去中心化”，是互联网 Web 2.0 的核心理念之一，是指原有的中心意义被大大弱化或完全转向，变得更加个体化和多元化。去中心化的特点在于：在 Web 2.0 用户中心论取代了权威中心论，文化的发展不再是一个受到少数精英阶层把持的、定向的、有限的过程，互联网用户反“客”为主，成为主流文化形成的推手。“网友”成为网络文化的真正主人，在动态中充当着文化权威的角色。少数的精英权威被分散的普通网民所代替。权威式的文化中心主体意志被淡化，平等自由的主体间的交往成为主流，所形成的文化关系则是“去中心化”的，进而产生了不同于传统的文化构成模式。

去中心化以个人展示为中心，以个人网页为节点，用户的个性化和价值观都淋漓尽致地表现出来。网民通过创建“我”的网站，上传“我”的内容，表达“我”的观点，分享“我”的思想。传播学家麦奎尔指出：由于各种传播手段及其功能的不断融合，公共传播与私人传播之间的差异，也不再受到技术的“支持”。所谓被动的收听者、消费者、接收者或目标对象，这些典型的受众角色将会终止，取而代之的将是下列各种角色中的任何一个：搜寻者、咨询者、浏览者、反馈者、对话者、交谈者。Web 2.0 给予了网民获得更大权力的可能性。

在 Web 2.0 里，网络文化一再呈现叛逆性的内容，传统文化认知被不断改变。个人喜好不同、视角不同，对事物看法也有很大差别，网民可以通过创建、上传自己的作品来分享自己的文化观。只要时代在不断前进，文化就会不断地变化，这是很自然的现象。Web 2.0 时代带来的是革命性的变化，技术的升级带来内容的升华，创建与分享是 Web 2.0 时代网民积极参与文化构建的表现，“去中心化”极大地促进了网络文化个体化、多元化的转变。

## 二、社会化与个体化

个人从一开始便一方面接受着社会化的规定，另一方面又必须成为“个人”，即拥有自我意识和自由意志，进行着个体化的过程。因此，社会化和个体化都是个人成为社会的个人、成为自觉和自主的个人的必要过程。

当今时代开创了前所未有的个体化浪潮。社会自身的发展规律越来越要求以个人的个性和独立性为条件来发挥作用。每个人走出了对共同体和他人的依附，必须依靠自身的力量谋取生存资料，建构属于自己的生活方式。个性和独立性是社会对每个人所提出来的新的成长要求。平等的个人必须自立和自主地安排自身的一切事务，他才能进行社会性的活动。说到底，个体化其实是现代性在个人那里的具体表现。现代的个人不同于以往蜷缩于狭隘的共同体中受他人或政治等级关系束缚的传统个人，而是以自身的劳动能力或“占有的其他生产条件”进行私人活动的个人。个人之间是平等的、自由的权利义务关系，因此去除了传统个人那种情感性、模糊性和奴役性的关系特征。

当然，按照马克思以“现实的个人”为出发点的历史唯物主义观点，个体化是社会个人的个体化，而非一些资产阶级学者所认为的“原子式个人”的个体化。因为，马克思认识到：现代社会的个人因资本的物化逻辑而被孤立化了，但由于世界历史的开创，个人其实是“全面依赖但又漠不关心的”个人。“每个人的生产，依赖于其他一切人的生产；同样，他的产品转化为他本人的生活资料，也要依赖于其他一切人的消费。”① 但个人都以自我私利为目的，而以其他个人为手段，所以他除了自己的个人利益之外，又表现为极端的冷漠。马克思承认人对物的依赖关系代替人与人的依赖关系的历史进步性。这是对唯物辩证法所要求的客观性、历史性的科学运用。现代化的进展促使个人能力的增长，个人个性的张扬有了前所未有的进步，同时这又是个人发挥自身“类力量”的必然手段。人与人之间的关系物化了。个人与共同体之间出现了多重分裂和对立，对个人的价值和地位的关注就被边缘化，个人所遭受的控制其实更为深重和隐秘。在资本主义的个人关系中，政治统治、意识形态的强控制变为消费意识形态、技术理性的非批判思维的软控制。个人与社会之间深层的矛盾，个人之间关系物化，其根本原因就在于生产的社会化与资本主义私人占有制之间的矛盾。

具体到当代中国的个体化发展，我们看到，个体化已经蔚然成风，具有不可逆转的趋势。市场经济的深入发展催生了具有独立意识和自主能力的个人。人们都普遍注重维护自身的个人利益和基本权利，一旦权利受损也会通过各种方式表达自己的诉求。人类学家阎云翔在他的著作《中国社会的个体化》中，通过详尽的田野调查为我们呈现了当代中国社会转型时期，个人走向个体化的诸多表现。在“去集体化”的趋势之下，个人得到了解放，现代意义的独立个人普遍成长起来。人们都在为争取和维护自身利益和个人幸福而奋不顾身，努力工作。

个体化与社会化并不是相互对立和排斥的。其实，个体化不过是社会化在

---

① 马克思，恩格斯. 马克思恩格斯全集：第 46 卷，上［M］. 北京：人民出版社，1979：102.

特定历史时代的一种表现方式。个人的社会化通过社会分化及个人自身的独立性和自由个性的增长等方式而实现。这样，个体化和社会化其实是相辅相成的关系。但不可忽视的是，个体化在个人那里又并不都是积极的，当个人被“孤立化”或在观念上被当作“原子”来看待的时候，个人主义就企图将个人从社会中加以区隔，并使二者走向对立。个体化因为个人主义的出现使个人陷入孤立化发展的境地，进而社会也因此而产生各种危机和崩溃的迹象。

## 三、个体化背景下的价值观教育

个体化作为最深层的时代背景，对当前的价值观教育有着两方面的影响。首先，就个体化本身的必然出现而言，它作为人的现代化和社会化的一种方式，必然对价值观教育的内容和方式转变都有着积极的推动作用。其次，个体化对个人自身的发展而言，也有着自身的消极作用。

大学生群体普遍成长于信息化和网络化蓬勃兴起的时代。借助这种新的交往平台，年轻人更加愿意张扬自我个性，表现自身的独立性。他们的学习、生活，以及社会实践也都趋向于能够更加体现自身的独特个性，追求不同于其他个人的生活品位和活动方式。顺应这一心理，社会主义核心价值观教育若要俘获人心，尤其是打动年青一代的灵魂，就需要在教育内容、教育方式，以及教育载体等上有所创新。

### （一）发挥个体化的积极作用，提高价值观教育的实效性

社会主义核心价值观本身就是顺应新时代的客观要求而提出的。无论是国家层面的“富强”“民主”“文明”“和谐”，还是社会层面的“自由”“平等”“公正”和“法治”，还是“爱国”“敬业”“诚信”和“友善”等，都需要体现在“现代公民”的主体那里，同时，这些也都是现代意义上的独立平等的“公民”所应有的基本要求。没有具有独立意识和自主意识的现代公民，社会主义核心价值观教育永远都不可能有实质性的推进。现代公民正需要在个体化的社会趋势中获取自身的独立性和自由个性，而不是在“人群”中人云亦云，没有自己的独立判断和个人利益。所以，社会主义核心价值观教育本身就与个体化的方向相一致。

受个体化积极影响最突出的大学生群体，对于社会主义核心价值观的理解和认同也有着自己的不同视角。这当然有其合理性。因为，社会主义核心价值观就是要引导现代中国人作为合格的“国家公民”积极参与到各种社会事业、政治活动以及个人实践之中。当拥有独立意识和平等理念的现代公民建立起来

之后，大学生群体也会自觉地认同社会主义核心价值观的各种层面上的要求。他们就不再以常见的拒斥心理自动屏蔽有关意识形态的任何东西，而是自觉地加入社会主义核心价值观的个人理解、自我解读和诠释的行列中去。可见，若我们的社会主义核心价值观能够在大学生群体中引起普遍共鸣，那么，我们就不会缺少打起宣扬社会主义核心价值观大旗的旗手。大学生群体是最有抱负和理想的人群，他们若能够对社会主义核心价值观有所贡献，就必定能够在全社会范围内树立起新的榜样和标杆。

所以，我们的一个基本思路是：将我们的社会主义核心价值观与个体化的积极作用结合起来，使个人在成长为合格的现代公民的过程中，自觉实践社会主义核心价值观的重要理念。

运用个体化的积极作用，促进大学生群体自觉接受和践行社会主义核心价值观，一个最突出的优势是，它可以提高价值观教育的实效性。

首先，在认知层面，将社会主义核心价值观与个人的利益和幸福紧密连接起来，与个人成为合格的现代公民连接起来，会使大学生对社会主义核心价值观有更加深入的理解。社会主义核心价值观本来就不是抽象的观念理论，而是与现实的生活息息相关的。当大学生从自身出发，从个体化的个性理念出发，来理解社会主义核心价值观得以提出和孕育出来的背景、条件和内容，他们自觉地接近社会主义核心价值观也是自然的事情了。

其次，在认同层面，由于社会主义核心价值观成为一个人走向现代意义的公民所必须坚守的价值理念，人们对社会主义核心价值观的认同也就与自身的自我认同、主体认同同时存在了。因此，大学生对自身个性生活、自由理想的认同，也可以成为对社会主义核心价值观具体内容的认同的一部分。

最后，在践行层面，当个人的主体行动和实践活动与社会主义核心价值观的具体要求相一致时，社会主义核心价值观就变成一个人的自觉行动了。催促他去践行社会主义核心价值观的动力是内在自我的积极意识，大学生追求独立个性和自由的主体活动也同样会起到这种从内化走向外化的正向作用。

当然，价值观教育的实效性并不能在一时一地很明确地表现出来。很多时候，检验一个人对某一观念体系的认同和践行程度，都是在偶然发生的激情时刻展现出来的。但是，没有长期的濡染和内化过程，人们在激情时刻很可能不会如此表现。所以，提高价值观教育的实效性，从个体内在的心理转变做起，从个体对自我个性和创造能力的主体认同开始，进而发展到将自身与对他人的尊重和对社会的贡献的活动紧密统一在一起，或许是一种更为便捷和卓有成效的方式。

### （二）避免个体化的消极作用，发挥价值观教育的正向引导

个体化也有着不可忽视的消极作用。正如马克思所指出的，现代资本社会是一个物化的社会，是一个普遍异化并异化已经达到极端形式的社会。这样的社会虽然使个人普遍走向了独立化，但个人之间彼此又是相互对立的。因为，个人只以自己的私人利益为目的，而以他人为手段。在生产和交换领域是如此，在消费领域也是这样。个人不仅要满足自我的基本需要，还要为刺激出来的各种消费欲望买单。结果，生态破坏、伦理危机和社会危机接踵而至。一个人的过度消费竟然是以另一个人的不消费甚至饥饿为代价的。现代流行的个人主义、消费主义和虚无主义等，其实都是个体化的严重后果。它造成个人越来越孤立化、冷漠化。另外，个体化的消极后果又造成对共同体的破坏。人是社会的人，他只有在社会共同体中才能保证自身的生存和发展，也才能有属于个人的自由和个性。因此，走向孤立化和冷漠化的个人彼此之间也就缺少了基本的信任和人的情感依靠。

其实，社会主义核心价值观也是针对这种普遍的现代性后果应运而生的。个人走向孤立化，只以自身私利为目的，若不加以正向的引导，必然导致社会的溃败，到时也会危及每个人的生存。所以，社会主义核心价值观作为一种引领社会风尚和价值观念的新的指向标，必然对个体化所带来的这些消极作用有一个清晰的辨别，也应当有一些必要的规避机制。

对大学生群体来讲，自觉认同社会主义核心价值观正是一个避免各种个人主义、消费主义和虚无主义思想侵袭的有效途径。他们不仅要学会如何做一个积极有为、个性突出的青年学生，而且要学会如何做一个敢于担当、乐于奉献的现代公民。只图享乐的人生是不值得过的人生，只知索取的人生态度是消极无知的表现。不懂得尊重他人的人，不能赢得别人和社会的尊重；而不懂得尊重自己的人，也不能领悟真正的自由之所在。这些简单的道理融会在社会主义核心价值观本身的内容里面。大学生群体努力追求个性自由和独立特性的活动，追求自我发展、个人利益和幸福生活的愿望，完全可以与践行社会主义核心价值观的活动紧紧捆绑在一起。只要我们对他们的个性自由表现出足够的尊重，对他们的个人梦想给予必要的支持，对他们的价值观选择提供正确的指引，大学生群体自己也能自觉地在实践活动中为社会主义核心价值观的发扬和再度阐释做出积极的贡献。

# 第三章

# 方向指导：大学生社会主义核心价值观培育与践行的目标、原则和方法

大学生要想根本上认可和接受社会主义核心价值观，就必须彻底抓住事物的根本，要抓住事物的根本就必须在实践中不断探索。因而，对大学生进行社会主义核心价值观教育归根结底在于培育和践行。而在引领大学生社会主义核心价值观的过程中离不开正确目标的导航、培育原则的保证及践行方法的实施。

## 第一节　大学生社会主义核心价值观培育与践行的目标

推进大学生社会主义核心价值观教育，必须确立科学的目标：一方面在理论上要树立以学生为本、培养全面发展的人的思想政治教育工作理念，确立学生主体地位、创新思想政治教育内容、注重个性的发展；另一方面在实践中要坚持正面教育，提高思想政治教育理论课的教学质量，否则，不但难以发挥建设工作的作用，还会造成自身的生存危机。

长期以来，人们对大学生社会主义核心价值观教育的社会目标认识不到位，对大学生社会主义核心价值观教育的个体发展目标重视不够。当人们片面地以社会目标取代其个体发展目标时，大学生认可并接受核心价值观建设工作的可能性就大大降低。而大学生社会主义核心价值观教育效率不高，很大程度上是由于人们对目标定位不准确造成的。因此，要提高大学生社会主义核心价值观教育的效率，就必须完善大学生社会主义核心价值观的社会目标和个体目标。①

---

① 张福记，李纪岩. 高校思想政治教育研究［M］. 成都：四川教育出版社，2009：148.

## 一、社会层面目标

大学生社会主义核心价值观教育的社会目标是由其自身的意识形态属性决定的，具有鲜明的工具价值。在我国现阶段，引领思想、宣传政策、凝聚精神、稳定社会是大学生社会主义核心价值观教育主要的社会目标。

### （一）牢固树立社会主义核心价值观

引领大学生的思想，是大学生社会主义核心价值观教育的重要社会目标。在大学生中牢固树立社会主义核心价值观，是构建社会主义和谐社会的重要内容，也是大学生社会主义核心价值观教育的基本目标。社会主义核心价值观包括四个方面的内涵，分别构成了自身的灵魂、动力、精神支柱与道德基础。在大学生社会主义核心价值观教育中，我们要旗帜鲜明地坚持马克思主义理论的指导，高举中国特色社会主义旗帜，大力弘扬以爱国主义为核心的民族精神和以改革开放为核心的时代精神，牢固树立社会主义荣辱观，充分发挥灵魂、动力、精神支柱与道德基础的作用，以社会主义核心价值观引领大学生的思想发展。我们要把社会主义核心价值观融入大学生思想政治教育的全过程，使其成为大学生奋发向上的精神力量，成为他们努力进取、锐意创新、团结和睦的精神纽带，成为他们形成正确的世界观、人生观、价值观的基础。

### （二）全面宣传党的路线方针政策

党在每一个历史阶段，都会为了完成特定阶段的历史任务，针对这一历史阶段的特点，制定一系列的路线方针政策。这些路线方针政策首先要深入人心，然后才能落到实处。在党的路线方针政策普及化过程中，大学生社会主义核心价值观教育发挥着重要作用。要善于把握形势，关注党的路线方针政策，随时把党的路线方针政策化为大学生社会主义核心价值观教育的鲜活内容，以大学生乐于接受的形式，将其渗入大学生的头脑，使大学生成为党的路线方针政策的理解者、拥护者、实践者、宣传者。当前，大学生社会主义核心价值观教育要发挥好自身宣传政策的社会目标，就要高举中国特色社会主义伟大旗帜，以邓小平理论、“三个代表”重要思想、科学发展观、习近平新时代中国特色社会主义思想为指导，努力使党的一系列路线、方针、政策深入大学生内心，把他们培养成为建设社会主义现代化强国、实现第二个百年奋斗目标的中坚力量。

### （三）大力凝聚人民精神力量

社会发展、民族振兴、国家繁荣，都需要凝聚全体人民的精神力量，这种精神力量我们称为民族精神。民族精神，是一个民族赖以生存和发展的精神支撑。一个民族，没有振奋的民族精神和高尚的品格，不可能自立于世界民族之林。民族精神是人们积极向上的动力源泉，民族精神的培养有利于强化人们的民族自尊心和自信心，激发民族的凝聚力和向心力，形成国家稳定和发展的基础。大学生社会主义核心价值观教育即弘扬和建设民族精神、凝聚人民精神力量的重要途径。大学生是实现中华民族伟大复兴的重要力量，其精神状况直接关系到党和国家的命运和前途，关系到社会主义事业的成败。在大学生社会主义核心价值观教育中，要把民族精神教育与以改革创新为核心的时代精神教育结合起来，引导大学生在中国特色社会主义事业的伟大实践中，培养爱国情怀，提高创新能力，始终保持积极进取、昂扬向上的精神风貌。

（四）积极维护社会稳定

改革是为了提高社会的效率，但也势必影响一些群体的固有利益，所以其中必然蕴含着冲突的萌芽。同时，在社会变革期，各种思想与行为都有可能出现，社会的道德风险、和谐风险也随之加大。另外，在全球化时代，国际政治生活中的一些变化，也会在国内产生回响，对国内秩序产生冲击。在改革开放的过程中，国家最需要的就是稳定，以稳定促进发展，因此要把国内外社会变动带来的震荡降到最低，就需要依托大学生社会主义核心价值观教育来疏通思想、化解矛盾、理顺关系、阐明事理。大学生社会主义核心价值观教育面对的群体是大学生，他们对社会变革最为敏感，对涉及国家利益、民族尊严的国际政治事件最为关注，也最容易做出一些过激的反应。面对这样一个忧国忧民、激情澎湃的群体，在大学生社会主义核心价值观教育中，要善于帮助他们理性分析各类现象，深刻认识各类现象发生的根源，引导他们通过合情合理合法的途径表达意见，力争把大学生培养成为社会主义的建设者、维护者。

大学阶段是大学生走向社会的重要过渡期。他们能否用科学的理论武装头脑，能否理解并拥护党和国家的路线方针政策，能否正确认识社会生活中的各种现象，以及他们用什么样的眼光观察世界、以什么样的心态迎接挑战，将直接关系到社会能否稳定、国家的建设目标能否完成、和谐社会能否建立、持久发展的目的能否实现。按照党和国家的要求，帮助大学生树立正确的世界观、人生观、价值观，是大学生社会主义核心价值观教育社会目标的重要体现。大学生社会主义核心价值观教育实现这方面的目标，对于建设一个健康运行的社会、持久增长的社会、和谐发展的社会具有十分重要的意义。

## 二、个体层面目标

长期以来，对大学生社会主义核心价值观教育个体发展目标认识不足、强调不够，其实际效能发挥得不够理想，从而影响了大学生社会主义核心价值观教育整体目标的实现。事实上，在和平建设年代，大学生虽然继续关注国家的前途、民族的命运，但同时也更关注自身的发展。如何净化心灵、提升人格，使自己成为心灵和谐、道德高尚的人。如何树立理想、改善形象，使自己成为社会接受、大众欢迎的人。诸如此类的问题都成为大学生关注的新热点。大学生社会主义核心价值观教育只有正视这些问题，把这些问题纳入教育目标，才能走入大学生的内心世界，在被大学生认可与接受的基础上，充分实现自身的价值。

### （一）构建和谐心灵

和谐社会建设，人的心灵和谐是出发点，也是归宿。价值观问题涉及人的世界观、人生观，是大学生看待外界事物和自己的重要基础。因此，大学生社会主义核心价值观教育具备引导大学生控制自己的情绪，正确认识自己，解决个人的思想困惑、心理矛盾、情感冲突的重要功能。马克思主义理论是科学的世界观和方法论，可以为大学生认识自然、社会与人生提供科学的思维方式，避免他们因思维的偏差误入心理的歧途。中国特色社会主义共同理想犹如人生的灯塔，照亮大学生人生的道路，使其在挫折中看到希望，减轻心理上的焦虑。以爱国主义为核心的民族精神和以改革开放为核心的时代精神有助于大学生保持昂扬向上的精神状态，为他们擎起精神支柱。社会主义荣辱观则有助于大学生在处理与他人、与家庭、与社会、与自然的关系时，以高尚的身心参与文明社会的构建，并收获和谐的人伦。

由此可见，社会主义核心价值观本身具有净化心灵的功能，开展社会主义核心价值观教育，应当主动把“净化心灵”列为个体发展目标之一，充分发挥社会主义核心价值观的这种功能。要净化大学生的心灵，就要与心理健康教育相结合，注意发现影响大学生心理发展的各种因素，随时调整大学生社会主义核心价值观教育的个体目标，努力将负面事件、负面现象对大学生的心灵冲击降到最低，以正面事件、正面人物激励大学生，引导他们求真、向善、为美。

### （二）培养健康人格

大学生处于一个不断转变的环境中，正由家门转入社会大门，其社会角色发生了巨大的变化。他们每天都要面对各种不同的压力和挑战。学习、生活与就业中的不适应，人际交往中的不协调，情感困惑和恋爱危机带来的压力，自我封闭和遭受挫折后的心理障碍，这些问题都会使大学生形成有缺陷的价值判断，甚至导致他们人格的异化。帮助大学生更好地认识社会、认识自己，促进他们个性的发展和人格的完善，是大学生社会主义核心价值观教育的重要任务。

培养大学生的健康人格，应着眼于其特点。在应试教育体制下，一些中小学对学生健康人格的培养重视不足，有的毕业生进入高校后，虽然知识体系完善，但精神世界不够丰富，人格也不够完美。大学生社会主义核心价值观教育不能只停留在知识的灌输上，而应注重提高大学生的人格自我塑造能力。这种能力包括两个方面：一是价值观念的判断评价能力与选择能力，它相当于人体的免疫功能；二是价值观念的内化能力，它好比人体的造血功能。有了免疫功能，才能正确判断是非，并将其作为人生道路上的航行定位；有了造血能力，才能不断提升自己的人格。

### （三）树立坚定信念

理想信念教育是大学生思想政治教育的核心，当然也是大学生社会主义核心价值观教育的核心。对大学生个人而言，理想是其人生的航向，也是其前进的动力。有了正确的理想，大学生才会凝聚自己的精力、挖掘自身的潜力、增强自身的毅力，才能最大限度地实现自身的价值。

以社会主义核心价值观教育引导大学生树立坚定的理想信念，首先要加强中国特色社会主义理想信念教育，引导大学生正确认识国家的前途和命运，树立为建设中国特色社会主义而奋斗的崇高理想。其次，要组织大学生认真学习马克思主义理论，掌握辩证唯物主义和历史唯物主义的立场、观点和方法，用科学的理论武装头脑，正确认识人类社会发展的历史规律。最后，要帮助大学生正确处理社会理想和个人理想的关系，引导他们认识自己的社会责任。

大学生是祖国的未来、民族的希望，他们对未来抱有美好的憧憬，富有追求和理想。在大学生理想信念教育中，只有引导大学生把社会理想与个人理想结合起来，把个人的成长进步同中国特色社会主义伟大事业、同祖国的繁荣富强紧密联系在一起，才能使他们在实现社会理想的过程中实现个人理想，在实现个人理想的过程中推动整个社会理想的实现。脱离个人理想谈社会理想，就会使理想教育流于形式主义；脱离社会理想谈个人理想，就会使理想教育偏离正确方向。

### （四）塑造良好形象

形象问题至关重要。就大学生而言，形象是其能否为社会、为集体、为他人所接受的关键。而一个人能否为社会、为集体、为他人所接受，又在很大程度上影响着他的思想状况、心理状况。一个人如果形象不佳，长期不为社会、为集体、为他人所接受，其思想心理就容易发生扭曲，甚至会走向极端。帮助这些大学生在人群中改善自身的形象、树立自身的形象，是新形势下大学生社会主义核心价值观教育工作的重要目标。

帮助大学生改善与树立个人形象，首先，要向大学生强调形象的重要性，使他们重视自身形象、维护自身形象。其次，要提升他们的内涵，使他们具备良好的文化素质、心理素质与政治素质。再次，要注重培养他们的荣辱观念，引导他们树立社会主义荣辱观，主动维护个人和集体的荣誉。最后，要引导他们积极参加形式多样的社会实践活动和校园文化活动，使他们在与他人的交往中改善自身形象，获得社会、集体和他人的认可。

### 三、社会目标与个体目标的统一

大学生社会主义核心价值观教育的社会目标与个体目标，内在统一于培养有理想、有道德、有文化、有纪律的社会主义合格建设者和接班人的过程中。提高大学生社会主义核心价值观教育的实效性，必须主动实现其双重目标的有机统一。

从大学生社会主义核心价值观教育、社会和个体之间的本质联系来看，个人需要与社会要求是通过大学生社会主义核心价值观教育这个纽带辩证统一在一起的。一方面，大学生期望获得社会的认可，这是其学习的内在动力；另一方面，社会需要按照自身标准，通过大学生社会主义核心价值观教育对大学生进行培养。同时，在大学生社会主义核心价值观教育中，大学生的地位具有双重性。他们既是大学生社会主义核心价值观教育的对象，是教育内容的接受者；同时他们又是教育过程的主体，具有主观能动性。这就决定了大学生社会主义核心价值观教育只有通过大学生的主动选择与积极参与，不断把外部影响加以“内化”，实际效果才会显著。因此，在大学生社会主义核心价值观教育中，必须树立明确的个体培养目标，才能为大学生所认可与接受。如果只是片面强调大学生社会主义核心价值观教育的社会目标，忽视其个体目标，往往会在大学生的无声排斥中降低实际效果。

社会目标与个体目标的有机统一是大学生社会主义核心价值观教育的鲜明特色。在大学生社会主义核心价值观教育中，一方面要向大学生传导和灌输社会主流意识形态，使他们沿着党和国家所需要的方向发展；另一方面要尊重大学生的个性需求，促进大学生全面协调可持续发展。这两者相辅相成，缺一不可。

## 第二节 大学生社会主义核心价值观培育与践行的原则

当今世界，科技革命加速推进，知识经济迅猛发展，各种不同文化的交融与交锋日益深入，随之而来的是社会思潮的产生，传统的、现代的，东方的、西方的，先进的、落后的，彼此之间互相冲击、竞相上台，对大学生社会主义核心价值观的形成和巩固带来多方面的影响。而大学生社会主义核心价值观教育作为一项非常复杂的系统工程，要保证教育的方向性和有效性，就必须运用马克思主义的基本观点和方法掌握其内在规律性，结合当前时代发展特点以及当代大学生思想观念的新趋势，将理论与实际相联系。所以，要促进大学生对当代中国社会主义核心价值观的内化和认同，就必须遵循以下几方面的原则：

### 一、生活化原则

生活化原则要求在大学生社会主义核心价值观教育过程中，要坚持从群众中来、到群众中去，教育的内容和要求要以人民大众的生活为根基，而不能脱离群众。否则，社会主义核心价值观的教育就成了无源之水、无本之木。坚持生活化原则，就是指社会主义核心价值观教育要以生活为本源，在生活中进行教育，引导人们改善生活，提高生活质量，过美好的生活。

美国教育家杜威提出了“教育即生活”的观点，我国教育家陶行知则提出“生活即教育”，强调“过什么生活即受什么教育”，指出“用生活来教育，为生活而教育”。他们都意识到在生活中渗透教育，用教育引导人类走向更美好生活的意义。教育与生活密切相关。教育是特殊的生活，生活是广义的教育；生活提供着教育的养料，教育又是为了生活，创造着生活。

价值观教育生活化，就是以现代生活为中心，充分开发具有价值引导功能的现代生活资源，从主体的现实生活、现实存在、现实活动出发，采取感情的、实践的方式，促进主体价值观体系的自主构建，把生活作为教育的起点，同时也作为教育的归宿。价值观教育生活化，在总体目标上以提高主体价值选择和价值评判能力、提升精神生活和人格的最终完善为目的。

因此，价值观教育不是通过专门的“理论专修”，或是脱离生活的“苦心修炼”，就能够实现道德修养和道德能力提高的。只有坚持价值观教育的生活化，从生活出发、在生活中进行再回到生活，使价值观教育贯穿在人的所有生活之中，转变那种在计划预定的地点与时间传授思想理论的传统教育方式，实现贯穿生活各个方面各个细节的教育，才能使人们过上道德的生活，通过道德的生活将自己的认识、体验、感悟化在生活之中，发展道德理性与道德感悟的能力。

贯彻生活化原则施行社会主义核心价值观教育，要饱含着对生活的热爱、对人性的关怀，以富于人情味、现实化的活动，切实关注百姓的生活；要解决好如何生活化的问题，使高深的理论通俗化，使呆板的教育亲和化。

### （一）构筑社会主义核心价值观教育的现实根基

超越生活仍要站在现实的生活基础之上。在阶级社会，生活必然表现出阶级的分化与对立，在思想观念上，也必然表现为不同阶级意识形态的分化与对立。生活化原则并不意味着忽略或模糊现实生活中的阶级分化与对立，更不意味着对社会意识形态性质的消解，使价值观教育走向“中立”，从而导致社会价值观念走向多元、无序，无法坚持主导价值观念的一元性。在社会主义核心价值观教育活动中坚持生活化原则，应当正视并鲜明地强调现实生活中不同意识形态的分化与对立，直面社会生活的变化对社会主义意识形态提出的挑战与问题，以更好地实现社会主义意识形态在现实生活中的主导地位。

社会主义核心价值观是社会主义意识形态的本质体现。要树立和巩固其在多元价值观念中的主导地位，必须结合人们社会主义的直接实践和社会现实，将其融入现实生活，构筑社会主义核心价值观教育的现实根基，增强教育的感召力、说服力和影响力。这是因为，“社会主义核心价值观”是一种社会主义的观念体系，这种价值观念的体系是客观的价值关系或价值事实在人们主体观念中的反映。客观事实是第一性的，观念形态的东西是第二性的，一切价值观念都是对其客观的价值关系或价值事实的能动反映。必须是客观的价值关系或价值事实，而不是观念本身，才能够作为这种价值观念建构和培育的基础。在社会主义制度下建构和培育社会主义核心价值观体系，仅仅依靠对未来社会的预见、希望和理想的支撑是远远不够的，因为今天的社会生活现实环境毕竟根本不同于马克思恩格斯时代资本主义矛盾深刻而尖锐的生存环境，也根本不同于我国新民主主义革命时期人民大众深受帝国主义、封建主义和官僚资本主义深重压迫的严酷环境，在社会生活日趋民主、经济生活日趋富裕、思想观念日趋独立的今天，人们做出价值选择的依据更主要的是社会主义的直接实践和社会现实。人们关注现实的变化和发展，从自己对生活的观察、思考和体悟中得出对某种价值观念、思想信仰的理解，做出自己的价值判断和选择。只有使人民群众直接和真正在社会主义制度下，获得实实在在的实惠、利益和幸福，才有助于他们真切地拥护社会主义制度，认同社会主义核心价值观念。

大学生社会主义核心价值观教育作为体现社会主义特色和优越性的重要路径，其学科建设要为社会发展和大学生的生活质量提高服务。大学生是一个具有较高文化素质的群体，其生活水准的提高不仅要求有很高水平的物质文化生活条件，其精神文化生活水准也需要提高。大学生社会主义核心价值观教育以大学生现实生活为基础。社会主义核心价值观教育的生活化，客观上要求在大力发展社会生产力和坚持社会主义基本经济制度的基础上，不断推进经济建设、政治建设、文化建设和社会建设的协调发展成果进入校园，让广大在校大学生了解我国社会主义改革和建设的进程，培养其对社会主义建设事业的信心。有此现实基础，大学生更加容易在其观念中确立社会主义核心价值观的指导地位。

### （二）营造大学生社会主义核心价值观教育的大环境

坚持生活化原则，要求大学生社会主义核心价值观教育重视环境对大学生的作用，积极营造有利于大学生社会主义核心价值观教育的大环境。人类在社会生活中，不断地改造着自身的生活环境，同时反过来，一定的社会生活环境也在不断地影响着人们的生活。成功的教育不仅可以使人们在不知不觉中受到一种陶冶，使心灵得到净化，情感因之升华，而且良好的教育内化可以影响教育环境，使之影响更多的人。生活化的教育强调环境对人的熏陶作用，营造良好的社会环境，来熏陶人、感染人。要为群众生活营造良好的环境，设立有效载体、创建广阔平台。在日常生活中，利用校园广播、电视、电影、图书、报刊等校园文化媒体对大学生进行社会主义核心价值观的宣传和教育，宣传大学生社会主义核心价值观的主要内容、主要观点，宣传弘扬先进人物和先进事迹，开展生动丰富、各具特色的教育活动。不仅如此，还要通过高校思想政治理论课教育和其他多种形式的宣传教育，在大学中营造良好的社会主义核心价值观教育氛围和学习环境。把社会主义核心价值观教育贯穿到全民教育实践活动中，使社会主义核心价值观的要求融入社会多层级群体中去，努力实现生活化、大众化，借助广大人民群众对大学生进行社会主义核心价值观教育。

## 二、主体性原则

要使社会主义核心价值观为大学生所认同和接受，变成他们的自觉行为，需要贯彻教育的主体性原则，坚持以人为本，发挥其主观能动性。

第一，重视教育者的主体性。教育者在整个教育活动中，收集、选择、过滤、加工、制作、传递价值观教育信息，组织教育对象和教育情境，调控整个教育过程，是引导受教育者思想、塑造其品德的主导因素。教育者主体性的发挥，直接关系到价值观教育的方向和效果。教育者的主体性是教育者人格力量的实质体现和基本构成：只有具有高度主体性的教育者，才能深刻体会发展对价值观教育的要求，从而不断对教育传统进行改革和创新，自觉地发挥和培养受教育者的主体性；只有具有高度主体性的教育者才能正确认识、评价、引导和影响受教育者的感染力、影响力和辐射力。

第二，尊重受教育者的主体性。在整个教育过程中，受教育者既是客体，也是主体。作为客体，他们是教育者有目的、有计划、有组织地施加影响、进行价值观教育的对象；作为主体，他们具有不同层次的需求和信念，在整个价值观教育活动中，以其巨大的能动作用影响着教育活动的进程和效果。苏联教育家苏霍姆林斯基认为："没有自我教育，就没有真正的教育。"受教育者内在的自我教育因素对于教育目标的达成起着至关重要的作用。当他们以自己积极的性格特征或某种特长去影响教育者，以各种形式促进教育者提高价值观教育的能力水平，主动地配合教育者实施教育计划，能动地接受教育者施加的影响时，对于价值观教育进程将产生巨大的促动作用，并极大地提高教育效果。

第三，培养受教育者的主体性是价值观教育的核心目标。现代价值观教育应该为发展人、培育和完善人的独立人格服务。注意培养受教育者的主体理性、主体智慧和主体能力，造就了受教育者的主体性，受教育者在面对新的情况、新的问题时，才能够充分发挥其自主性、能动性、创造性，拥有适应新情况、处理新问题的能力，价值观教育的目标才会从根本上达成。

### （一）贯彻主体性原则的客观依据

#### 1. 现代社会发展的客观要求

社会的发展越来越重视人的全面、和谐发展。随着我国社会主义市场经济的发展和信息网络的普及，人的个性得到了极大张扬，人的主体性不断增强。而那些缺乏独立意识、平等意识、自主意识、创新意识、民主意识、竞争意识的人将逐渐被社会淘汰。

随着社会的进步、物质生活的丰富和人的素质的提高，人们对精神的需要越来越强烈。美国人本主义心理学家马斯洛的需要层次理论认为，尊重的需要是人的较高层次的需要，在人所具有的需要中仅次于自我实现的需要。满足尊重的需要会导致快乐、信心和力量，相反则产生悲伤、自卑和无能的消极感觉。价值观教育如果不能尊重人，不能满足教育对象的尊重需求，就肯定收不到好的效果。进一步地说，价值观教育活动中，如果施教者只强调自身主体性而忽视受教育者的主体需要，一味以社会的需求为由采取压服的强制手段，不仅扼杀了受教育者的主体性、自主性和主观能动性，也不会使受教育者心服，这个代价是巨大的。受教育者不甘心总是居于被动接受的地位，也不愿意充当只是被动接受的角色。因此，在价值观教育活动中，应当对受教育者做到信任、理解和宽容，充分尊重受教育者的权利和尊严，才能够调动他们的积极性，激发他们的创造性。因此，在教育中贯彻主体性原则成为时代发展的必然。

2. 价值观教育规律发展的客观要求

大学生传统价值观教育中，存在重价值观规范教育、轻价值观主体引导的倾向，将大学生视作客体而无视其身心发展和思想实际，不善于把规范教育同培养选择能力结合起来。为改变传统价值观教育面临的困境，增强价值观教育的实效性，必须贯彻主体性原则。

价值观教育过程既是教育者遵循一定的教育目标，有组织、有计划地对受教育者施加教育影响的过程，同时又是受教育者把教育要求内化为自身道德情感和信念，外化为道德行为和习惯的过程。根据马克思主义辩证法原理，这种“内化”与“外化”的根本动力，在于受教育者内在的思想心理矛盾。在整个价值观教育过程中，如果没有受教育者的积极主动参与配合，教育要求就不会内化为道德需要，更不会外化为道德行为和习惯。离开主体性原则谈价值观教育，就会使价值观教育的功能异化。

3. 人的自由而全面发展的客观要求

社会的进步离不开人的自由全面发展，离不开人的主体性的发挥。马克思说：“人是人的最高本质。”① 人是人类一切行为的最终原因和最高目的，是衡量一切事物的基本标准。衡量社会进步的根本标准就是人的自由全面发展。

主体性发展是实现人的全面发展的必由之路。人的全面发展是人的主体性高度发展的状态，是一个漫长而复杂的历史过程，不能一蹴而就。马克思指出：“个人怎样表现自己的生活，他们自己就是怎样。”② “个人是什么样的，这取决于他们进行物质生产的条件。”③ 目前，我国仍处于并将长期处于社会主义初级阶段，既不同于马克思所说的人类社会发展的第二阶段，即“以物的依赖性”为基础的人的独立性阶段，也不同于马克思所论述的共产主义社会。这一阶段为人的全面发展提供了有利的条件，使人的全面发展由可能变为现实。但是由

---

① 马克思恩格斯选集：第 1 卷［M］. 北京：人民出版社，1995：9.
② 马克思恩格斯选集：第 1 卷［M］. 北京：人民出版社，1995：67-68.
③ 马克思恩格斯全集：第 3 卷［M］. 北京：人民出版社，1960：80.

于受我国现阶段经济、政治、文化等条件的制约，人的全面发展还受到一定的限制。这就要求我们在追求社会发展的同时，要坚持发展人的主体性，尽可能促进人的全面发展，实现人的发展与社会发展的良性互动。

### （二）贯彻主体性原则的基本要求

1. 教师要提升自己的理论素养和人格魅力

现代大学生核心价值体系教育是以教师为主导、大学生为主体，在学校、家庭、社会为支撑环境的教育大系统中进行的。贯彻主体性原则，需要在充分尊重大学生主体地位的同时，发挥教师的主导作用。价值观教育中教师的主导作用，主要是凭借教师自身的学识、品行等构成的人格权威而对大学生发挥影响，对其价值观的树立、对其价值选择和价值评判的能力给以指导和帮助。尤其是在大学生社会主义核心价值观的教育中，大学生有较强的判断能力，要做好对他们的教育工作，教师必须有较高的理论素养和人格魅力。

第一，理论素养是保证教师在价值观教育中充分发挥主导作用的前提。教师的理论素养主要包括专业水平和文化素养。在信息网络化和资源共享的现代社会，教师必须不断主动加强自身的学习、修养和锻炼，努力完善自己的知识结构，提升自己的专业素质，提高自己的思想业务水平和能力。一方面，以自身精深的理论、渊博的学识深入浅出地进行理论教育，能够充分展现理论自身的巨大魅力，以理服人；另一方面，以与时俱进、不断创新的教育艺术和教育手段，开拓出价值观教育的新途径，增强价值观教育的感染力和吸引力，以情感人。同时，教师还应保持求真、民主的学风，在科学与真理面前与学生平等讨论，允许并鼓励“当仁不让于师”的精神，使学生体验到做人与做学问的尊严和乐趣，在逻辑思辨和学术研究中深化对社会主义核心价值观的认识和理解。

第二，提升人格魅力是保证教师在价值观教育中充分发挥主导作用的另一个重要因素。教师要以自身的敬业奉献、率先垂范、真诚坦荡、平易近人赢得学生对自己的尊敬、热爱和信任，并以自己的一言一行为表率对大学生起到潜移默化的熏陶作用。所谓“桃李不言，下自成蹊”，在社会主义核心价值观教育中，教师的人格魅力更具有特别突出的榜样力量。作为社会主义核心价值观教育工作者，应该成为思想道德优良、行为举止端正的表率。诚信勤勉，敬业奉献，热爱价值观教育工作；发扬密切联系学生的作风，深入实际，深入学生，了解实情；不计个人得失，有强烈的事业心和责任感。苏霍姆林斯基指出：“我们应当以丰富的精神生活给孩子做出榜样。只有在这种条件下，我们在道德上才有权利来教育学生。"① 教师要以身作则，身体力行，以自己的先进思想和模范行为的榜样教育大学生，引导他们前进，真正发挥自己在价值观教育过程中的主导作用。

2. 尊重大学生的主体地位，加强与大学生的互动

在大学生社会主义核心价值观教育活动中，大学生具有主体性。教育者在观念上和实际活动中要认可大学生的主体地位，采取形式各异的方法与大学生进行多方位的思想交流，并根据价值观教育的目的和大学生的生活及思想实际设定价值观教育的内容，使其符合大学生身心发展的规律和满足大学生生活与思想实际的需要，帮助大学生建立起良好的心理环境，提高自我教育和自我修养的能力，保证大学生思想政治道德认识、情感、意志、行为全面和谐发展。

在尊重大学生主体地位的基础上，加强教师和大学生之间的互动。大学生社会主义核心价值观体系教育主体性互动，就是教师与大学生各自的自主性、能动性、创造性的一种互动。加强主体性互动本身就意味着在价值观教育活动中，教师和大学生都具有主体性，其主体性都应当得到应有的尊重，得到充分的发挥；整个教育活动都应当是双向互动的，是与过去计划经济体制下权威型教育方式根本不同的。

互动性是人的主体性特征之一。强调主体性互动，就要增强教育活动中的互动意识。在主体性互动教育活动中，主要是互动意识在起作用。它表现为联系意识、交换意识、趋向意识等。无论是教师还是大学生，互动意识都对主体对象的互动行为发挥着重要的驱动作用，使教师和大学生之间建立一种互相联系、互相交换的即时状态。主体性互动教育就是教师和大学生建立在一个共同的目标之上的互动，是双方在共同参与、不断沟通的情况下，对某一事物所持的观点、看法、理解相互渗透，对对方的行为做出解释和定义，不断地对对方产生影响并修正自己行为的教育模式。教师对大学生而言，是施教的主体，具有能动性、诱导性，但其能动性要受教育客体的认识能力、理解水平和学习过程的制约。反过来，作为大学生，把教师作为认识对象，又表现出极大的主体能动性，要感知、想象、体验和理解，要调动自己全部心理机能去学习思考。因此，作为教师和大学生，都不是单纯的主体和单纯的客体，价值观教育过程从来就不是主体作用于客体的单向联系，客体是人，每个人都有自己的认识模式，接受信息是一个自然的选择过程。当客体不愿接受或不全部接受时，主体必须针对自己的状况做出相应的调整，以期客体接受。大学生社会主义核心价

① ［苏］苏霍姆林斯基. 教育的艺术［M］. 肖勇，译. 长沙：湖南教育出版社，1983：15-16.

值观教育的过程就是教师和大学生双方互动的过程。这就要求我们在教育方法的选择、运用和创造上，不仅要着眼于充分发挥教师自身的优势，更要着眼于充分激发大学生活动的积极性和主动性。

3. 把价值规范教育、观念教育与个性教育结合起来

调整传统教育的目标模式，把培养独立人格精神和独立自主的价值判断和价值选择能力引入大学生社会主义核心价值观教育的目标系统之中，尊重大学生的差异与个性，尊重大学生不同的天赋、兴趣、气质、情感体验等，使大学生社会主义核心价值观教育成为造就理想人格的教育。大学生社会主义核心价值观教育的目的是要求大学生不仅能够“内化”社会道德原则和道德规范的基本精神，而且要求大学生能够在特定的情境中坚守道德原则规范并创造性地运用道德原则规范，做出正确的价值判断和价值选择。在大学生社会主义核心价值观教育过程中，坚持把价值规范的灌输与尊重受教育者的理智能力和自主意识结合起来，避免把严格的“规范化”教育和独立人格教育对立起来。

培养大学生的独立人格，需要激发大学生自我教育的能动性。所谓自我教育能力，就是将自己作为教育对象，有目的地不断规范自己的言行，完善自己人格的能力。自我教育是培育大学生主体性、尊重大学生主体地位的重要途径，也是高度体现大学生主体性的有效教育方法。教师首先要帮助大学生掌握人类历史发展的基本知识，使大学生具备能够把握自己的本领；指导大学生掌握心理调适方法，提高大学生在竞争激烈的现代社会里更好地生存和发展的自我行为调控能力，提高思想境界，增进健康心理和理解、宽容之心；并为他们努力创设良好的自我教育环境，通过榜样示范、理想形象设计法等方法激发教育对象产生自觉的思想道德发展意识和要求，调动他们自我教育的积极性，对他们进行目标定向，激发他们积极进取的个性倾向，调动其内在发展能力。

现阶段中国正处于现代化的过程中，即马克思所说的“以物的依赖性为基础的人的独立性”阶段。努力弘扬主体性原则，大力培育大学生的主体意识，促进大学生的全面发展，是目前大学生社会主义核心价值观教育的根本所在。

## 三、教学相长原则

### （一）教学相长原则的含义及意义

1. 教学相长原则的含义

所谓“教学相长”，指教和学的相互促进。“教学相长”是我国由来已久的教育原则。《礼记·学记》中说：“虽有佳肴，弗食，不知其旨也；虽有至道，

弗学，不知其善也。是故学然后知不足，教然后知困。知不足，然后能自反也；知困，然后能自强也，故曰教学相长也。”两千多年来，“教学相长”的内涵随着时代的变迁而不断生成和发展，对后世产生了极其重大的影响，随着历史的推移，“教学相长”在原初含义的基础上逐步走向丰富和圆满。

教学相长，深刻地揭示了教学过程的本质是教与学两方面的矛盾统一的关系，明确指出了教与学二者彼此相长而相互发生作用。在教学中教师可能因教学而遇到困难，必须加强进修，努力钻研，以提高教学质量，这就是教因学而得益。学生因学习而“知不足”，“知不足”，反求诸己，感到有赖教师指导的必要性，因教而日进。教促进了学，学又有助于教，这就是教学相长。其中心含义是说，教之中必含有学，学之中必含有教。

可以看出，“教学相长”的本意在于揭示教师要边教边学才能教好，学生要靠教师引导和自己主动学习才能学好。就教师而言，强调的是自省、自修，以“教困”激发“自强”学习；就学生而言，一方面强调离不开教师的教，另一方面亦强调“学”而自知不足，然后主动求学。“教学相长”不仅对学生提出了不断学习的要求，也对教师提出了不断学习的较高要求。在现代教育中，教师的尊严是靠自己的知识或技艺的水平获得的。如果有学生比自己强，也应该向学生学习。学生需要不断学习，教师也需要不断进步，在这样的环境中，必然推动知识的进步和学术的繁荣。

“教学相长”不仅体现在师生间获得知识经验方面的“相长”，还体现在教学过程中师生间的心理相互影响上，其中主要是情绪与情感的因素。教师与学生之间在精神上的沟通和心理的相互感染是任何现代化教学手段所不能替代的。教师对学生学习情绪的影响主要体现在教师对待学生的态度。师德中要求热爱学生的道德规范，是师爱的具体体现。在教学中，教师应当让学生体验到积极的情绪和情感。教师对学生尊重、信任、公正、平等、热情、真诚，既满怀期望，又严格要求，总会以某种信息传递给学生，所谓“亲其师而信其道”，学生积极、健康的情绪和情感体验会对他们的学习行为产生积极的影响，激发学生的求知欲，适时满足学生的成就欲，创造教学的愉悦性，使学生体验到成功之乐、创造之乐、劳动之乐，学有收获，学有乐趣，产生出对学习的浓厚兴趣。这就是教学过程中，教师教的态度、教的情绪、教的方法对学生学的情绪、学的过程所生成的“长”的作用。教师对学生的态度和感情也受到来自学生反馈信息的影响。学生对教师的尊敬和爱慕可以进一步激发教师的爱；学生学习态度积极，状态饱满，与教师默契配合，会强烈地激发教师的教学情绪和教学灵感，使教师的教学能力和水平得到淋漓尽致的发挥，直接促进教学的进程和质量的提高。这是教学过程中学生学的情绪、学的过程对教师教的情绪、教的方法所生成的“长”的作用。

2. 教学相长原则的意义

（1）促进构建平等、合作、和谐、发展的新型师生关系

“教学相长”首先意味着平等，包括教师与学生之间的平等，学生与学生之间的平等。建构起平等的师生关系是师生对话、交流与合作的前提，是教学相长的基础。从国际范围来看，教师的角色已经发生了巨大的变化，“教师的职责现在已越来越少地传递知识，而越来越多地激励思考；除了他的正式职能以外，他将越来越多地成为一个顾问，一位交换意见的参加者，一位帮助发现矛盾观点，而不是拿出现成真理的人。他必须集中更多的时间和精力去从事那些有效果的和有创造性的活动：互相影响、讨论、激励、了解、鼓舞”①。教师角色的变化，要求教师必须把自己放在与学生平等的地位，尊重学生的兴趣、需要和感受，真实地走近学生，做学生的朋友。只有这样，学生才会对教师产生可亲可敬之感，才会认真聆听教师的教诲，才会敞开心扉与教师进行深入的交流，师生双方才能从彼此的交流中得到更多的启发和收获。建构平等的师生关系，要求教师对每一个学生都能够平等相待，一视同仁，不厚此薄彼。平等地看待、尊重每一个“他者”确实是一件不容易做到的事情，但这是实现“教学相长”的一个重要条件。

“教学相长”还意味着合作、和谐、发展。教师与学生同为学习者。教师要做一个善学、乐学的学习者，走在学生前面，做学生的引路人，努力建构一种与学生共同学习、交流合作的关系和氛围，在与学生的交流对话与合作学习中，以自己对学问的兴趣感染学生，以自己强烈的问题意识撞击学生的心灵，激发学生的学习兴趣和深度思考，当学生有所进步时，报之以真诚的赞扬，并一同分享成功的喜悦。“教学相长”能够促进教与学的和谐、师与生的和谐、人与教学的和谐。和谐是“事物和现象各个方面完美的配合、协调和多样的统一，在心理机制上使人愉快、满足，并唤起人们对生活的热爱”。“和谐不是事物各个分散部分外在的联合在人感知中的印迹，而是它们基于本质联系的内外统一和相互渗透通过感知在人的情感和理智中产生的一种积极反应。”② 教与学的和谐，用陶行知先生的话说就是“教学合一”，“先生的教应该和学生的学联络”，

① 联合国教科文组织. 学会生存——教育世界的今天和明天［M］. 华东师范大学比较教育研究所，译. 北京：教育科学出版社，1996：108.

② 朱智贤. 心理学大词典［M］. 北京：北京师范大学出版社，1989：265.

“教的法子必须根据学的法子”。现代教育要努力促使师生双方思维在教学中彼此呼应、达成共识，教师爱生的感情与学生尊师的感情融为一体、相互交融，在和谐的师生关系中促进师与生的共同发展。发展着眼于人的潜力与未来。“教学相长”强调通过建构教学中平等、合作、和谐的关系，实现“学生在教师的发展中成长，教师在学生的成长中发展”①。

（2）促进学生的自主发展和教师的动态完善

第一，贯彻教学相长原则能够促进学生的自主发展。新型师生关系，要求教师重视学生的理解，倾听他们的想法，思考其由来，并以此为据，引导学生丰富或调整自己的认识和观点。教学不再是简单的知识传递，而是教师与学生、学生与学生之间需要共同针对某些问题进行探索，并在探索的过程中相互交流和质疑，了解彼此的想法，并从原有的知识经验中，生长新的知识经验。学习者要努力通过自己参与教学的思考和实践，建构形成他的智力的基本概念和思维形式。教学相长原则强调学习的主动性、社会性和情境性，重视学习者个性和经验的作用，因而有助于促进学生的自主发展。

第二，贯彻教学相长原则能够促进教师的动态完善。现代教育教师的角色已经转化为学生建构知识的支持者、学生学习的合作者，教师要作为有价值问题的提供者，启发学生主动地思考。教师必须关心学习的实质含义、学习者学习什么、如何学习和学习效率如何等问题。教师必须在教学实践中为学生创设一种良好的学习环境，要求学生主动搜集和分析有关的信息资料，对所学的问题提出各种假设并努力加以验证。教师应在可能的条件下组织协作学习，提出适当的问题以引起学生的思考和讨论；在讨论中设法把问题一步步引向深入，以加深学生对所学内容的理解；要启发诱导学生自己去发现规律、自己去纠正和补充错误的或片面的认识，并对协作学习过程进行引导，使之朝有利于意义建构的方向发展。

### （二）社会主义核心价值观教育贯彻教学相长原则的客观要求

在社会主义核心价值观教育中贯彻教学相长原则，这里的“教”和“学”不是局限于学校教学和课堂教学，而是包括任意教学情境和教育过程；教和学的双方也不是特指教师和学生，而是泛指大学生社会主义核心价值观教育活动中的教育者和受教育者。

1. 统一“教”与“学”，实现教育者的“教学相长”

在大学生社会主义核心价值观教育中，通常情况下是由学校教师、年长一

---

① 王长纯. 教师专业化发展：对教师的重新发现［J］. 教育研究，2001（11）：46.

代、为社会发展进步做出了突出贡献的先进模范人物以及各种宣传组织机构等作为教育者或教育活动的组织者，对大学生进行各种形式的社会主义核心价值观教育。教育者通常都具有一定的职位、职务、模范事迹或年龄方面的资格和资历。然而，随着现代信息技术的加速发展，传统观念里的受教育者对教育者的崇敬和信仰逐渐被独立思考和独立判断打破，受教育者会首先以自己的世界观、人生观和价值观对人物、对事物、对过程做出判断，由此确定对“教育者”的认可态度或否定态度或无所谓的态度等。教育者的权威受到挑战。特别是在道德领域、价值观领域，作为“教育者”本身并不能保证其道德认知和道德实践的合一性、其价值观信仰的彻底性。教育者和受教育者在知识和修养方面的界限不再是泾渭分明的。教育者要能够在教育活动中得到认可，树立起自己作为教育者的威信，确立并巩固自己作为教育者的主导地位，完成教育任务，实现教育目标，必须将施教于人的活动与自己的学习活动统一起来，实现教育者的“教学相长”。

贯彻教学相长原则，大学生社会主义核心价值观的教育者必须始终清醒地认识到，自己和受教育者都是学习者。一方面，教育者要依据教育情境的要求，从受教育者角度思考有关教育实施的具体内容建构问题、具体教育方式和教育手段问题等；从受教育者反馈信息中发现自身的不足甚至是失误，通过学习和反思，提高自身理论素养和人格修养，及时纠正、调整教育活动，以自己的理论魅力和人格魅力树立起作为教育者的威信，通过教育者个人主体性的积极发挥，促进教育者主导作用的充分发挥。另一方面，学习是无止境的，道德修养更需要穷其一生而时有所悟。追求有意义的生活，是人永恒的生命活动过程。就道德本性而言，理想道德人格都不是自然生成的，而是要通过有为的修身养性乃至艰苦磨炼才能形成。先哲孔子在叙述自己一生的学习历程时指出：“吾十有五而志于学，三十而立，四十而不惑，五十而知天命，六十而耳顺，七十而从心所欲，不逾矩。”只有坚持内在省察、反观自我之心灵、注重身体与心灵的一体，将知识的获得和生命的直接体验融合为一体，不断地把这种内化的知识运用于生活实践之中，以知行合一的态度应对社会人事，才能够获得身心境界的不断提升。

就当今而言，时代急剧变化，世界各个方面也呈现出全球化、信息化的趋势。我国社会的发展也是这样。我国在由农业社会向工业社会转变的同时，大力推进信息化，因而也正经历着向信息社会前进的过程。从技术到价值观的变化都是快速的。以网络技术来说，全球性计算机网络的发展，形成了“人体外的”神经系统，“在人的肌体之外运转，不受正好能容纳这么多脑细胞的脑壳限制”①。网络文化、技术文化的迅速发展，人们生存方式（包括生活方式、工作方式、交往方式、学习方式）的快速变化，全球伦理、多元价值的涌现，“在任何一个人的一生中，生存模式很少发生现在这样重大的变化”②。整个社会乃至个体的思想、道德、价值观，失去了传统社会的那种“稳定”，一些价值观受到质疑而动摇了，一些新的价值观又产生了。这种复杂的现实状况和始终变化的未知情况，给教育者的教育活动带来极大挑战，他必须能够关注形势发展、拥有较强的分析、思辨和综合能力，以更高的视角引导受教育者，一同追寻真理性的认识。

美国教育家斯蒂芬·布鲁克菲尔德认为，教育者所想的与他实际上所做的往往并不一样，和教学中的他人交流教学经历的体验会发现“教学充满着未被承认的议程、不能预测的结果和未认识到的方面”，③ 而在这些方面积极地做出批判反思和改进将极大地提高教和学的效率并增进彼此的信任和情谊。反之，教育者不能针对教学中所遇到的困难和问题以及自己所采取的教学策略进行反思批判，就会永远限于自身的经验无法超越。贯彻教学相长原则，要求教育者对自身专业充满责任感和历史使命感的反思批判，具有较强的反思批判精神和能力。教育者富有活力的反思批判精神和能力将激发受教育者积极的思考和反思，从而使整个教学充满变化和挑战，充满惊奇和快乐，使教育者和受教育者都处于向他人开放和求证的状态，都会虚心地倾听他人、与他人对话，共同探索彼此的位置和合理身份，既积极地构建他人又积极地构建自身，既助人成长又助己成长。

2. 受指导的学习——受教育者的“教学相长”

日本教育家小原国芳说：“‘教育的王国在儿童之中。’如果不承认自我塑造、自我教育、自我创造这种自我发展的人格活动能力，教育则无从成立，多么有名的教师，多么好的教育方案，下多大的功夫也终归徒劳。”④ 受教育者能否“教学相长”，首先取决于受教育者的主体地位。只有在受教育者具备一定的

① ［美］拉兹洛 E. 决定命运的选择：21 世纪的生存抉择［M］. 李吟波，等译. 北京：生活·读书·新知三联书店，1997：11.

② ［美］拉兹洛 E. 决定命运的选择：21 世纪的生存抉择［M］. 李吟波，等译. 北京：生活·读书·新知三联书店，1997：3.

③ ［美］斯蒂芬·布鲁克菲尔德. 批判反思型教师 ABC［M］. 张伟，译. 北京：中国轻工业出版社，2002：1.

④ ［日］小原国芳. 小原国芳教育论著选［M］. 刘剑乔，由其民，吴光威，译. 北京：人民教育出版社，1993：350.

主体地位的情况下，受教育者才有可能实现教学相长。在平等、合作、和谐、发展的现代师生关系基础上，教育者主要发挥其组织管理和学习指导作用，从教与学的相互作用中深刻理解并激发受教育者进行自我教育，使受教育者在适当的教学指导条件下进行自主学习，“学”而自知不足，再主动求学，独立学习能力大大提高，成长为具有主动性、积极性、创造性的人才，实现受教育者的“教学相长”。

其次，受教育者在适当的教学指导条件下的自主学习，只有受教育者把外在的“教”变成内在的“学”，受教育者才能实现教学相长。一般意义上，自主学习的内在含义包括：具有内在的学习动机——想学；具有主体自我意识的发展，认识学习主题对自己的意义——能学；具有主动选择和运用学习资源的能力，掌握一定的学习策略——会学。社会主义核心价值观教育中，受教育者也必须“想学”“能学”“会学”，才能够把外在的“教”变成内在的“学”。这就直接揭示了教育者在施行教育活动中指导作用的重要性。

社会主义核心价值观教育贯彻教学相长原则，教育者的主导作用与受教育者的主体地位二者缺一不可。受教育者的学是在教育者的指导下进行的，但教所追求的目标和结果，一定要由受教育者的学体现出来。因此，教学相长原则，在社会主义核心价值观教育中非常重要，正如苏联教育家巴班斯基所说的：“当师生的积极性水乳交融的时候，就为获得事半功倍的效果创造了条件，而实现了教学的最优化。”

### 四、实事求是原则

马克思认为，“不是意识决定生活，而是生活决定意识”①。因而，在进行大学生社会主义核心价值观教育时，关于实践的教育显得尤为重要。实践教育就是通过实践将理论转化成实际，将一些原则要求变成具体的操作，同时可以将实践融入原有的理论中，从而产生新的理论。邓小平讲过，“教育一定要联系实际”，“一定要和实际相结合，要分析研究实际情况，解决实际问题”②。因此，大学生社会主义核心价值观的教育不能仅停留在书面或口头上，要回归现实，用事实去充实并检验社会主义核心价值观理论。这就要求我们在社会主义核心价值观教育过程中必须遵循实事求是原则。

实事求是，是马克思主义的思想路线，指的是从实际对象出发，探求事物

---

① 马克思恩格斯选集：第1卷［M］．北京：人民出版社，1995：31.

② 邓小平文选：第3卷［M］．北京：人民出版社，1993：144.

内部联系及其规律性，认识事物的本质。简言之，就是一切从实际出发。它是做好一切工作的根本，是高校做好价值观教育工作的基本原则。习近平总书记指出："思想政治工作从根本上说是做人的工作，"① 必须"把解决思想问题与解决实际问题结合起来，既讲道理，又办实事"，② 从而"把大家的积极性、主动性、创造性充分调动起来"。③因而这也要求我们在社会主义核心价值观教育的过程中，一定要从实际出发，从事实出发，针对有关社会实际情况对当代大学生价值观的影响进行深入分析。

任何一个价值观的形成都离不开其得以产生的社会背景，同样，当代大学生价值观的形成也有着其深刻的社会因素。社会主义市场经济的确立和发展是其形成的重要根源。本着实事求是和客观分析的态度不难发现，我国当代大学生的价值观虽存在其合理的一面，但受市场经济的一些负面影响，也暴露出了一系列问题。对于当前大学生价值观现状及反映出的种种问题，我们不能一概而论，要坚持一分为二的原则分析其真正原因，保证价值观教育的合理性。

传统的教育模式往往是对学生进行知识的大量灌输或理论说教，然而并不能引起学生内心的认知冲突，究其原因不外乎对学生直接经验的忽视与脱离。因而，坚持实事求是原则，就是要调动学生的积极性和主动性，通过角色体验、情境体验等方式，让学生成为社会成长的主动者。只有这样，社会主义核心价值观对当代大学生才不再是那种高高在上的理论，而是一种与现实生活密切相关，与现实生活中的事实又相符合的价值观。这将极大地缩小大学生与社会主义核心价值观间的心理距离，进而增强社会主义核心价值观的吸引力和亲和力。

### 五、方向性原则

坚持方向性原则是大学生社会主义核心价值观教育工作者必须遵守的第一原则，有组织就不能没纪律，站在对大学生进行社会主义核心价值观教育的教育者的角色上，第一纪律就是遵守方向性原则。具体要求有以下两个方面：

第一，坚持方向性原则就是要坚持马克思主义信仰，坚持马克思主义的思想指导。要坚持在整个教育过程中，从教育的开始到教育的完成实现，从头到尾灌输马克思主义理论，并在马克思主义的正确指导下，使核心价值观的教育工作朝着积极稳定的方向不断迈进。作为社会主义的中国，具有明确的国家性

① 习近平谈治国理政：第二卷［M］．北京：外文出版社，2017：377.
② 习近平谈治国理政：第二卷［M］．北京：外文出版社，2017：178.
③ 习近平谈治国理政：第三卷［M］．北京：外文出版社，2020.：385.

质，毋庸置疑地拥护走社会主义道路，坚持中国共产党的领导，能够在社会大潮中不迷失方向，在众多的社会思潮中正确取舍，抵制错误思想的影响，为构建社会主义先进文化不断输入新鲜血液。

第二，在坚持方向性的同时，要注意与文化多样性相结合。作为社会主义的中国，马克思主义是最根本的指导思想。大学生社会主义核心价值观教育以马克思主义为指导，是唯一正确的选择。大学生一方面要坚持马克思主义信仰，另一方面要警惕西方各种文化思潮，要在正确的价值指引下学会取舍。我国处在社会主义初级阶段，有些制度还不太完善，加上改革开放以来各种文化思潮的涌现，出现了宣扬不同利益要求的各阶层的思想动态。在这样的大环境、大背景下，缺乏社会经验的青年群体——大学生很容易迷失自己，迷失前进的方向。因此，高校要加强马克思主义信仰教育，坚持社会主义的主旋律，在思想意识领域，始终高举社会主义核心价值观的大旗，同时提倡多样性，鼓励多种思想文化并存，促进大学生精神文化的健康繁荣。

### 六、理论联系实际原则

大学生社会主义核心价值观教育必须贯彻理论联系实际原则，使教师坚持以端正的态度加强理论学习，以坚实的理论功底征服受教育者；使教育内容始终体现时代最强音，始终关注社会发展和百姓民生，从而使社会主义核心价值观教育充满理论的魅力和现实吸引力，引导大学生树立科学的世界观、人生观、价值观，帮助大学生掌握正确的立场、观点、方法，增强抑制错误思潮和拜金主义、享乐主义、极端个人主义等腐朽思想侵蚀的能力，增强为实现中华民族伟大复兴而努力的责任感和使命感。

理论联系实际原则是马克思主义理论的根本特征和要求，是对马克思主义普遍真理同革命和建设的具体实践相结合的概括表述。理论联系实际原则将科学理论与客观存在结合起来，既重视普遍原理又照顾具体情况，其基本精神是达到主观和客观、理论和实践、知和行的具体的历史的统一。

坚持理论联系实际原则就是要坚持一切从实际出发，具体情况具体分析，不唯书、不唯上、只唯实，着眼于发展着的实际，着眼于不断出现的新情况、新问题。理论联系实际，就是认真观察新出现的实际情况，变通地运用理论。认真观察新情况，要求理论使用者注重调查研究，了解客观实际情况，并且要认真钻研理论，坚持以发展的理论来指导不断变化的客观实际，这才是真正的理论联系实际，才能够实现事业的发展和人类的进步。

从我国来看，所谓理论联系实际，就是坚持实事求是，一切从实际出发，把马克思主义基本原理同中国革命、建设和改革的具体实践相结合，把马克思主义的方法、观点和理论运用于解决中国实际情况。历史上，我们党有很深刻的未运用理论联系实际原则的经验教训。1930 年 5 月，毛泽东在《反对本本主义》中明确指出，“没有调查，没有发言权”和“中国革命斗争的胜利要靠中国同志了解中国情况”①。1938 年 10 月，他在党的六届六中全会上做关于《论新阶段》的重要讲话中指出，“共产党员是国际主义的马克思主义者，但是马克思主义必须和我国的具体特点相结合并通过一定的民族形式才能实现。马克思列宁主义的伟大力量，就在于它是和各个国家具体的革命实践相联系的。对于中国共产党说来，就是要学会把马克思列宁主义的理论应用于中国的具体的环境。”② 在中国共产党长期革命斗争中，在正反两方面经验教训的基础上，理论联系实际成为我们党的一大优良作风并逐渐发扬光大。1945 年，毛泽东在党的七大报告中指出：“以马克思列宁主义的理论思想武装起来的中国共产党，在中国人民中产生了新的工作作风，这主要的就是理论和实践相结合的作风，和人民群众紧密地联系在一起的作风以及自我批评的作风。”③ 我们党之所以和其他党有重大区别，其原因就在于我们党坚持运用马克思主义理论解决中国实际问题，这是我们党理论的显著特征。在当代中国，中国特色社会主义事业和全面建成社会主义现代化强国事业这两个问题的核心就是理论联系实际。中国革命和建设的历程证明，什么时候党做到了理论联系实际，什么时候党的事业就兴旺发达，就从胜利走向新的胜利；一旦脱离了实际，党的事业就要遭受挫折。

理论联系实际也是我们党的优良学风，是共产党人对待客观问题的正确态度。我们党一直非常重视理论对实践的指导意义，没有马克思主义理论的指导，就没有中国共产党，就没有中华人民共和国，就没有今天的改革开放。正因为有了马克思主义的指导，我们才有今天。所以，我们党把马克思主义、列宁主义写进党章，又把马列主义和中国实际相结合的产物——毛泽东思想、邓小平理论、“三个代表”重要思想、科学发展观和习近平新时代中国特色社会主义思想写进党章，作为党的指导思想。以马克思主义理论作为指导思想的党，如何对待马克思主义理论？这个态度问题直接关系着革命和建设事业的兴衰成败。因此，坚持和弘扬理论联系实际的学风，提高全党的马克思主义理论水平和解决实际问题的能力，成为加强和改进党的作风建设的一项基础性工作。弘扬理

① 毛泽东选集：第 1 卷［M］. 北京：人民出版社，1991：109、115.

② 毛泽东选集：第 2 卷［M］. 北京：人民出版社，1991：534.

③ 毛泽东选集：第 3 卷［M］. 北京：人民出版社，1991：1093-1094.

论联系实际的学风，能够及时澄清一些理论上和实践中出现的模糊认识，统一思想，形成团结一致、努力奋斗的大好局面。1998 年 6 月，中共中央《关于在全党深入学习邓小平理论的通知》指出："每当革命和建设的重大关头，我们党总是结合不断发展的实际，加强理论学习，提高全党的马克思主义水平，这是一条宝贵的历史经验。"① 延安时期，经过整风学习，全党在毛泽东思想的基础上达到空前的统一和团结，为夺取抗日战争和解放战争的胜利提供了有力的保证。中华人民共和国成立初期，全党为迎接新的任务，努力学习掌握马克思列宁主义、毛泽东思想的理论知识，调查掌握我国社会的现实状况，顺利地完成了社会主义改造，推动了全国规模的社会主义建设。党的十一届三中全会前后，邓小平倡导全党重新学习马克思列宁主义和毛泽东思想。这次学习最重要的成果，是恢复和确立了解放思想、实事求是的马克思主义思想路线，为实现全党工作中心的转移，开辟建设中国特色社会主义的新道路，奠定了我国进行社会主义建设和改革的方法论基础。党的十四大提出全党学习马克思主义的中心是学习邓小平建设有中国特色社会主义理论，党的十五大提出要在全党掀起学习邓小平理论的新高潮，党的十六大提出要在全党掀起学习"三个代表"重要思想的新高潮，党的十七大召开后，全党全国掀起了学习和研究中国特色社会主义理论体系的新高潮。党的十八大以后，全党再次集中贯彻学习科学发展观理论；党的十九大后，全党全军全国深入学习习近平新时代中国特色社会主义思想，并一时之间实现了理论学习的新高潮。这一系列的重大举措，对于坚持理论联系实际，把建设中国特色社会主义胜利推向 21 世纪，全面建成小康社会，开启全面建设社会主义现代化国家新征程，实现中华民族的伟大复兴，具有极其重大的意义。进行社会主义核心价值观教育，也必须坚持这一基本原则和基本经验。

在社会主义核心价值观教育中，贯彻理论联系实际原则，首先要求教育者要加强理论学习，坚持和弘扬理论联系实际的马克思主义优良学风，从而对社会主义核心价值观的理论教育达到"精、深、透"。其次，要求教育内容要紧密联系中国特色社会主义建设和大学生身心发展的实际，避免理论教育空谈和抽象说教，增强教育实效。

加强理论学习，在当前具有很强的现实针对性和紧迫性。国际竞争日趋激烈，科技进步日新月异，经济全球化步伐加快，改革建设任务日益艰巨繁重，

---

① 中共中央文献研究室. 十五大以来重要文献选编（上）［M］. 北京：人民出版社，2000：425.

面对不断发展变化的国内外形势，如果我们不加强学习，就难以应对各种风险和考验，就有被时代进步潮流淘汰的危险。作为社会主义核心价值观的教育工作者，更应该自觉加强理论学习，坚持以马克思列宁主义、毛泽东思想、邓小平理论、“三个代表”重要思想、科学发展观和习近平新时代中国特色社会主义思想武装自己，深入学习贯彻党的十九大和十九届历次全会提出的新思想、新理念、新决议，努力掌握贯穿其中的马克思主义的立场、观点、方法，不断深化对共产党执政规律、社会主义建设规律、人类社会发展规律的认识，在改造客观世界的同时不断改造主观世界。

马克思列宁主义、毛泽东思想、邓小平理论、“三个代表”重要思想、科学发展观和习近平新时代中国特色社会主义思想是我们党的指导思想，是指导我们建设富强、民主、文明、和谐的社会主义国家的强大思想武器。邓小平理论、“三个代表”重要思想和科学发展观和习近平新时代中国特色社会主义思想构成的中国特色社会主义理论体系是马克思主义基本原理同中国实际相结合的最新成果。如果没有科学的理论指导，没有建立在科学理论基础上的精神支柱，我们的党、国家和民族就会成为一盘散沙。社会主义核心价值观教育者必须坚持马克思主义武装自己，矢志不渝追求真理，对党的创新理论真学、真信、真心传播、真诚实践。一个人是要有点精神的，否则将成为行尸走肉；一个国家也是要有精神的，否则将变成一盘散沙。而这个精神就是信仰，只有坚定了信仰，坚持实际工作中的理性精神，行动才不会盲从。作为大学生社会主义核心价值观的教育工作者，首先要做到对党的创新理论的热爱、有坚定的马克思主义信仰，做到理论学习全心投入，党的理论不断与时俱进，个人的理论学习和研究也要与时俱进。

马克思主义是指导思想，是理论学习的首要任务和方法论基础。大学生社会主义核心价值观教育工作者要坚持马克思主义的立场、观点和方法，进一步努力学习和掌握新形势下的新知识，使理论学习与时代前沿紧密地结合起来，增强理论的解释力。古语云：“工欲善其事，必先利其器。”必须下大力气学习和掌握现代化经济体系的基本知识，刻苦学习并努力掌握现代科学技术知识，要用科学的态度学习中外历史和人类文明优秀成果，坚持解放思想、实事求是的思想路线，以解决大学生在思想上遇到的实际问题。应该看到，时代在前进，实践在发展，大学生所接触到的新问题层出不穷。比如，大学生关注的农业结构调整、国有企业改革、对外开放水平、社会主义民主法治建设等一系列具有时代性的问题，这些都需要大学生社会主义核心价值观教育工作者努力钻研马克思主义理论体系，认真从价值观的角度予以回答。

大学生社会主义核心价值观教育工作者的学风问题在大学生群体中具有明

显的标志性，是大学生群体中的一面旗帜，号召广大在校大学生俯下身来认真学习，以科学的态度面对自己的问题。

在大学生社会主义核心价值观教育活动中，贯彻理论联系实际原则，要求紧密联系国内外形势发展变化的热点问题，紧密联系我国社会发展和大学生身心发展的实际，即从中国特色社会主义伟大事业和大学生身心发展的突出问题着手进行教育活动。

第一，正确把握客观实际。教育工作者必须在正确理论的指导下，做到客观、准确而全面地认识实际。教育工作者应该经常性地了解我国社会发展和大学生的实际情况，并对于实际情况和问题做深入的科学分析和理论研究，实事求是，准确全面地认识实际。还要以客观的态度认识实际，坚持马克思主义辩证法，科学地认识实际是联系的、发展的实际，而不是孤立的、静止的、僵化的实际。这样在教育中联系的实际才是“现实的”实际，才具有现实的感召力和说服力。

教育工作者必须要找准现实问题，做到“联系”有的放矢。在教育活动中联系大学生关心的、感兴趣的、有现实意义的问题，引导大学生带着问题学理论，运用理论解难题，以社会主义核心价值观为指导解决大学生关心的现实问题。在进行社会主义核心价值观教育过程中，要敢于联系涉及核心价值体系教育的全局性问题、“瓶颈”问题、根本问题、难点问题；要善于掌握和运用科学方法，发现问题的本质和根源；坚持正确的原则立场，敢于正视现实，不回避矛盾，不掩盖问题。在社会主义核心价值观教育活动中，以社会主义核心价值观为指导，在联系实际过程中发现问题、研究问题、解决问题，让群众看到社会主义核心价值观的现实指导作用。贯彻理论联系实际原则，使社会主义核心价值观教育更富有针对性和实效性。

第二，坚持改造主观世界。现阶段，我国社会领域复杂交错的矛盾和意识形态领域的冲击和挑战给我国大学生造成了深刻影响。客观形势要求我国大学生必须紧跟时代变化和发展的节奏，针对现实问题加强主观世界的改造。大学生社会主义核心价值观教育要以正确的价值观引导广大在校大学生，最大限度地达成共识。帮助大学生牢固树立正确的世界观、人生观、价值观，就是改造大学生的主观世界。在教育活动中，大学生社会主义核心价值观教育者要在引导大学生认识和改造客观世界的过程中，不断地认识和改造主观世界。只有其主观世界得到改造，实现认识能力的提升，才能增强对客观世界的分析和判断能力，由此而不断加强自我教育。

## 七、创新性原则

随着知识经济时代的到来，改革创新正逐渐成为这个时代所注重的核心精神。创新精神和能力，既在大学生成长道路上扮演着重要角色，又关系着国家未来的发展。如果国家和民族缺乏创新精神，不具备较强的创新能力，那么它很可能会被激烈的竞争环境淘汰，最终在世界民族之林中消失。所以，在践行和培育大学生社会主义核心价值观的过程中，要将时代创新精神融入其中，鼓励大学生在面对问题的时候开拓思维，用创新的视角去看待和解决问题，有意识地培养和提升自身的创新能力，坚持社会主义核心价值观教育的创新性原则。

创新性原则表现在践行和培育大学生社会主义核心价值观的过程中，主要包括两点，即内容新颖、方法新颖。当下国际融合度越来越高，社会、经济、文化等都在不同的国家和民族之间不断渗透和交融，当代大学生的价值观变得更加丰富多样、更加多元化。与这种发展形势不相符的一点是，对大学生价值观的教育没能及时更新，没有与当下社会发展形势接轨。因此，为了实现大学生社会主义核心价值观与时代相结合，教育应该不断更新教学内容与教学方法。

教学内容在践行和培育大学生核心价值观的过程中起着重要作用，但是纵观过去的价值观教育不难发现，其教学内容常常数十年不做改变，无法及时跟上瞬息万变的时代形势，一方面不能引起大学生的兴趣，另一方面也无法真正做到让大学生认同和接受社会主义核心价值观。因此，在践行和培育大学生社会主义核心价值观教育的过程中，要及时更新教学内容，将马克思主义中国化的最新理论和实践成果融入教学内容中，同时也要注意增加社会生活中引人关注的热点和焦点事件与问题，用实时信息刺激学生的敏感度，吸引其对思想政治教育的兴趣，最终让其在一点一滴中接受和认可社会主义核心价值观的相关理念。教学方法也在一定程度上影响着大学生社会主义核心价值观的教育效果。现代社会中新兴科技大行其道，给人们提供了工作和生活上的便利，同时也使得人们的思想更加现代化。因此，在对大学生进行社会主义核心价值观教育的过程中，除了采用传统的讲授模式之外，还要采用丰富多样的教学方法，使教学气氛更加活跃和生动，激发大学生的学习动机，使其能够以主动的态度投身到社会主义核心价值观的教育过程之中。

## 第三节　大学生社会主义核心价值观培育与践行的方法

如何在一个多元价值观的社会转型时期，开展大学生社会主义核心价值观教育的工作，方法问题显得比以往任何时代都更为迫切和重要。思想政治教育工作要创新教育方法，潜移默化，春风细雨，注重实效。坚持社会主义核心价值观体系，创新大学生思想政治教育工作，必须坚持“三贴近”，紧密结合学生实际情况，密切关注社会发展动态，以塑造学生和服务社会为根本宗旨，与时俱进，不断创新教育工作的方法。

### 一、大学生社会主义核心价值观教育的传统方法

#### （一）理论宣教法

理论宣教法是灌输法在价值观培育中的具体运用，是使用者通过一定的计划实现高校思想政治理论课的目的。而这一目的就是践行社会主义核心价值观。社会主义核心价值观的内容不可能在大学生的头脑中自动出现，要让他们有效掌握必须能够使大学生学习好核心价值观。而这正是理论宣教法的目的。从实践经验来看，理论宣教法是目前最常用的一种方法，能够为广大高校思想政治教育教师所掌握。

在实践中，每一个教师运用理论宣教法的形式都是不一样的。总结起来看，理论宣教法大多是以语言为载体，通过课堂、会议和媒体的渠道进行。在高校，课堂这一渠道是非常便利的。教师大多会在进行高校思想政治教育时连带开展社会主义核心价值观教育活动，因为思想政治教育同社会主义核心价值观教育本来就是一体的，因而可以在这两者的教育工作中进行内容的互换。学校通常可以在日常生活中将社会主义核心价值观教育渗透进来，可以通过办讲座、做宣传、做调查等方式向广大在校大学生宣传社会主义核心价值观教育的内容。其中，办讲座的主要形式实际上还是课堂的形式，为了支持这一方式的改革创新，我国创建了马克思主义理论学科。这在许多高校都得到确立。马克思主义理论学科建设为高校培养了社会主义核心价值观教育的后继人才，在理论战线和教学一线都有卓越的贡献。

会议学习方法并非针对所有大学生的一种理论宣教方法，只能针对大学生

党员和骨干这样的少数群体。组织大学生的少数骨干参与到社会主义核心价值观教育的会议中，一方面使他们感受到会议学习的氛围，另一方面则使他们接受党教育的核心内容。

会议学习方法还可以向其他大学生推广。高校的思想政治教育工作者可以根据学生的实际情况，通过会议的形式，来传播社会主义核心价值观，从而使社会主义核心价值观的教育工作在省时省力的情况下也能保证效率。

媒体宣传的优势是覆盖面大、宣传速度快。媒体能够较快从社会中搜集社会主义核心价值观的相关内容，经过加工以后，迅速向社会传播社会主义核心价值观的正能量。

### （二）全程育人法

全程育人法，是指高等教育部门、高校、社会、企业、社区、家庭等各个单元都关心青年学生的核心价值观状况和思想品质、思想行为的发展，在大学生社会主义核心价值观教育活动的全过程中都能积极配合和参与，从而形成良好的社会环境的大学生社会主义核心价值观教育方法。从高校的角度讲，全程育人主要指将教书育人、管理育人、服务育人贯穿到大学生在高校学习生活的全过程，即从大一到大四期间。就高校而言，使用全程育人法就是要在全校形成正确的价值环境和舆论氛围，发挥环境和舆论氛围的潜移默化的作用，同时努力克服可能出现的全程育人的环境氛围形成过程复杂、参与者层次众多、思想水平参差不齐等问题，使高校各个职能部门和人员都能树立育人意识，在各自的工作岗位上为全程育人做出应有的贡献，担当起应有的责任。

### （三）榜样示范法

榜样示范法，是理论宣教法形式的一种发展。在运用这种方法时，教育者往往将具有典型性的人或事（正面的或负面的）向学生宣讲，对大学生进行正确的示范引导、警示警戒，提高大学生的思想认识，主动规范自身行为。从信息传播的角度看，榜样能够吸引大学生的注意点，提高教育的效果。从传播学的角度看，榜样的行为特征直接影响到大学生的注意过程，决定实际示范效果。高校思想政治教育所列举的榜样要起到实际的效果，就要使榜样的行为成为人们能够认识到的实际。榜样的行为越容易被理解，榜样的思想则越容易辨认，榜样的示范作用越强。

从以上的论述中可以看出，在大学生社会主义核心价值观教育中运用榜样示范法，要从价值观的角度引入榜样人物或者案例。通过榜样人物的事例，显示出社会主义核心价值观在人生发展中的重要作用，使大学生在学习的时候受到启发，并最终从内心与这些代表性人物或案例形成共鸣、提高认识并学习仿效，按照社会主义核心价值观的基本要求规范自己的言行。榜样的形象以感性的思维方式触动大学生的心灵，从而引发他们内心的感动，使他们深入思考，形成正确的价值观念。在具体工作中，要注意三点：一是必须实事求是地选择、宣传榜样。游离于人们的生活世界与精神世界之外的“榜样”，难以真正从思想到行动上得到人们的认同，也起不到正面典型的作用。二是要尽可能让榜样同广大大学生广泛接触，以增强感染力和说服力，也更能打动人心，收到最佳效果。三是要注意宣传方式多样化，注意多种途径的使用。在校园里，教育者要充分利用校园多媒体，包括校园电视台、广播台、报刊、网站等多种媒介进行教育的实施与推广。

（四）实践修炼法

马克思主义认为，实践是人们都要从事的一种活动，对人们的认识形成具有重大的帮助作用。从大学生的角度来看，实践是大学生形成科学世界观、人生观与价值观的必经过程。首先，大学生经历过伦理道德方面的实践，逐渐认识到什么是正义的、邪恶的，什么是道德的、非道德的，从而有一个正确的认识，增加社会主义核心价值观教育的经验。要引导大学生对核心价值观的不断认同，并且在认同的基础上成为社会主义核心价值观的践行者。

同理论宣教法一样，实践修炼法也有多种多样的教育形式。经过多年的教育实践总结，劳动教育法、服务体验法、社会考察法等是最经常使用的三种方法。所谓劳动教育法，就是让大学生积极参与社会劳动，从而树立正确的劳动观念，培育尊重劳动人民的基本观念，使学生养成勤劳节俭、团结协作的优良品质。服务体验法，就是通过对大学生进行积极引导，使其主动参与社会活动，运用自身能够调动的力量，为社会提供服务，为人们解决学习和生活中的实际问题。目的是让大学生在奉献社会的同时，深刻了解自己肩负的社会责任，尊重社会道德，成为合格的社会成员。社会考察法，即要求大学生按照制订的考察计划深入社会生产生活，观察社会现象并分析存在的问题，从而获得观察社会、发现问题、分析问题、解决问题的能力，并进一步提高自身的思想观念。

目前，中国高校大多设有专门的劳动课，培养大学生的思想品德；大多设有各种社会服务组织，引导大学生利用自己所学知识和技能服务社会，锻炼自己；每个学年都会组织大学生参加各种社会调查活动，使其了解国情、了解社会；也有许多大学生在假期从事社会调查，撰写主题性调查报告，并试图获得结论。

在运用实践修炼法对当代学生进行社会主义核心价值观教育时，首先要让学生明确每一种活动的目的和具体要求，避免实践中的盲目性和被动性。要使学生在参与活动的过程中做到心中有数，自觉地践行每一个活动，达到锻炼的最佳效果。其次，要尽量给学生委托任务。教育者或班集体应尽量委托学生完成一些工作任务，在完成任务的过程中，培养学生优良的品德和行为习惯，提高学生的工作能力和思想水平，培养其工作责任感。

### （五）自我教育法

#### 1. 自我教育的内涵

自我教育，是指作为个体的人，在成长过程中，既是教育的主体，也是教育的客体。每个个体置身于社会大环境中，都是逐步提高和发展的，个体的发展是一个渐变的过程，同时也是一个有目标的过程。这个目标是个体按照自己的实际情况来制定的，是一个自我认识、自我评价、自我调控，最终达到自我完善的有序过程。但同时，个体的自我教育过程并不是一项单独的个人行为，而是依存于一定的社会关系中，因而它又具有社会性。

#### 2. 自我教育法的运用

大学生要具备自我教育的能力，要求教育者在教育实践中通过多种途径主动帮助和激发大学生主体能力的构建。大学生要实现自我教育，充分发挥主体的能力，主要从以下三个方面着手。

第一，社会主义核心价值观教育工作者要注重挖掘大学生自身的意识，启发大学生的自我教育意识，引导他们通过自主的学习、自觉的参与以及反省、反思、自我思想改造等自我修养途径，不断提高自己的思想道德水平。

第二，要打好坚实的理论基础。在传统教育中，理论往往是获得实践的基础，是获得知识的第一手资料。在大学生社会主义核心价值观教育过程中也是如此，理论教育最基本的方法，也是大学生打好理论基础最直接的方法。大学生只有具备坚实的理论基础，才能以正确的理论指引自己的行为，也才能在现实中明辨是非，为自己找准努力的方向。

第三，要创造有利于大学生进行自我教育的条件，积极引导大学生进行自我教育。应当通过各种渠道和形式对大学生的自我教育活动予以支持、引导和帮助，鼓励大学生开展他们热爱的、健康的、有益的、丰富多彩的各种活动，使他们在活动中自我教育，相互影响。要引导他们开展批评和自我批评，在严格的自我批评和与人为善的相互批评过程中，教育自己、教育别人、相互借鉴、共同提高。要吸收大学生参加学校的民主管理，组织大学生参加社会实践活动，使他们在民主生活和社会实践中得到锻炼，增长知识和才干，增强主人翁精神和社会责任感。要有计划地组织民主讨论，引导他们在民主的气氛中各抒己见、交流思想，坚持真理、修正错误，集思广益、相得益彰。

### （六）情感教育法

1. 情感教育法的内涵

情感教育法，就是教育者通过激发受教育者的情感，从而达到教育目的的一种手段。当然，激发情感必须首先建立在教育要求的基础上，立足于受教育者的情感需求。在受教育者的情感被激发出来后，要使这种情感发挥预期的效果，就必须让这种情感能够真切满足受教育者的需要，让受教育者主动体验，而不是被动接受。当然，在大学生社会主义核心价值观教育中，教育者主要是指教师群体，而受教育者则主要是高校广大学生。情感教育法是以情感行为作为中介的一种教育手段，这种手段易于广泛实施、易于为人所接受、易于取得良好教育效果、能够更好地体现核心价值观的教育艺术。

2. 情感教育法的运用

（1）以情育情

情感和教育是相伴相随的，没有情感的教育是不存在的。以情育情就是在社会主义核心价值观教育过程中，充分发挥情感的先导作用，教育者要发挥自身积极的情感因素，以自身的情感投入去影响受教育者的情感认知，激活、丰富、升华受教育者的情感状态，完成理论灌输和思想升华，增强思想政治教育的实效。

在大学生社会主义核心价值观教育过程中，教育主体间的情感互动是情感教育以情育情的重要条件，学生对自己暂时无法理解和感悟的现象与事物存在情感上的迷茫和方向上的偏差时，总会首先参考教师以及其他教育工作者的情感认知，这就是古语所说的“亲其师，信其道”。这时，教师就要立足自身的人格魅力去影响和感染学生，用饱满的激情激励学生，在教育主体互相的“认同”中实现感情共鸣，坚持以乐观、积极、健康的情感培育学生的良好情感，构建大学生健康的情感世界，从而影响受教育者的情感认知。在大学生社会主义核心价值观教育过程中运用以情育情的教育方法，教师还要根据学生的现状进行情感交流。

（2）以理育情

思想政治教育以情感为先导，但动之以情的目的是晓之以理。做到理在情中，以情载理。在进行大学生社会主义核心价值观教育工作时，要把宣传理论知识落实到学生的关切点上，做到理在情中，避免空洞说教。如果学生的思想不通时，也不能用大道理压小道理，而应把大道理和小道理结合起来，在疏通中引导，在引导中疏通，使之感到亲切、温暖、心服，真正让“情”成为“理”的载体。

(3) 以境育情

境即情境，是指社会主义核心价值观教育活动中的具体的教育情境。以境育情，是指在社会主义核心价值观教育过程中以创设教育情境培育情感，提高教育实效的一种教育方法。

将教育内容和特点作为依据来创设教育情境，培育情感。在大学生社会主义核心价值观教育中，教师要根据教育内容和要求，多方面、多形式、多途径地创设生动形象的教育情境，情境既要具备思想性、知识性、教育性，又要具备情感性、艺术性和针对性，这就要求教师要把握教育的着眼点和启情点，以情景启发情感。如可以采取情景剧的教育方式，把大学生社会主义核心价值观教育需要解决的问题放在生活情境之中，使学生在编导、演出和观看的过程中体会到教育的真正目的和意义，引起教育主体的思想和情感共鸣，既吸引人，又教育人，既具有思想性，又富有感染力，既能达到丰富人情感的作用，又能实现教育效果。

## 二、大学生社会主义核心价值观教育传统方法的新突破

### (一) 多种方法相融合

当前复杂的形式证明，仅有教育方法的多样化是不够的，还不足以适应复杂多变环境下大学生价值观教育的要求。大学生价值观的教育培养是个综合性的工程，并非一两种方法就能承载和实现目标。大学生价值观教育这项复杂的系统工程，需要对方法的整体建构和综合运用。多样化的方法可以解决多样的问题，而大学生价值观问题则是个复杂的问题。问题的产生、问题的解决、正确观念的确立，都不是简单的过程。对于这种复杂多变的状况要使教育直指目的，唯有将多样的方法有机融合，然后综合运用，才能更好地实现教育目的。

方法综合的实质不是单个方法的简单相加，而是多种方法基于指向问题的特殊性和各自运用的优劣点采取的有序组合，根本目的在于提高培育和践行大学生核心价值观的效率和质量。方法综合主要分为三种类型：一是方法的空间组合方式。这类方法以问题为中心，以教育方法的自身特性（方法的职能、适用范围、使用条件等）为选择处理的原则。由于方法的特性具有相对稳定性，

一般不会随着价值观教育的情形变化而变化，所以，对这类教育方法按照它们的内部关联，将其整理组合，进行综合运用。这种融合后的由多种方法构成的系统，因其自身具有的相对稳定性，会持续发挥着综合的作用。二是纵向过程组合方式。这种方法以目标任务为核心，以教育过程运行为依据，为价值观教育的不同过程和阶段选择不同的系列方法。这些方法具有连接性，在过程的不同阶段发挥作用。这种经过融合连接排序后的方法体系，具有方法综合体的特征。三是方法动态组合方式。这种方法主要是解决教育过程中出现的新情况、新问题，表现出对方法的灵活运用，动态融合。该组合方式侧重在教育方法内部诸要素的层次、要素搭配上有机融合，使其具有丰富性、多样性，解决问题更有力、更彻底。

同时，在当前社会主义核心价值观教育方法创新发展中，还需要加强对其他社会科学和自然科学方法理论的融合研究，“通过借鉴教育学、伦理学、人才学、心理学、社会学、系统科学、信息论、生态论等理论和方法，不断地促进其转化，使其能为价值观教育服务，从而加强社会主义核心价值观教育方法的科学发展，不断推动价值观教育方法论的整体跃迁，从而提升价值观教育的实践效果”①。

### （二）以理服人与以情感人相结合

人是感性和理性相结合的社会性动物。在做大学生社会主义核心价值观教育工作时，一定要贯彻情理交融的原则。首先，要运用说服教育法，以理服人。大学生社会主义核心价值观教育的目的是解决大学生的价值选择问题，只能采用民主的方法，摆事实、讲道理，以理服人。因此，要对不同的学生采取不同的教育方法，设置不同的教育目标；说理要充分、要透彻，把道理讲准、内容讲清、实质讲透。其次，要真正做到关怀大学生，做到以情感人。实践证明，要使大学生社会主义核心价值观教育取得良好效果，广大教育工作者必须做到情真意切，情理结合；必须自觉培养自己与大学生核心价值观教育、与大学生的深厚感情，从情感上激发自己的活动。为此，一是要经常深入大学生，与大学生打成一片，成为他们的朋友，建立起深厚的个人感情；二是要主动关心帮助大学生；三是要尊重、信任大学生，寻求与他们在思想上的共鸣点；四是无论宣传真理还是追求真理，都要保持对大学生深厚的爱。最后，寓理于情，寓教于乐，促进情与理的充分结合，使大学生对大学生社会主义核心价值观教育的内容能“听进去，看进去，写出来，唱出来”。

---

① 邹绍清. 当代思想政治教育方法论发展研究［M］. 北京：人民出版社，2013：228.

### （三）显性教育与隐性教育相结合

显性教育是传统的教育方法，也就是我们所熟知的灌输式教育。这种教育方法往往是围绕教育者展开的，以教育者为中心，强调教育者的绝对权威和不可置疑性。这种教育方式带来的弊端也在实践中得以凸显，受教育者的积极主动性严重受到打击，对待学习更加消极被动。它强调单一统一化的教育目标，使学生的个性被埋没，身心发展不健全，成为教育的牺牲品，成为不全面的人。隐性教育与此恰恰相反，淡化受教育者的角色意识，使教育者的功能弱化，受教育者的主动地位凸显，使受教育者在积极主动的情形下潜移默化地接受组织者所设定的教育内容①，实现正确价值观的养成。构成隐性教育的因素来自几个系统：第一，物质实体系统。包括校园建筑风格、文化体育设施、校园环境美化等。第二，制度规范系统。包括学校的各项规章制度、行为规范要求、校训、管理措施等。第三，大学文化系统。包括学校传统、大学精神、大学风格、精神面貌、校风学风、文化价值观念、思想意识等。第四，文化活动系统。包括学生的校园文化活动、科技创新活动、社会实践活动、各种志愿奉献活动等。第五，示范系统。包括学校对典型人物和典型事例的示范作用、教师的示范作用、学生典型的示范作用、社会典型进校园活动等。

隐性教育方法的突出特征是，没有生硬地将一些相关的教育要素强加进来。不会用生硬的态度来告诉学生什么是正确的、什么是错误的、什么是该做的、什么是不该做的，要达到一个什么样的教育效果，而是采用一种温和的态度，将教育的相关要素潜藏在相关的环境、过程、氛围之中，形成无权威无意识的教育。因此，学生从外在隐性教育中获得的思想认识会成为相对稳定的价值观念。从心理学角度分析，个体对外在事物的接受或排斥是一个复杂的心理过程，其主要受外在事物与个体的利益关系、情感关系等影响，当然也受个体的价值判断能力和水平的影响。

① 余国林. 发达国家高校隐性思想政治教育的启示［J］. 思想政治教育，2011（1）.

# 第四章

# 理论课程：大学生社会主义核心价值观培育与践行的主渠道建设

大学生是我国社会中的重要群体，他们的价值观状况直接关系到国家的前途和命运，关系着整个社会的发展。因此，我们必须运用主旨明确、旗帜鲜明的社会主义核心价值观来引领大学生的健康成长，使之成为社会主义核心价值观的坚定信仰者、积极传播者和模范践行者，自觉走在全社会的前列。

## 第一节　理论课的重要性和现状

多年来，高校思想政治理论课在其发展过程中，已经形成了自己独特的体系。实践教学，作为高校思想政治理论课教育教学的重要环节，弥补了传统理论教学的不足，在我国的高等教育教学中处于十分重要的地位。随着国外国际形势的深刻变化，实践教学成为增强思想政治理论课教学实效性的必然选择，在高校德育教育过程中起着十分重要的作用。这些都表明了研究思想政治理论课实践教学是非常重要的。

### 一、理论课的重要性

目前，随着国家对高等人才及思想道德建设的高度重视，高校更加关注思想政治理论课的开展。当今社会不仅重视人才的培养，思想道德建设也是重中之重，一个优秀的人，不但要有才华，还要有道德，德才兼备才是社会所认可的。因此，思想政治理论课也为培养出未来国家合格的接班人提供了途径，作用不可小觑。与此同时，教育者和教育对象也是此门课程的重要力量，要积极参与其中，为思想政治理论课的开展发挥重要作用。

### （一）思想政治理论课所包含的内容

1. 马克思主义基本原理

马克思主义基本原理内容包括：世界的物质性及发展规律、实践与认识及其发展规律、人类社会及其发展规律、资本主义的本质及规律、资本主义的发展及其趋势、社会主义的发展及其规律、共产主义崇高理想及其最终实现。

2. 新时代中国特色社会主义理论与实践

这一部分内容主要包括：中国特色社会主义进入新时代；新时代坚持和发展中国特色社会主义；新时代中国特色社会主义经济、政治、文化、社会、生态文明建设；新时代坚持和发展中国特色社会主义的重要保障；新时代中国特色大国外交与构建人类命运共同体；新时代坚持和加强党的全面领导与全面从严治党。

3. 中国马克思主义与当代

这一部分内容主要包括：进入新时代的中国与当代世界；当代世界经济、政治、文化；当代社会问题、生态环境、科学技术、资本主义、社会主义。

4. 毛泽东思想和中国特色社会主义理论体系概论

这一部分内容主要包括：马克思主义中国化的历史进程和理论成果；毛泽东思想及其历史地位；新民主主义革命理论；社会主义改造理论；社会主义建设道路初步探索的理论成果；邓小平理论；“三个代表”重要思想；科学发展观；习近平新时代中国特色社会主义思想及其历史地位；坚持和发展中国特色社会主义的总任务；“五位一体”总体局面；“四个全面”战略布局；实现中华民族伟大复兴的重要保障；中国特色大国外交；坚持和加强党的领导等。

5. 中国近现代史纲要

这一部分内容主要包括：进入近代后中华民族的磨难与抗争；不同社会力量对国家出路的早期探索；辛亥革命与君主专制制度的终结；中国共产党成立和中国革命新局面；中国革命的新道路；中华民族的抗日战争；为建立新中国而奋斗；中华人民共和国的成立与中国社会主义建设道路的探索；改革开放与中国特色社会主义的开创和发展；中国特色社会主义进入新时代。

6. 思想道德与法治

这一部分内容主要包括：追求远大理想，坚定崇高信念；继承优良传统，弘扬中国精神；领悟人生真谛，把握人生方向；遵守道德规范，锤炼道德品格；明确价值要求，践行价值准则；学习法治思想，提升法治素养。

### （二）高等学校思想政治理论课建设标准

1. 组织管理

学校党委直接领导，协调校行政负责实施，分管校领导具体负责，并成立相应的领导机构。把思想政治理论课建设列入学校事业发展规划，作为学校重点课程建设，有条件的本科院校同时应作为重点学科建设。

2. 教学管理

教学管理制度健全，建立备课、听课制度以及教学内容和教学质量监控制度，认真执行各项管理规章制度，检查、评价制度等。教学档案齐全。积极创造条件开设本科生和研究生层次思想政治理论课选修课。积极探索教学方法改革、优化教学手段，改革考试评价方式，建立健全科学全面准确的考试考核评价体系，注重过程考核。

3. 学科建设

马克思主义理论学科点设在思想政治理论课教学科研机构，首要任务是为思想政治理论课教育教学服务。马克思主义理论学科的学术骨干必须是思想政治理论课的教学骨干。每一位导师至少承担思想政治理论课一门课的教学任务。设立思想政治理论课教育教学研究专项课题。创造条件支持思想政治理论课教师申报各级各类课题，参评各种科研成果奖等。

### （三）高校思想政治理论课的重要意义

1. 有利于大学生树立正确的世界观

世界观来源于人的生产和生活实践。人类从诞生之日起，为了自身的生存和发展，就必须进行物质资料的生产，并在改造自然和改造社会的实践中形成了人与人之间的各种社会关系。在实践过程中，人们逐渐形成了对世界及人与世界的关系的看法。世界观就是人们对生活在其中的世界及人与世界的总体看法和根本观点。

2. 有利于大学生树立正确的人生观

人生观是世界观的重要组成部分，是人们在实践中形成的对于人生目的和意义的根本看法，它决定着人们实践活动的目标、人生道路的方向和对待生活的态度。世界观和人生观是紧密联系在一起的，有什么样的世界观就有什么样的人生观。

3. 有利于大学生树立正确的价值观

价值观是人们关于什么是价值、怎样评价价值、如何创造价值等问题的根本观点。价值观的内容，一方面表现为价值取向、价值追求，凝结为一定的价值目标；另一方面表现为价值尺度和准则，成为人们判断事物有无价值及价值大小、是光荣还是可耻的评价标准。思考价值问题并形成一定的价值观，是人们使自己的认识和实践活动达到自觉的重要标志。

## 二、高校思想政治教育理论课实践教学的现状

高校思想政治理论课教学的实效性问题一直是人们特别是思想政治理论课教师关心的重要问题。实践教学对提高思想政治理论课教学的实效性具有十分独特的作用，并在近年来越来越多地将其引用到思想政治理论课的教学过程中。目前，思想政治理论课实践教学的现状究竟如何，即已取得了哪些成绩，还存在哪些问题，这些问题产生的原因是什么，等等，直接关系到能否顺利推进思想政治理论课的实践教学以及能否切实增强思想政治理论课教学的实效性，是值得认真研究的重要课题。

### （一）高校思想政治理论课实践教学取得的主要成绩

随着高校教育教学改革的不断推进，人们对思想政治理论课实践教学的认识也在逐步提高；观念的更新又促使人们从不同的角度来积极地探索实践教学，并取得了一些可喜的成绩。这些成功的经验与做法，在一定程度上增强了高校思想政治理论课教学的实效性。

1. 对高校思想政治理论课实践教学的认识在逐渐提高

20 世纪末以来，高校思想政治理论课的实践教学逐渐被广大的教育工作者认可，并受到应有的重视。在国家出台的一系列方针政策的指导下，高校思想政治理论课教师对实践教学的研究处在不断摸索中，对思想政治理论课实践教学的认识在不断提高，并开始呈现出明晰化的特征。

第一，国家对高校思想政治理论课实践教学的认识在逐渐明晰。为了推动高校思想政治理论课教学的更好发展，国家出台并实施了一系列方案，比如“1985 年方案”“1998 年方案”“2005 年方案”等，还通过召开会议制定了诸多具有指导意义的文件，比如《中共中央国务院关于进一步加强和改进大学生思想政治教育的意见》。无论是实施方案，还是历次的会议及文件，都从不同方面、不同视角强调了高校思想政治理论课的实践教学，对思想政治理论课实践教学的认识从笼统到具体，变得越来越清晰。

第二，学术界对高校思想政治理论课实践教学的认识在逐渐明晰。随着国家对思想政治理论课实践教学的重视不断加强，学术界也开始逐渐关注思想政治理论课的实践教学，展开了一定程度的相关研究。他们认识到实践教学在促

进学生身心健康成长、提高学生的创新能力、增强思想政治理论课教学的实效性等方面发挥着十分重要的作用；并在思想政治理论课实践教学的内涵、功能、类型、实施步骤等方面取得了较为成熟、一致的观点和看法。学术界对思想政治理论课实践教学的这些认识不仅丰富和发展了思想政治教育建设的相关理论研究，而且为我们在实际教学中有效地推进思想政治理论课实践教学提供了有益的参考。

第三，高校领导、教师对高校思想政治理论课实践教学的认识在逐渐明晰。为深入贯彻与执行国家关于思想政治理论课教学的方针政策，高校的各级领导、思想政治理论课教师也开始逐渐重视思想政治理论课的实践教学，对此问题展开了思考与探索研究。比如，有些高校领导及思想政治理论课教师认识到实践教学的重要性，并结合自身实际探索适合学校发展特点的实践教学方式。这表明高校的领导及教师对思想政治理论课实践教学的认识更加务实、明晰。

2. 高校思想政治理论课实效性有所增强

“实践教学在思想政治理论课教学中十分重要，它在增强学生学习主动性、提高教学的实效性上发挥着重要作用。”① 近些年在思想政治理论课教学中，各高校坚持党的教育方针，从培养社会主义建设者和接班人的高度，积极探索和开展内容丰富、形式多样的实践教学活动，受到了广大学生的普遍欢迎，形成了很多具有推广价值的做法和经验。

例如，在思想政治理论课的教学实践中，清华大学进行了一些有益的探索。在“思想道德与法治”课的教学活动中，引入了经典案例教学、咨询教学、课堂新闻发布会、学生演讲参与式等。社会实践是清华大学思想政治理论课长期坚持的传统。在思想政治理论课的社会实践中，该校“毛泽东思想和中国特色社会主义理论体系概论”课坚持课堂教学与实践教学相结合的有效模式，开展课前、提倡课中、组织课后的三段式社会实践模式，极大地提高了课堂教学的针对性，增强了教学的实效性。另外，该校把实践教育纳入教学环节，围绕教学目标，制定大纲，规定学时、学分，提供必要的经费；并将教学实践与社会调查、志愿服务、公益劳动、专业课实习等结合起来，探索出多层次、多形式的实践教学方式；建立和发展实践教学基地，促使实践教学制度化。

在实践教学的课型方面，我国高校的广大教师在教学改革中也进行了努力的探索。有学者认为，这些课型内容广泛，大致可以概括为研讨型、辩论型、

---

① 胡奕. 论实践教学在高校思想政治理论课中的重要作用［J］. 文教资料，2009，（10）：193-194.

体验型等课堂实践的课型和各种形式的社会实践课型。也有学者认为，实践教学主要有两大类，即课堂实践教学模式和课后实践教学模式。前者可以采用案例教学、参与式教学、研讨辩论教学等方式，后者主要指以各种形式进行的社会实践。比如，有针对性地参观有关革命传统的教育基地，寻访老少边穷地区，调查国情、民情和乡情，跟踪调查优秀校友，考察改革开放的先进地区为主要形式的、以思想教育为主的思想政治理论课实践教学；有组织地参与当地或贫困、边远山区的扫盲与文明教育活动，参加各种志愿者服务活动，参加法律咨询，参加抗灾救灾以及义务生产劳动为主要形式的、以服务社会为主的思想政治理论课实践教学；让部分大学生特别是学生班干部或进行短期挂职锻炼，或岗位见习，或协助学校有关部门，或协助地方政府有关部门开展工、青、妇、团的工作，或紧紧围绕思想政治理论课相关的教学内容开展系列社会调查研究为主要形式的、以培养能力为主的思想政治理论课实践教学。尽管这些实践教学的名称或分类各不相同，但都在不同程度上推动了高校思想政治理论课实践教学的发展，并取得了一定的实效。

### （二）高校思想政治理论课实践教学存在的主要问题

从目前情况来看，思想政治理论课实践教学已取得一定的效果，但与思想政治理论课理论教学的规范性和系统性相比，实践教学还不成熟、不完善，在具体组织和实施的过程中，还存在着亟待解决的问题。

#### 1. 实践教学的组织缺乏科学性

组织方法的科学性是实践教学追求最大效果的组织保证，如果组织方法不科学，实践教学就会产生事倍功半的后果。长期以来，由于对思想政治理论课实践教学在认识上存在分歧，在实践教学的具体组织和实施过程中，没有很好地遵循实践教学的规律，没有很好地体现实践教学的原则和特点，使实践教学的组织缺乏科学性。许多教师在教学活动中对自身角色定位不明，既存在教师“一包到底”的现象，即从主题确立、计划制订到活动开展、实践总结、成果汇报，都由教师主持进行，没有体现学生是实践教学活动主体的角色定位；同时又存在部分思想政治理论课教师对待学生的实践教学活动采取“放羊”的做法，即以“任课教师出题并作适当指导—大学生组队参加实践活动—大学生撰写实践论文—任课教师批阅论文”① 的模式进行，任课教师不能够完全跟踪大学生的实践活动，只能对一头一尾进行有限监控，对其活动过程放任自流、不加指

---

① 费翔. 加强高校思想政治理论课实践教学须处理好的三对关系［J］. 兰州交通大学学报，2011（02）：184.

导、不予管理，没有发挥教师是学生实践活动的组织者、参与者和指导者的角色作用，直接影响到学生思想政治理论课实践活动的教学效果。

2. 实践教学的参与缺乏广泛性

思想政治理论课实践教学作为必要的教学环节，应该落实到每个学生。但大多数高校在实践教学中存在以点代面的现象。比如，重视开展暑期的社会实践小分队活动，面向全体学生的个体实践活动则只是每人上交一份社会调查报告；思想政治理论课教师组织的社会调查或参观考察等活动也只能由各班派代表参加，多数学生没有参与。这种少数学生参与而多数学生没有真正参与的做法不仅没有达到实践教学的目的，而且违背了基本的教学要求和教学规律。

3. 实践教学的开展缺乏连续性

思想政治理论课实践教学是与理论教学相衔接的教学活动，二者相互结合才能相得益彰，完成和实现思想政治理论课教学的任务和目标。与理论教学相比，思想政治理论课实践教学的开展在许多高校不是作为一种必要的经常性的教学环节持续不断地坚持下去，相当程度上带有随意性，并因教师、领导、财力、场所等主观和客观因素而断断续续。某任课教师肯于投入，或者领导重视，或者有经费支持，或者有实践场所，就开展甚至大搞特搞；反之，就不开展或小搞少搞。

4. 实践教学的过程缺乏指导性

思想政治理论课实践教学是在理论的指导下进行的，即实践就是抽象理论具体化的过程，是学生对所学的基本理论、基本原理进行重新学习、深入理解、具体运用的过程，通过这一过程学生得到锻炼和提高。教师的系统指导是实践教学能否取得实效的一个重要因素。但许多高校和教师在组织实践教学的过程中，往往目标不明确、方法不得当，学生参加实践活动后既没有在思想认识上有所收获，自身能力也没有得到锻炼和提高。在对学生进行思想政治理论课实践教学时，教师往往在如何确定有针对性的实践教学主题、如何选择合适的实践教学方式、如何完成具体的实践教学各个环节、如何撰写实践教学报告以及实践教学的具体要求等方面缺少系统的培训和指导；同时因对社会实践开展情况缺少有效的监督和考核，以致在实践教学过程中出现了一些不良现象。比如，一些学生不知道如何进行社会调查，不知道如何撰写调查报告；一些学生对思想政治理论课实践教学简单应付，实践报告从期刊“抄袭”或从网上下载，复制的现象比较严重。这不仅反映出某些不良学风，而且直接影响到思想政治理论课实践教学的有效性。

5. 实践教学的形式缺乏多样性

思想政治理论课实践教学的形式应该是灵活多样的。采取丰富多彩的实践教学形式是思想政治理论课实践教学可持续发展的重要保证。但从目前情况看，许多高校在实际的教学活动中往往只注重于一种或两种形式。如有的学校开展实践教学仅仅采取假期组织学生社会调查的形式。至于其他形式不能有效开展。因此，造成思想政治理论课实践教学形式缺乏多样性，导致学生认真参与的愿望降低，敷衍了事的心理增强，实践教学的效果大打折扣。

6. 实践教学的考核缺乏全面性

由于高校马克思主义理论课普遍沿袭过去单一的考核评价方式，往往是一张试卷定高低，考核的内容单一，仅限于学生对马克思主义理论课教学“认知”的考查，或是简单机械地给学生的基地参观心得打个分。对思想政治理论课实践教学的考核，还没有做到定性与定量相结合；也没有明确、规范每一个环节的评分标准，综合评定成绩；没有通过多种考核方式加强对实践教学环节的检查。因此，对学生的实践活动难以做出准确、客观的判断，也无法保证思想政治理论课实践教学全过程围绕高校的培养目标和教学质量目标循序渐进地开展各项教学实践活动。

### （三）高校思想政治理论课实践教学存在问题的原因分析

高校思想政治理论课教学的实效性问题一直是广大教育工作者共同关注的重大现实问题。作为思想政治理论课教学的一个重要环节，实践教学对提高思想政治理论课教学的实效性具有十分独特的作用，近年来越来越多地被运用到思想政治理论课教学的过程中。为切实增强思想政治理论课教学的实效性，高校思想政治理论课教师积极探索和开展内容丰富、形式多样的实践教学活动，受到学生的普遍欢迎，取得了一定的教学效果。但也应该看到，由于研究时间不长以及研究内容不够深入，我国高校思想政治理论课实践教学还不成熟、不完善，存在若干亟待解决的重要问题，需要我们冷静思考，认真对待，并予以解决。

1. 思想重视程度不够

思想政治理论课是我国高校思想政治教育的主渠道和主阵地，是培养学生运用马克思主义理论的立场、观点、方法分析和解决实际问题的能力以及提高学生自身政治思想道德素质的重要途径。马克思主义最本质的特点就是实践性。因此，思想政治理论课的教学就不仅仅是纯粹的理论教学，还应注重实践教学，在实践中深化理论学习，才能不断提高其针对性和实效性。这就要求学校、教师、学生等各个方面首先必须在思想上高度重视思想政治理论课的实践教学，才有助于形成强大合力，共同推进思想政治理论课实践教学的有效展开。然而，长期以来，大多数高校往往注重的是思想政治理论课的理论教学，在思想认识上忽视实践教学，这是当前思想政治理论课实践教学难以有效推进的关键原因。尽管对思想政治理论课实践教学的思想认识已有所提高，但从总体上来看，其重视程度显然不够，主要体现在以下几个方面：

（1）领导重视不足

开展思想政治理论课实践教学，其效果的好坏是与学校领导重视与否直接相关的。如果高校领导高度重视思想政治理论课实践教学，那么，这个高校的思想政治理论课实践教学就会搞得比较好；如果高校领导不够重视或不重视思想政治理论课实践教学，那么，这个高校的思想政治理论课实践教学就会搞得不理想。就目前来讲，有高校的领导更关注高校的排名、社会对高校的总体评价等硬性指标，对通过思想政治理论课的实践教学来提高学生的思想道德素质与实践能力的重视不足。这样，由于思想上认识不到位，高校领导就不可能从学校的全局出发来为思想政治理论课实践教学制定相应的制度保障，以致实践教学常常因诸如缺少必要的规定学时、专项经费等条件的制约而难以顺利进行。

（2）教师重视不足

高校思想政治理论课教师是思想政治理论课实践教学的直接指导者与组织者。实践教学效果的好坏与思想政治理论课教师精力投入的多少有着直接的关系。在思想政治理论课实践教学的过程中，如果教师投入较多的精力，其实践教学的效果就会较好；反之，就会较差。我国高校思想政治理论课一般都是采取大班上课的形式，班级人数较多，这种状况有助于教师运用传统的灌输式的课堂理论教学方式，不利于实践教学活动的广泛展开；再加上实践教学组织工作既费时又费力以及思想政治理论课专任教师的教学工作量普遍较重，就使得相当一部分思想政治理论课教师在思想认识上对实践教学不够重视，对开展实践教学缺少热情，也就不会投入大量的时间与精力来研究实践教学。

（3）学生重视不足

思想政治理论课实践教学的主体是学生，其最终的目的也是提高学生的综合素质。所以，只有学生充分发挥学习的积极性与主动性，才能切实增强思想政治理论课教学的实效性。然而，有些学生对思想政治理论课却存在着一些偏见，认为学习这些课程是在做无用功，从思想上对其不重视，缺乏积极性，直接影响思想政治理论课实践教学的有效性。

2. 保障机制不完善

思想政治理论课实践教学的顺利开展，离不开多方面的协调配合。这就涉及思想政治理论课实践教学工作的保障机制问题。完善的实践教学保障机制，主要包括组织领导机制、经费保障机制与考核评价机制等方面。但在现实的思想政治理论课实践教学过程中，这些相关方面的保障机制是不完善的。

从组织领导机制来看，高校思想政治理论课实践教学还没有具体的组织领导机制。比如，一些高校还未将思想政治理论课实践教学真正纳入教学计划，未规定实践教学在各门思想政治理论课中所占的学时数，缺乏对教师工作量的计算标准与对学生的考核标准；思想政治理论课是全校学生的公共必修课，在实践教学的运行过程中，既需要有负责实践教学的学校领导与机构，也需要有学生所在不同系部负责实践教学的分层领导与机构，共同协调组织，仅靠思想政治理论课教学单位独立组织实践教学是非常困难的；实践教学的过程与环节还不规范，没有制订相应的实践教学计划、教学大纲、学生实训手册，也没有制定相应的实践教学文件以及各实践教学环节方面的管理制度；等等。正是由于许多高校尚未建立起与思想政治理论课实践教学相关的组织管理机制，缺乏对实践教学环节的具体组织领导，导致思想政治理论课实践教学难以有效、规范、持续地开展下去。

从经费保障机制来看，高校思想政治理论课实践教学的专项经费很少甚至没有，缺乏良好的经费保障机制。一方面，思想政治理论课实践教学，是一项包括校内实践教学与校外实践教学在内的复杂的教学活动。要实现实践教学，它就必须与专业课程一样拥有与其自身的教育功能相匹配的经费作保障。所以，各个高校理应按照学生总数和生均思想政治理论课社会实践经费的数额来安排思想政治理论课社会实践专项经费，以确保学生进行社会调查、参观考察以及建立社会实践基地等方面的费用。另一方面，思想政治理论课实践教学的实际经费投入严重不足。有资料显示，“54.2%的学校实践教学的经费为零……8.3%的学校需要临时申请，有8.3%的学校生均40元一年的思想政治理论课的专项经费得到了落实”。因此，经费的缺乏成为广大思想政治理论课教师在组织实践教学中面临的一个重大难题。

从考核评价机制来看，高校思想政治理论课实践教学的考核评价机制还不完善。思想政治理论课实践教学的考核评价机制应包括两个方面：其一，对教师所进行的实践教学活动的教学效果的考评机制；其二，对学生完成实践活动质量的考评机制。这两方面的考核评价机制，在很多高校中要么没有，要么考核评价标准单一化，即单纯地以是否在规定学时内开展实践教学为依据进行评价，而未能顾及实践教学的组织过程、预期效果等其他方面。考核评价机制的不健全，影响到教师和学生这两大群体参与思想政治理论课实践教学的积极性和主动性，从而大大降低了思想政治理论课实践教学的实施效果。

3. 实践形式缺乏多样性

高校思想政治理论课实践教学具有广阔的空间，既可以发生在课内也可以发生在课外，既可以发生在校内也可以发生在校外。特别是在网络时代的今天，人们获取信息的途径不再仅是依靠书本或教师的传授，因此，实践教学形式的好坏，将直接影响到学生的参与热情，影响到实践教学的效果。所以，思想政治理论课实践教学的形式应该是灵活多样的，同时，只有采取丰富多彩的实践教学形式才能保证思想政治理论课实践教学的可持续发展以及良好教学效果的最终实现。

但当前大多数高校的实践教学还是比较传统的，在实际的教学活动中往往只注重其中的一种或两种形式。例如，有些高校的思想政治理论课实践教学是在课堂内进行的，不注重实践教学过程中的多样性，千篇一律，缺少特色，不仅学生对此不感兴趣，而且不能够满足学生自身发展的需要；有些高校开展实践教学仅仅采取假期组织学生社会调查的形式，至于其他形式要么是因为对实践教学理解认识上的问题，没有真正把握实践教学的内涵，把一种形式归结为实践教学的全部，要么是因为经费、时间等方面的原因不能有效开展。思想政治理论课实践教学形式的单一化，往往导致学生降低认真参与的愿望，增强敷衍了事的心理，使得实践教学不能取得应有的效果。这已成为高校思想政治理论课实践教学必须面对和认真解决的重要现实问题。

其实，高校思想政治理论课实践教学的形式是富有创意且具有多样性的。它可以采取研究讨论、原著阅读、专题辩论、案例分析等方式，可以采取课外学习小组、学习竞赛活动、社团活动、校园文化等方式，也可以采取社会调查、生产劳动、志愿服务、专业课实习、红色旅游、公益活动等方式，这些活动方式能够较好地调动学生对此类课程的学习兴趣，让学生积极主动地参与到实践活动过程中，从而大大增强实践教学的实效性。

4. 教学效果不够理想

实践教学作为高校思想政治理论课必要的教学环节，应该面向全体学生，具有广泛的参与性。但是，由于班级大人数多、实践教学场所的有限性、实践教学基地的不稳定性等诸多因素，大多数高校在实践教学中存在以点代面的现象。比如，将暑期的社会实践小分队活动搞得轰轰烈烈，面向全体学生的个体实践活动则缺乏具体有效的指导与相应措施；思想政治理论课教师组织的社会调查或参观考察等活动一般也只能由各班派代表参加，而大多数学生根本没有参与的机会，所以大部分学生不能真正参与到社会实践活动之中。这种以点代面的做法，既不利于实践教学基本目标的实现，也不利于学生良好素质的形成，使得实践教学的效果不够理想。

## 第二节　理论课的实效性提升

高校思想政治理论课教学实效性的评价涉及知识传授效果、能力培养效果、品德养成效果三个方面。当前高校思想政治理论课的教学实效性与其承担的任务还有一定的差距，受到教师队伍建设、教学方法与教学手段、实践教学环节以及体制机制等因素的制约。因此，提高高校思想政治理论课的教学实效性应立足课堂讲授、科学组织教学，开展实践教学、探索实践育人的长效机制，强化师资队伍建设、注重马克思主义原著的根的滋养。

高校思想政治理论课是对大学生进行马克思理论和思想政治教育的主阵地。从宏观上看，高校思想政治理论教育关系到能否培养社会主义事业的合格建设者和可靠接班人；从微观上看，高校思想政治理论教育则关系到大学生能否实现马克思主义所倡导的人的全面发展的价值追求。如何评价和提高高校思想政治理论课教学实效，是当前高校思想政治教育面临并亟待解决的一个重大课题。自“2005 年方案”实施以来，各高校在教师队伍建设、课程建设、教学方法改革以及学科建设等方面进行了积极的探索，取得了一定的效果，但应当看到高校思想政治理论课的教学实效性与其承担的任务还有一定的差距，还有很多的工作要做。下面结合多年的教学实践经验，就高校思想政治理论课教学实效性的评价、制约因素以及提升路径做些理性思考。

### 一、高校思想政治理论课教学实效性的评价

高校思想政治理论课的教学实效性，是指通过高校思想政治理论课的教学，帮助学生树立正确的世界观、人生观和价值观，运用马克思主义的基本立场、基本观点和基本方法分析问题和解决问题，提高认识世界和改造世界的能力，坚定中国特色社会主义信念的实际效果。对高校思想政治理论课的评价，既要立足当前又要关注长远，既要看显性效果又要看隐性效果。显性效果主要包括教师课堂教学内容是否充实、教学方法是否得当以及教学质量是否优良，还包括学生是否主动积极学习、学习后能否真正入脑入心；隐性效果强调对学生一

生的健康成长的作用，主要是指通过思想政治理论课的学习，大学生的困惑多大程度上得到解决、政治信仰和理想信念多大程度上得到加强。可以从以下几个方面对高校思想政治理论课教学实效性进行评价：

### （一）知识传授效果

大学生对高校思想政治理论课的知识是否接受以及接受程度是衡量教学实效性的重要指标，这就需要高校教师在知识的传播过程组织上下功夫，就必须用发展的马克思主义指导教学，坚持贴近实际、贴近生活的原则，不断改进教学方法和形式。当然，如果思想政治理论课的内容经常变动，缺乏稳定性，就不容易使受众接受，从而缺乏实效性。因此，知识传播效果评价的一个重要指标是教学内容的相对稳定，这里的相对稳定绝不是内容的一成不变，而是需要与时俱进，因为“马克思的整个世界观不是教义，而是方法”，需要随着时代和社会的发展不断推进马克思主义的理论创新。需要指出的是，教学内容不能照搬教材，照本宣科地讲解不会增强大学生的认同感，不可能在学生当中树立较高的威望和地位。因此，在知识的传播过程中，需要将教材体系转化为教学体系，需要立足教材，但不照搬教材。

### （二）能力培养效果

毋庸置疑，知识讲授固然重要，但知识如果不能被应用于实践，也是没有任何意义的。马克思主义认为，“全部社会生活在本质上是实践的”,① 但同时也强调“拿了这种对于客观规律的认识去能动地改造世界”,② 强调理论的指导作用。高校思想政治理论课的教学不仅在于解释世界，而且要关注改造世界，不仅要教会学生懂得知识，而且要教会学生运用知识实践正确价值。高校思想政治理论课不是单纯的理论教学和灌输，不仅需要讲授正确的理论和观点，更需要注重培养学生分析解决问题的能力和创新能力，引导和鼓励学生对现实生活中的热点难点问题进行研究，学会科学合理地解释现实，充分了解中国特色社会主义理论得出的过程，增强大学生的理论自信、制度自信、道路自信和文化自信。要培养学生运用马克思主义的基本立场、观点和方法分析和解决问题的能力，就需要把学生对客观世界的感性认识上升到理性认识，就需要教师有充分的自信，具有对教学内容进行合理设计、善于和学生沟通、有效驾驭课堂的能力。

---

① 马克思，恩格斯. 马克思恩格斯选集：第 1 卷［M］. 北京：人民出版社，2012：135.

② 毛泽东. 毛泽东选集：第 1 卷［M］. 北京：人民出版社，1991：292.

（三）品德养成效果

个人品德具有鲜明的实践性、综合性和稳定性的特点，在整个社会道德建设中具有基础性的作用。高校思想政治理论课中的知识传授、能力培养都是立足于学生个人良好品德的养成，立足于培养学生坚定社会主义信念、提升为中国特色社会主义建设服务的思想境界。当今时代，各种思潮、各种观点众说纷纭，可谓“乱花渐欲迷人眼”，习近平总书记指出：“在道路、方向、立场等重大原则问题上，旗帜要鲜明，态度要明确，不能有丝毫含糊。”①

显然，我国高校思想政治理论课不是单纯的知识和学术的讲授，要凸显课程的政治性和阶级性，坚定高校思想政治教育的社会主义方向和性质，帮助学生树立正确的世界观、人生观和价值观。高校思想政治教育功能的实现不是一蹴而就的，衡量高校思想政治理论课教学实效性的最终标准不是看学生的理论掌握程度，而最终看学生是否真懂、真信，是否积极投身于中国特色社会主义建设的伟大实践。

## 二、高校思想政治理论课教学实效性的制约因素

当前我国高校思想政治教育工作在改进中加强、在创新中发展，坚持教书与育人相结合、教育与自我教育相结合、解决思想问题与解决实际问题相结合、教育与管理相结合以及继承优良传统与改进创新相结合的原则，育人为本、德育为先教育理念凸显，校园文化蓬勃开展，主动占领网络思想政治教育阵地，队伍建设发展态势良好，思想政治教育体制机制逐步建立和完善，不断开创出思想政治教育的崭新局面。但应当看到高校思想政治理论课的教学实效性与其承担的任务还有一定的差距。当前，制约高校思想政治理论课教学实效性的因素有以下几个方面：

（一）教师队伍建设有待进一步提升

姚昌、张晓波对 N 省 107 所公办高校思政课教师队伍建设的调查显示，②在当前省属本科院校和高职高专的思想政治理论课教师中，仍有 16.2% 和 33.3%的教师非党员，且师生比符合教育部要求的仅占 21.5%；从学科背景来说，仍有 23.6%的思想政治理论课教师不具备马克思主义理论相关学科背景知识；从教师进修提升来看，仅有 9%的教师有过境外访学经历，11.8%的教师有

① 曹原，刘慧. 始终保持坚如磐石的战略定力［EB/OL］. 人民网，2018-08-19.

② 姚昌，张晓波. 高校思想政治理论课教学现状分析与改进对策［J］. 思想理论教育，2015（11）：142-143.

过国内访学经历；近20%的教师对思想政治理论课教师这一职业感到“不太满意”或“很不满意”。可见，部分教师的综合素质和能力有待进一步提高。

（二）教学方法陈旧、教学手段创新不足

当前，很多高校的思想政治理论课教学方法还是以传统的“填鸭式”课堂讲授为主，以教师和书本为中心，学生处于被动接受的地位，很多教师缺乏利用现代教学手段的能力，不能有效开展师生活动，不能提升学生的学习积极性，甚至使学生产生厌倦心理。在实践中，有关调查显示，① 学生认为提升思想政治理论课教学效果的方法中，排在第一位的是“课堂讨论”，排在第二位的是“分组评比”，排在第三位的是“教师点评”，排在第四位的是“撰写实践报告”。可见，学生更加希望参与到课堂中来，发挥主体性的作用，这就迫切需要教师改进教学方法、创新教学手段。

（三）实践教学落实不到位

要使思想政治理论课真正“入脑入心”，离不开实践教学环节，而一个不争的事实是，目前相当多高校的思想政治理论课实践教学环节要么根本没有，要么流于形式。而据有关调查显示，② 学生认为思想政治理论课教学实效亟待解决的问题，排在第一位的是“理论联系实际”，排在第二位的是“加强社会实践环节”，学生更加期望参与到社会实践中来。实践教学是提升学生运用理论分析和解决问题能力的有效途径，是提升思想政治理论课教学针对性的有效手段，这就要求高校教师在思想政治理论课堂上把理论讲解透彻，在实践教学环节引导学生走进现实生活，答疑解惑，真正把实践教学环节落到实处。

（四）体制机制有待进一步改进

目前，部分高校思想政治理论课专项经费的设置落实不到位，要么没有配置专项经费，要么在金额上大打折扣；对思政课教师的职称评聘和进修培训的支持力度不够，相当多的教师感觉到在职称评聘方面不及专业课教师有优势，晋升速度慢；学校管理体制不顺畅，存在党政部门和思想政治理论课教学科研机构各自为政、配合不够协调的情况。

---

① 姚昌，张晓波. 高校思想政治理论课教学现状分析与改进对策［J］. 思想理论教育，2015（11）：142-143.

② 姚昌，张晓波. 高校思想政治理论课教学现状分析与改进对策［J］. 思想理论教育，2015（11）：142-143.

## 三、提升高校思想政治理论课教学实效性的路径

### （一）立足课堂讲授，科学组织教学

在高校思想政治理论课的教学体系中，课堂讲授仍然是主阵地。高校教师应充分立足课堂，综合运用各种教学方法，提升教学技能，增强课堂的感染力和吸引力。

1. 渊博的学识是前提

思想政治理论课教师的素质和能力是思想政治理论课教学改革成败的关键，思想政治理论课教师应时刻牢记自己的政治责任感，把育人为本、德育为先放在首位，帮助学生掌握马克思主义理论的精髓。而要做到这些，思想政治理论课教师必须深入学习马克思主义理论，把握中国特色社会主义的科学性和真理性，坚定中国特色社会主义自信，做到真学、真懂、真信，能够用马克思主义的基本立场、观点和方法来回应学生关注的现实热点和难点问题，增强马克思主义的生命力和感召力。

例如，在毛泽东思想和中国特色社会主义理论体系概论（以下简称“概论”）课上，在讲授社会主义初级阶段的分配制度时，除了讲清我国现阶段实行“按劳分配为主体、多种分配方式并存”的分配制度以及实行这种分配制度的原因之外，重点要回答按劳分配的主体地位如何体现，按生产要素分配的表现形式，以及我们应如何看待和理解现阶段的收入分配差距问题。

2. 丰富的教学资源是基础

思想政治理论课教师应充分挖掘教学资源，把相对枯燥、抽象的教材转化为有血有肉的教学内容。

首先，在教学资源的选取上，应坚持现实性和正向引导性的原则，即在资源的选取上要选择近期发生的国内外热点问题，运用相关理论进行分析和讲解，如在概论课中讲解合作共赢的新型国际关系时，可以结合英国“脱欧事件”进行分析，既做到理论联系实际，又让学生对思想政治理论课产生浓厚的兴趣。此外，在补充教学资源时，应传播正能量，坚持马克思主义在意识形态领域的指导地位，增强大学生抵制错误思潮和腐朽思想的能力。

其次，充分利用新媒体手段如 QQ、微信群、微博等，把思想政治教育融入日常生活中，充分运用图片、音频、视频等资源，使课堂讲授生动化、形象化，从而使理论讲解富有感染力，让理论真正地走进学生的心中，起到潜移默化的作用。

最后，多样化的教学方法是载体。在思想政治理论课的教学中，教师应综合运用多种教学方法，增强课堂教学的实效性。一般来说，教师是教育主体，学生是教育客体，但学生并不是被动地接受教育，他们也在不断进行自我教育，而思想政治教育只有通过学生主动接受并内化，才能真正起作用。因此，教师在教学过程中应学会利用多种教学方法，跟上大学生的思想、语言和行为特征，探寻符合大学生认知特点和教学规律的教学方法，如专题讲授、主题发言、课堂讨论、新闻分享、演讲辩论、角色参与等，有效增强教学效果，增强学生的感悟和参与效果，使学生能在参与感悟中提升。

### （二）开展实践教学，探索实践育人的长效机制

拓展教学空间，积极开展实践教学是增强高校思想政治理论课教学实效性的有效途径。当然，实践教学不能脱离课程教学的要求，应该是课程教学活动的补充和完善，切实针对学生的实际来开展，不搞形式主义，充分调动学生的积极性，鼓励他们自主开展社会实践调查活动。建立实践育人的长效机制应从以下几个方面着手：

其一，转变教学理念，明确学生的主体地位。在教学过程中，让学生知晓实践教学的教学目标和意义，要转变教学只是为了完成教学时数的思想，将重点放在如何提高学生的认同度和实现品德塑造上，要以生为本，让学生自主选择方案和途径，教师负责答疑解惑及点评。

其二，要建立科学的实践教学管理机制。例如，可以把思想政治理论课实践教学纳入学校课程管理体系，明确教学目标和要求，并制定实施细则，由思想政治理论课部门和学工部门协同管理，共同组织好实践教学环节。

其三，建立科学合理的实践教学保障机制。学校可设立实践教学专项基金，保障专款专用，使实践教学制度化、常态化。充分利用当地的资源，建立相对稳定的实践教学基地。同时，在对学生进行考核时，要从学生的团队精神、个人品德、创新能力以及综合素质等方面进行综合考虑。

### （三）强化师资队伍建设，注重马克思主义原著的根的滋养

思想政治理论课教学的成效关键在于教师，当前加强思想政治理论课教师队伍建设显得尤为迫切，不少教师来自法学、社会学、教育学等非马克思主义学科，让这些教师融入马克思主义学科，研读学习马克思主义原著是一个重要途径。这就需要这部分教师从根本上树立马克思主义的学科意识，将原著的学习研读作为通识教育和必修课，原原本本地学习研读马克思主义原著，提升马克思主义理论素养，增强思政课教师的马克思主义底蕴和自信。

建设一支高素质的教师队伍是增强高校思想政治理论课教学实效性的主导性因素。高素质的教师队伍应具备如下因素：其一，道德修养高。教师承担教书育人的责任，列宁说："在任何学校里，最重要的是课程的思想政治方向，这个方向由什么来决定呢？完全而且只能由教学人员来决定。"① 教师只有真正为人师表，才能发挥人格魅力，在教育的过程中通过导向性作用引导学生，提升学生的政治素养。其二，理论功底扎实。思想政治理论课教师的理论和价值取向具有重要的导向作用，教师自身要有坚定的共产主义信念，把思想政治理论课教学当作自己的终身事业，不断提升自己的理论素养。其三，科研能力强。教学与科研是衡量高校教师的两个重要维度，一个不善于从事科研的教师不是一个好的思想政治理论课教师。

思想政治理论课教师要增强教学效果，需要积极围绕教学内容开展科研工作，将研究成果融入教学中，这样才能真正说服学生，真正通过教学达到知识传授、学生能力养成以及品德提升的目的。这就需要加大教师的培训和进修力度，以教研室为单位开展教研活动，增强教师的科研和学术意识，积极组织教师参加各种学术会议和学术活动，以此拓宽教师教学科研的渠道。

## 第三节　加强通识教育和专业教育融入

高校思想政治理论课的教学工作对大学生培养和践行社会主义核心价值观具有十分重要的意义。思想政治教育面临形势的复杂化和大学生思想政治教育过程中出现的一些新情况和新问题证明，仅仅依靠思想政治理论课对学生进行系统的思想政治教育已经不能满足需要，同时教育和专业教育的思想政治教育功能也逐渐显现并日益受到重视，共同构成了在大学生中培养和践行社会主义核心价值观的主渠道。

### 一、加强通识教育

#### （一）通识教育的内涵及其育人功能

通识教育是大学教育中的非专业教育部分，是为学生进行任何专业学习准备的"共同教育"，旨在培养有社会责任感、人格健全、视野广阔、全面发展的社会公民。通识教育是近代高等教育中一种重要的教育理念与实践，其概念源

① 列宁．列宁论教育［M］．北京：人民教育出版社，1990：344.

自亚里士多德的“自由教育”思想。自由教育的目的在于摆脱专业教育中的过度功利与实用，提升人的理性与心智，以探究真理。英国教育家纽曼继承和发展了亚里士多德的“自由教育”思想，认为大学教育旨在修养大众身心，旨在为公众的热情提供基本的原则，旨在为公众的渴望提供正确的目标，旨在完善并约束时代的思潮。这就是纽曼的“自由教育”，目的就是要使学生精神上成人，为社会培养全面发展的公民。

通识教育虽起源于古希腊，但其形成与发展在美国。确切地说，通识教育是美国高等教育为适应社会发展变化而不断完善自身建设的结果。1945 年，哈佛大学发布了《哈佛通识教育红皮书》，深入阐述了通识教育在高等教育中的地位与作用、通识教育与专业教育的关系。1973 年，时任哈佛文理学院院长的罗索夫斯基开始主持哈佛大学通识教育改革，他从核心课程、主修、教学改进、学生辅导、大学生活、入学政策、教育资源分配等七个方面进行研究和改革。1978 年，罗氏提出了哈佛通识教育的改革方案，提倡以核心课程取代原有的通识教育课程，以“培养有教养的人”作为大学通识教育的目标。2002 年，哈佛文理学院院长科比主持新一轮的通识教育改革，并制订了“学生将成为怎样的人、他们离开学院后要过怎样的生活”的通识教育主题。经过五年多的理论研究与实践探索，哈佛大学于 2007 年公布了《通识教育特别工作组报告》，首次从意义、教育目标、课程设置、第二课堂、实践操作等层面对通识教育进行了完整的阐述。之后，哈佛大学继续沿着扩大学生选课自由度的方向进行改革，由“必备要求”改为“推荐”，哈佛通识课中已没有强制选的课，只有应该选的课。目前，最新的文本“强烈推荐”学生在道德理性、数量分析等方面选课，以此来说明这些课程的重要性。与此相应，原来不少专门的核心课程已被各院系课程取代，学生将直接在各院系选课。

我国古代教育思想中即有“培养完人”“教人做事”的观点。在孔子的教育思想中，始终把“培育君子人格”置于教育的首要位置。他特别强调“学以为己”，反对“学以为人”，认为学习是为了养成自己的品行，而不是谋取功利的手段。在我国近代教育史上最早提出“通识教育”的是梅贻琦先生，他指出大学本科阶段的教育应是进行“知类通达”的“通识”教育，不应过早追求“专业知识”的教育。1933 年，清华大学实施了新生入学不分专业的通识教育改革计划，这种教育模式后来也为西南联大所继承。清华大学、西南联大在极为艰苦的时代条件下培养出了诸多世界著名学术大师，这与当年的通识教育改革是分不开的。通识教育在我国历经 30 年的理论研究与实践探索，呈现出“百花齐放，百家争鸣”的景象。2001 年 5 月，北京大学启动“元培计划”，在低年级实行以加强学生基本能力、拓宽学生基础知识为目的的通识教育，在高年级实行以培养学生的实践和创新能力为目的的宽口径专业教育。清华大学从2000年开始探索“在通识教育基础上的宽口径专业教育”的人才培养模式改革，2006年正式实施本科生文化素质通识教育课程方案、文化素质通识教育核心课程计划。复旦大学对通识教育的探索始于20世纪80年代，2005年全面开展通识教育改革，成立了复旦学院，所有本科新生一律进入复旦学院完成一年的通识教育，然后再进入各专业学院。2012年9月，复旦大学正式组建了新的复旦学院（本科生院），整合了原复旦学院、教务处、本科招生办公室的职能和机构，全面推行住宿书院制度。同时，设立通识教育委员会，负责通识教育核心课程的设计和建设规划。

2013年12月，北京航空航天大学发布国内高校首份《通识教育白皮书》，探索了一条通识教育的发展新路，逐步形成自身特色。将通识教育核心课程定位为本科生教育的校级核心课程。通识课程将逐步取代公共选修课程。北航的通识课程体系大致分为经典研读、人文素养、社会科学和科技文明四大板块。其中，除“科技文明”板块外，其他三类都可归属于大的“人文素养类课程”。而在此课程中，“经典研读”板块以阅读人文、社科经典为主要课程；以文史哲和艺术为主要内容的课程构成了“人文素养”板块；以政经法为主要授课内容的课程则构成“社会科学”板块。

此外，浙江大学实施的本科通识教育课程建设新体系，西安交通大学在全国率先推行的基于通识教育、科研能力和创新能力相结合的“2+4+X”创新人才培养模式改革，哈尔滨工业大学建立的通识教育与专业教育相结合模式下的通识教育体系等，都是国内高校研究与践行通识教育的重要举措。

### （二）通识教育的基本理念凸显意识形态导向

虽然通识教育的目标集中指向培养健全的个人和自由社会中合格的公民，但在不同国家的通识教育实践中，通识教育理念却是一个多元化的价值观念系统，不同的通识教育观表现出不同的教育价值取向，使通识教育带有不同程度的类似于价值观培育的意识形态导向。

通识教育虽然不明确对学生进行价值观培育，但会通过开设一系列公民教育、政治社会学、伦理学、法制教育等课程，通过教给学生人类文化传承中不可或缺的知识、技能和对学生进行一些基本素质的训练，把爱国主义、民族精神、合作、诚信、责任等价值观念灌输给学生，让其建立以本国传统文化为主导的价值观。

因此，有许多国家以通识教育之名行价值观教育之实。比如，美国大学非常重视通识课程中美国历史、文明、道德的灌输和渗透式教育，特别是美国文明史课程，教育学生树立对美国民族的自豪感，激发学生对自己国家的强烈爱国情感。美国各大学正是通过学生对自身文化传统的认知，对国家和民族精神的颂扬，直接或间接地达到意识形态方面内容的教育效果。中国特色的通识教育也不例外，只有使培养出来的人才具有正确的社会主流价值观念，才能在大是大非面前保持清醒的头脑，才能坚定道路自信、理论自信、制度自信和文化自信。

### （三）通识教育理应体现社会主义核心价值观的理念

全面发展的人应有政治倾向，这是社会主义办学的基本要求。人的素质，包括思想政治素质、科学文化素质、心理素质、身体素质等。其中，思想政治素质是最根本的素质，是统摄其他素质的核心和灵魂。蔡元培曾经指出："德育是完全人格之本，若无德，则虽体魄智力发达，适足助其为恶，无益也。"英国教育家洛克也曾说："我认为一个人或者一个绅士的各种品性之中，德行是第一位的，是最不可缺少的。他要被人看中，被人喜爱，要使自己也感到喜悦，或者也还过得去，德行是绝对不可缺少的。如果没有德行，我觉得他在今生来世就都得不到幸福。"①

对于人才的培养和发展来说，思想政治素质对其他素质的形成和发展起着至关重要的导向、动力和保证作用。科学的世界观、崇高理想和坚定信念的形成是人们安身立命之本。人一旦构建了正确的世界观、崇高的理想和坚定的信念，则会表现出具有明确的目标和为实现目标而锲而不舍的精神及顽强的毅力，这种精神和毅力又将有效促进业务素质、文化素质的提高，有助于促进人的全面发展。正确的政治方向是全面发展之人的基本素质。无论哪个国家培养的人才，首先要使之坚信本国的精神文化和制度规范，培养其对本民族文化的认同感和归属感，为本国的繁荣昌盛而服务。

早在1972年联合国教科文组织国际教育发展委员会在《学会生存——教育世界的今天和明天》报告中就提出了教育的指导思想："人类发展的目的在于使人日臻完善；使他的个性丰富多彩，表达方式复杂多样；使他作为一个人，作为一个家庭和社会的成员，作为一个公民和生产者、技术发明者和有创造性的思想家，来承担各种不同的责任。"

当代大学生是中国特色社会主义事业的建设者和接班人，大学生必须树立

---

① 丁洁．洛克的子女教育思想［J］．新校园（当代教育研究），2007（10）：24.

社会主义核心价值观才能承担起主导我国社会进步和引领我国社会发展的使命，在开展对大学生的通识教育过程中，应旗帜鲜明地体现社会主义核心价值观的理念和要求，并将其渗透在整个教育过程中。

### （四）通识教育能有效转变社会主义核心价值观

大学生全面发展是高等教育的目标，加强当代大学生的社会主义核心价值观培育和践行，其实从根本上说就是培养什么人的问题。社会主义核心价值观是社会主义意识形态的本质体现，为了增强社会主义意识形态的吸引力和凝聚力，高校思想政治教育应把社会主义核心价值观教育作为一项重要的工作来做。由于社会主义核心价值观培育和践行主要发挥的是意识形态导向功能，在价值多元化的今天，不可避免地会碰到价值观培育和践行上的众多难题，而通识教育“以通求识”的教育方式可以在社会主义核心价值观教育方面起到非同一般的重要作用。

中共中央办公厅《关于培育和践行社会主义核心价值观的意见》明确提出：“培育和践行社会主义核心价值观要坚持以下原则：坚持以人为本，尊重群众主体地位，关注人们利益诉求和价值愿望，促进人的全面发展；坚持以理想信念为核心，抓住世界观、人生观、价值观这个总开关，在全社会牢固树立中国特色社会主义共同理想，着力筑牢人们的精神支柱；坚持联系实际，区分层次和对象，加强分类指导，找准与人们思想的共鸣点、与群众利益的交汇点，做到贴近性、对象化、接地气；坚持改进创新，善于运用群众喜闻乐见的方式，搭建群众便于参与的平台，开辟群众乐于参与的渠道，积极推进理念创新、手段创新和基层工作创新，增强工作的吸引力感染力。”①

而通识教育的主旨是培养全面发展的人才，因此，采用通识教育进行社会主义核心价值观培育应该构建一套特殊的思想政治教育内容体系，以社会主义核心价值观建设为主线，培育“爱国、敬业、诚信、友善”的大学生。

人既是一种生物性存在，更是一种精神性存在。“人从本性上说是追求道德高尚、精神超越、价值提升、灵魂宁静的，是追求有‘意义’的人格的。价值观教育就是帮助人们去正确地实现这些追求。”② 因此，通识教育要加强对大学生进行社会主义核心价值观培育，培养大学生科学的思维方式，自觉运用正确

① 中共中央办公厅. 关于培育和践行社会主义核心价值观的意见［M］. 北京：人民出版社，2013：4.

② 中共黑龙江省委宣传部. 用马克思主义占领思想文化阵地［N］. 光明日报，2006-06-22.

的价值观和方法论来分析问题和解决问题，在正确认识我国当前社会矛盾的基础上坚定树立中国特色社会主义共同理想，绝不能做“资本主义腐朽思想的俘虏”。

## 二、加强专业教育融入

### （一）在专业教育中融入社会主义核心价值观的特征

中共中央在《关于培育和践行社会主义核心价值观的意见》中强调，“要坚持育人为本、德育为先，围绕立德树人的根本任务，把社会主义核心价值观纳入国民教育总体规划，贯穿于基础教育、高等教育、职业技术教育、成人教育各领域，落实到教育教学和管理服务各环节”。

因此，高校要深入挖掘各类课程的思想政治教育资源，在教育教学的所有环节加强社会主义核心价值观的培育，使学生在学习科学文化知识过程中，自觉加强思想道德修养，提高政治觉悟。专业教育是高等教育的基本形式，不同的教育内容蕴含着各具特色的社会主义核心价值观培育资源。

专业课教师应认真挖掘各门课程中蕴含的社会主义核心价值观培育资源，结合该课程的具体特点，针对学生的思想实际进行教学，这样学生的核心价值观培育就会收到意想不到的效果。在教育实践中，要把专业教育和核心价值观培育结合起来，把社会主义核心价值观培育融入大学生学习的各个环节，渗透到教学、科研和社会服务的各个方面，使青年学生在潜移默化中受到影响、接受教育。

专业教育中的社会主义核心价值观培育具有隐蔽性、随机性、渗透性的特点，这些特点使其更容易为大学生所接受。

首先，隐蔽性。从教育形式上看，相对于显性的思想政治理论课而言，专业课教学中所进行的社会主义核心价值观培育属于“无意识教育”。这种教育作为一种“非标签式”的教育，论道而不说教，述理而不灌输，是不留痕迹、靠学生自身的体验和感受来接受的“润物细无声”的教育。这种“自然而然”的方式能避免“我说你听”的传统说教方式，有助于消除学生的逆反心理，收到良好的教育效果。

其次，随机性。专业教育中进行的社会主义核心价值观培育往往是非预设的随机教育，当然这并不妨碍教育者在主观上具有一定的自觉性。它要求教师抓住和利用最佳教育时机，结合本课程的特点，随时随地调动学生的主动性、积极性和创造性，使学生在对知识的兴趣中，透过专业课教学接受爱国主义教育、创新意识和法治意识的培养。

最后，渗透性。专业课中的社会主义核心价值观培育不是生硬地加到课程中去的，而是与课程内容融合在一起、浸润在知识中。但它又不是完全无形的，它使专业课更丰满，显得更富有生机和人性。在专业课教学中融入社会主义核心价值观理念，既能使学生学到文化知识，培养智力和能力，又能使学生受到良好的思想品德教育。这种“文以载道、文道结合”的教育方式，克服了传统思想政治理论课教学形式的单调，比单纯地采用灌输等教育方式更加自然、和谐，更容易收到良好的效果。

### （二）在专业教育中融入社会主义核心价值观的途径

在专业教育中推进大学生社会主义核心价值观培育，可以借助以下几个途径：

第一，要深入挖掘专业课中的社会主义核心价值观培育资源。教师要树立科学性与思想性相统一的原则，有意识地把专业课中价值观培育资源在备课时挖出来、讲课时融进去。教师要从思想渗透的原则出发，从学生的实际情况和教学的实际需要出发，对教材做灵活处理，或随机联系、自然引申，或增减补充、相继拓展，尽可能挖掘出教材中的价值观培育因素。

第二，要结合专业特点推进大学生社会主义核心价值观培育。教师可以通过讲授专业课的发展史，增强学生学习该课程的积极性，激励学生树立终生为真理而奋斗的进取精神；还可以介绍与学科相关的优秀历史人物，介绍所学学科与当前人民利益的密切关系，激发学生的正义感、社会责任感和造福于人类社会的热情。教师在教给学生科学结论时，应说明结论形成的过程，使学生受到科学方法和科学思维的训练，受到艰苦奋斗、不怕挫折的教育，培养独立思考能力与探索新知的精神，培养热爱科学的感情和实事求是的学风。

第三，要结合专业实践活动推进社会主义核心价值观培育。要充分调动学生的积极性和创造性，引导他们将理论学习与生产实践相结合、动手操作与动脑思考相结合。要提倡大学生进行创造性学习，培育创造性思维能力。要利用实践教学的优势，建立教学相长的和谐师生关系，形成民主、平等的教学气氛。要引导学生在专业实践过程中细致地观察、积极地思考、大胆地想象，培养敏锐的观察力、准确的判断力、丰富的想象力。

第四，创新教学方式，倡导研究性学习，培养学生自主学习能力。目前，一些高校在教学上仍存在着“填鸭式教学”“接受式教学”的现象，这都是以教师为中心的教学方式，学生处于被动学习的地位，对于学生学习能力与创新精神的培养形成了障碍。研究性学习是指教师在教学过程中创设一种类似科学研究与实践探索的情景，引导学生在模拟的情景下主动获取知识，并应用所学知识解决实际问题，从而完成课程的学习。作为一种创新性的教学方式，研究性学习的主体是学生，它能够有效激发学生的学习兴趣，培养学生的自主学习能力，提升学生的社会责任感。

第五，要以教师的人格感染学生。教师的人格对学生成长起着耳濡目染、潜移默化的作用，高尚而富有魅力的教师人格能产生身教重于言教的良好效果。教师应以自己的模范行为启迪、引导大学生的价值观和行为取向，使社会主义核心价值观培育产生强大的影响力和感召力。

总之，专业教育中蕴含着丰富的价值观培育资源，是当代大学生社会主义核心价值观培育的有效载体。在专业课教学中推进社会主义核心价值观培育，既能使专业课程富有生机和活力，又寻找到了在大学生群体中培育和践行社会主义核心价值观的突破口。在大学教育过程中，只有把专业教育与社会主义核心价值观培育有机统一起来，才能使大学生在获得专业技能的同时得到思想和人格的提升。

# 第五章

# 文化育人：社会主义核心价值观融入校园文化建设

始终坚持以社会主义核心价值观引领校园文化建设，社会主义核心价值观三个层面24个字的内容融入校园文化建设全过程，促使社会主义核心价值观“落地生根”，着力建设底蕴深厚、内涵丰富、特色鲜明、品位高雅的校园文化，强化文化育人、以文化人，营造良好的育人环境和文化氛围，引导大学生形成正确的世界观、人生观和价值观。

## 第一节　社会主义核心价值观融入校园文化建设的必要性和现状分析

在高校培育和践行社会主义核心价值观，就是要广大师生员工理解、认同和实践科学理论，树立共同的价值观念，促进师生和学校的事业又好又快地发展。从本质上说，社会主义核心价值观和高校校园文化虽然属于文化范畴的不同层次和形态，二者的地位和作用不尽相同，但它们都是文化范畴内的重要元素，通过文化的纽带，二者存在辩证统一的关系。高校作为重要的社会子系统，高校师生作为社会的精英群体，无疑是培育和践行社会主义核心价值观的重要领域和群体。

### 一、社会主义核心价值观融入校园文化建设的必要性

#### （一）社会主义核心价值观是高校校园文化建设的精神内核

1. 国家层面的价值目标

社会主义核心价值观“富强、民主、文明、和谐”的国家层面价值目标或建设目标，为高校校园文化建设指明了正确的发展方向。人类社会的文化历史

表明，任何社会的子文化、亚文化，都离不开同一时期的主流文化、主导文化的影响，这种影响首先就是政治方向的影响，或者说是统治阶级意志的影响。

在我国，无产阶级领导下的社会主义文化是主流文化，也是主导文化，而社会主义核心价值观就是其最凝练的表达，建设“富强、民主、文明、和谐”的社会主义强国，是国家建设的目标，也是社会各阶层、各领域“建设什么样的国家”的奋斗目标。高校作为社会的重要文化阵地和领域，自然要将自己发展的目标统一于国家建设的目标之下。

只有这样，高校的发展才能获得国家的支持，进而才能正确、持续发展。我国高校校园文化建设必须以中国特色社会主义文化为主题，建设出社会主义的、有中国特色的、先进科学的文化体系，为“国家富强、民族振兴和人民幸福”的中国梦的实现贡献自己的力量，这是我们党的要求、国家的需要、人民的呼唤。

2. 社会层面的价值目标

社会主义核心价值观“自由、平等、公正、法治”的社会层面价值目标或建设目标，为高校校园文化建设明确了正确的价值追求。社会主义核心价值观的社会层面要求，是统摄各个不同社会层面思想文化活动和行为实践活动的普遍标准和规范。

“自由、平等、公正、法治”的社会价值要求，是我们党在坚持社会主义先进文化的前提下，继承中华优秀传统文化和吸收西方文明成果精华的基础上形成的，是我们全社会为之奋斗的最高价值理念。

高校作为社会的一部分，只有在一个“自由、平等、公正、法治”的社会环境下才能得以健康发展；同时，高校校园文化只有以“自由、平等、公正、法治”为价值追求，才能建设出一个充满活力的、起到文化引领作用的、富有现代大学精神的高校，才能实现自身的健康、和谐、持续发展，才能为和谐社会、小康社会的建设做出应有的贡献。

3. 个人层面的价值目标

社会主义核心价值观“爱国、敬业、诚信、友善”的个人层面价值目标或道德建设目标，为高校校园文化建设提出了正确的道德规范。道德是人类所特有的一种社会意识形态，它是人们在长期的共同生活实践过程中形成的行为准则与规范，具有历史性、阶级性和相对性。

长期以来，高校都是一个社会的道德高地，高校人都是社会上道德水平较高的群体。同样，高校人作为社会精英分子，不仅仅是社会先进文化的先行者，而且应该是道德建设的领航者。我国高校的根本目的是“育人”，即要培养和造就出社会主义的合格建设者和可靠接班人，所谓的“合格”和“可靠”，首先是一个“有道德”的人。

因此，高校校园文化建设应以“爱国、敬业、诚信、友善”为道德价值规范，渗透到校园文化建设的各个领域，渗透到高校人日常生活、学习和工作中，不断增强广大师生的道德意识和文明修养，为全社会的精神文明建设助力加油。

（二）高校校园文化是社会主义核心价值观建设的重要平台

1. 高校是推进社会主义核心价值观建设的重要场所

由于我国人口基数大、社会成分复杂，人们对社会主义核心价值观的认识水平是不一样的；但总体来说，文化水平相对较高的社会精英群体或潜精英群体，必然是宣传和培育的重点人群，因为他们的社会活动范围较广、影响较大，在社会上会产生较其他群体难以起到的事半功倍的带动示范作用。

高校作为知识分子最集中的区域，作为培育潜精英群体的重要场所，在这里人们更容易接受、传播先进的文化思想和价值观念。社会主义核心价值观只有在广大的高校师生中获得普遍认同，才有可能在全社会引起以上带下的效应、形成以点带面的效果，才能创造出培育和践行社会主义核心价值观有效的新形式，进而推动社会主义核心价值观在全社会的落地、发芽、开花、结果。

2. 在全社会培育和践行社会主义核心价值观需要借助高校校园文化平台

从高校校园文化的特点和功能来看，在高校内培育和践行社会主义核心价值观，需要融入校园文化的各个方面，这样才能营造良好的、健康的校园文化体系，才能形成有效的培育和践行氛围，起到对高校师生潜移默化的引导作用，为社会主义核心价值观从外在强迫性要求转化为高校师生的自觉要求提供有效途径。

在高校外培育和践行社会主义核心价值观，也需要借助高校校园文化这一平台，通过发挥高校校园文化的辐射功能，带动社会其他亚文化、子文化的健康、正确发展，进而影响社会其他群体的学习和效仿。在社会主义核心价值观融入高校校园文化建设的过程中，可以将核心价值观通过多种形式与途径创造性地表现出来，这样就会形成很多有效的方法、总结出很好的经验，为在社会其他领域培育和践行社会主义核心价值观探索实践之路。

## 二、社会主义核心价值观融入校园文化建设的现状分析

（一）精神文化层面：强化目标引领但不同程度缺乏深度融合

近年来，各地高校高度重视校园精神文化建设，立足自身实际，把社会主

义核心价值观与学校的传统特色、文化底蕴、理想追求、办学理念相融合，通过铸就新时代的校园精神文化，引领校园文化建设，营造了具有时代特征和学校特色的精神文化氛围，形成了学校以育人为本、教师以敬业为乐、学生以成才为志的优良校风。

各高校在探索社会主义核心价值观融入高校校园精神文化建设的过程中，都非常注重社会主义核心价值观的目标引领作用，但也存在一些不足，主要表现在：

其一，社会主义核心价值观与原来形成的校园精神深度融合凝练不够。有些高校在“融入”方面存在着“两张皮”的现象，只做文件上、会议上的表面工作，根本没有把与社会主义核心价值观相通的校园精神凝练出来，更别说形成品牌活动加以落实推广了。

其二，“融入”工作形式单一、单线作战，没有形成整体系统培育效果。有些高校在落实“融入”工作时没有整体协调推进，在精神凝练的基础上，没有将制度设计、课堂教学、文化活动、队伍建设、物质投入、后勤服务等各方面工作做到位，结果导致“融入”工作缺乏应有的系统化保障，培育效果不理想。

其三，在“融入”工作中缺乏主题性、缺失主体性。由于校园精神文化建设是一个投入长、见效慢的“里子”工程，并受功利主义、实用主义的影响，无论是管理者、组织者还是参与者，如果没有端正的态度和足够的耐心很容易偏离方向。为了增强精神文化活动的吸引力，只是简单增加娱乐化，而偏离了应有的导向性主题；一味强调精神文化活动的政治性，不去尝试“寓教于乐”的方式，漠视学生的接受能力，忽视学生的主体性发挥。

### （二）制度文化层面：建立制度保障但不同程度欠缺联动机制

各高校在社会主义核心价值观融入高校校园文化建设的过程中，能够立足自身实际，制定相关规章制度，构建制度保障体系，构建现代大学制度，创建良好制度文化，统筹规划领导机制、管理机制、协调机制、运行机制等协调运转，不断加强依法治校制度建设的力度。

近几年，很多高校围绕立德树人根本任务，扎实做好社会主义核心价值观融入校园制度文化建设，在价值引领、树立典型、科技创新、志愿服务、生涯导航、帮困助学等工作上建章立制，坚持完善机制体制，不断规范和深化“融入”工作的实效，形成了一些文化品牌。

高校在探索社会主义核心价值观融入校园制度文化建设的过程中，取得了一些成绩，但也有不足。主要表现在：

其一，规划设计不够，学校重要制度融入元素不明显。缺少对社会主义核心价值观融入校园制度文化建设内容和目标的规划设计，在学校章程、学生培养制度、教师评聘制度等重要制度中融入社会主义核心价值观的元素还不够，而且相互之间的制度关联度也不够。

其二，组织协调不到位，没有形成联动的制度体系。在很多高校很难设置专门的强力部门来推动社会主义核心价值观的融入工作，一般都是党委领导下的分部门落实的模式，这样必然导致落实的力度不足；而且相当部分高校教师都有这样的误解，认为社会主义核心价值观相关工作是党务部门、组织部门、宣传部门和学生部门的事。因此，教学部门、业务部门、服务部门对此工作重视不足，制定的相关制度自然也就很难体现社会主义核心价值观的精神。

其三，相关保障制度不够完善，没有形成健全的保障机制。很多高校在推动社会主义核心价值观融入高校校园文化建设的工作中，开会讲得比较多、文件上说得比较多，存在组织保障、经费保障、人员保障、制度保障不足的情况，影响了融入工作的进程。

### （三）物质文化层面：注重基础建设但不同程度忽视人文涵养

我国高校校园物质文化建设自改革开放以来逐渐驶入快车道，尤其是 1999 年高校大规模扩招、21 世纪初高校“合并”和“大学城”建设浪潮以来，高校校园物质文化建设突飞猛进、日新月异，取得了骄人的成绩。

党的十八大之后，很多高校探索融入社会主义核心价值观的物质文化建设，依托校园环境建设、文化设施建设、宣传阵地建设、新媒体硬件建设、校外育人基地共建、校园周边综合治理等工作，根据学校特点、传统和培养目标，把社会主义核心价值观融入校园物质文化建设作为学校重要工作来抓，形成了一批各具特色的校园物质文化建设成果。另外，一些名校的校园景观文化也体现着社会主义核心价值观的内涵，如清华大学的清华园文化、北京大学的未名湖文化、武汉大学的樱花文化、西南政法大学的歌乐山文化等。

我国高校在大力建设校园物质文化，探索社会主义核心价值观融入校园物质文化建设的同时，也出现了一些不足，主要表现在：

其一，在校园建设中缺乏人文精神，尤其是社会主义核心价值观的元素。很多高校在校园建设中只注重物质实用性，没有加强审美功能的发挥，人文情怀不能很好地展现，更别说体现社会主义核心价值观的精神了。由此，给人的感觉好像是从外到内除了几块牌子和展板说明这是高校的大楼外，再也没有其他什么东西了。

其二，在“融入”工作中方法单一、粗浅，没有做到潜移默化。很多高校在做社会主义核心价值观融入校园物质文化建设这一工作时，只是简单地挂挂条幅、换换橱窗，方式方法简单、粗浅，没有用心将社会主义核心价值观的内涵转化成人文元素，潜移默化地融入物质文化建设中，这种重复“呼喊”24字的宣传模式，不会给人留下深刻印象，不会触及人的思想和灵魂，更不能使人深度了解社会主义核心价值观的深刻内涵。

其三，“融入”工作缺乏系统规划和顶层设计，没有形成鲜明特色，也没有发挥整体效应。很多高校的社会主义核心价值观融入校园物质文化建设方案，没有考虑到整体的规划和设计，也没有与学校的历史传统、行业特色、地域特点结合起来，更没有将社会主义核心价值观融入广大师生日常生活学习的宿舍、教室、运动场、图书馆等地方，没有形成整体的校园物质文化育人格局。

## 第二节　社会主义核心价值观融入校园文化建设的要求

社会主义核心价值观融入高校校园文化建设是一个复杂的、浩大的系统工程，因此需要对该项工作做好全面的、科学的系统规划，应该进一步梳理和明晰社会主义核心价值观融入高校校园文化建设的目标、原则，这是深入做好该项工作理论研究的基础和实践探索的前提。

### 一、社会主义核心价值观融入高校校园文化建设的目标

#### （一）社会目标：助力整个社会的社会主义核心价值观培育践行工作

1. 引领思想

高校是社会思想的重要发源地和风向标，做好高校师生的思想教育工作有利于对社会多元思想、各种思潮的引领，树立正确的价值导向。当前形势下，多元思想思潮的交流交融交锋现象日益凸显，众多非主流社会思潮对高校师生影响较大。

因此，在高校开展以社会主义核心价值观为核心的社会主义意识形态教育就显得非常有必要。在此过程中，我们要旗帜鲜明地坚持马克思主义理论的指导，高举中国特色社会主义的旗帜，大力弘扬以爱国主义为核心的民族精神和以改革开放为核心的时代精神，牢固树立社会主义荣辱观，把社会主义核心价值观的每个元素都要讲清讲明讲透，把社会主义核心价值观融入高校校园文化

建设的方方面面。

2. 稳定社会

目前，我国改革已处于深水区和攻坚阶段，各种利益的深度调整，必然会造成潜在的矛盾冲突。在改革开放的过程中，如何保持社会稳定成功跨越“中等收入”，成为我们开启全面建设社会主义现代化国家新征程、实现中华民族伟大复兴中国梦的重大历史课题。

高校学生是一个忧国忧民、激情澎湃的青年群体，他们对社会变革最为敏感，他们关注国家利益和民族尊严，他们反对社会不公和腐败现象，他们一方面是坚定的爱国者，另一方面也容易做出过激的反应。将社会主义核心价值观融入高校校园文化建设，就是要帮助广大高校学生养成辩证思维和理性意识，树立坚定跟党走的决心和对社会主义的信心，引导他们能够冷静分析问题、合理表达诉求，努力成为和谐社会的建设者、维护者。

3. 宣传理论

由于高校的特殊性，高校在任何阶段都是我们党理论宣传的重要区域：在当前阶段，社会主义核心价值观作为我们党的重要理论创新成果，自然是高校理论宣传的重要内容。我们要注重把有关内容以广大师生乐于接受的形式讲清、讲透、讲活，使社会主义核心价值观在广大师生中“入脑”“入心”“入行动”，使广大师生成为党的理论的拥护者、宣传者、实践者。

同时，高校作为党的先进理论辐射、传播的主阵地之一，是科学理论与人民群众之间的桥梁与纽带，高校要通过“化大众”和“大众化”的方式方法，研究广大人民群众的理解、认同规律，推广理论宣传的好思路和好做法，进而带动其他社会群体，真学、真信、真用社会主义核心价值观。

4. 凝聚精神

社会的发展、民族的振兴、国家的繁荣都需要民族精神，民族精神的培育有利于激发民族的凝聚力和向心力。社会主义核心价值观是我们民族精神的典型代表，因此做好社会主义核心价值观融入高校校园文化建设即是弘扬和建设民族精神的重要途径。

在做好“融入”工作中，要注重民族精神的提炼升华和现代性转化，注意将弘扬社会主义核心价值观与继承中华优秀传统文化结合起来，注意培养广大师生的爱国情怀和人文精神，使他们成为弘扬民族精神的先驱者，进而带动整个民族的文化自觉与文化自信。

### （二）学校目标：引导高校校园文化建设向着社会主义方向健康发展

1. 内涵发展

高校内涵发展的核心就是要全面提高高等教育办学质量，以提高高校的教学科研能力和人才培养水平。高校的本质是育人，“所谓教书育人、管理育人、服务育人、环境育人，说到底都是文化育人”①。

因此，要推动高校内涵发展就必须要提高高校文化育人的水平，这必然就需要代表先进文化的社会主义核心价值观，来融入高校校园文化建设中，以文化育人水平的提升来推动高校育人水平的提高。这是因为，社会主义核心价值观中的很多元素和理念，都可以直接提升高校的管理水平和治理能力，进而提升高校的办学质量。

2. 正确发展

对高校的政治性要求，是任何一个社会的必然要求。虽然很多西方高校口口声声说自己不受政治影响，但是政府作为最大的“投资人”、最高的游戏规则制定者，其对高校的影响不言而喻。

因此，高校的发展离不开政治的影响，必须要有符合统治阶级意志的政治取向和价值取向，才能在社会上有一席之地，才能长期健康持续发展。在社会主义中国，高校的政治性尤为明显，任何一所高校都必须要坚持社会主义的办学方向。用社会主义核心价值观指引高校正确发展，就是要更好地保证高校为社会主义建设服务的目的。

3. 和谐发展

我们要建设和谐社会，就必然要建设和谐校园，使学校的各项发展要素处于一种协调促进、均衡有序的和谐状态。只有高校实现了和谐发展，才能为高校内涵发展创造稳定的发展环境，才能顺利实现高等教育的现代化，为社会主义现代化建设保驾护航。

高校和谐发展，核心是文化和谐，就是要建设和谐的校园人文环境，努力做到以科学的理论、正确的思想来教育人，以高尚的情操、优美的环境来陶冶人，以优秀的课程、精彩的活动来吸引人，积极营造自由、平等、公正、和谐的校园文化氛围，发挥好校园文化“方向盘”“净化器”和“泡菜水”的作用，促进高校健康和谐发展。

---

① 袁贵仁. 加强大学文化研究　推进大学文化建设［J］. 中国大学教学，2002（10）：4.

### （三）个体目标：促使高校师生自觉认同与践行社会主义核心价值观

1. 提升道德

道德水平是衡量一个社会文明程度的风向标，是评价一个人文明程度的试金石。一个社会的进步发展离不开全体公民道德水平的提高，一个人的成长成功也离不开自身道德水平的提升。习近平总书记指出："核心价值观，其实就是一种德，既是个人的德，也是一种大德。"①

社会主义核心价值观是在社会主义荣辱观的基础上对个人道德的高度要求和凝练，如果每个公民都把社会主义核心价值观个人层面做好了，那么我们社会的道德水准必将有一个很大的进步。《大学》首章云："大学之道，在明明德，在亲民，在止于至善。"大学只有明德求善，才能成为社会文化的标杆、道德的高地，才能造就一代又一代德才兼备的"四有"新人。

因此，在高校培育和践行社会主义核心价值观与高校育人在理论上和实践上都有相通性、相容性。高校将社会主义核心价值观融入高校校园文化建设，必将提高高校道德育人的水平，必将提升全体师生的道德素质，进而为师生的个人成长进步打下坚实的道德基础。

2. 坚定信念

理想信念是一个人人生的航向、前进的动力，也是一个社会精神的支柱、发展的方向。理想信念教育是意识形态教育的核心，当然也是社会主义核心价值观融入高校校园文化建设工作的核心。高校教职员工，尤其是一线教师和党政管理人员，学历层次高、社会地位高，是培育社会未来精英的精英群体，他们的政治觉悟和价值取向对整个社会影响巨大。

高校学生是国家的未来、民族的希望，他们正处于人生发展的关键时期，世界观、人生观、价值观正趋于成熟，也容易受到不良思想文化的浸染和影响，因此对他们进行理想信念教育，关系到党和民族的前途命运，也关系到大学生的健康成长发展。

对高校师生进行理想信念教育，重点要做好马克思主义理论的教育，让他们掌握辩证唯物主义和历史唯物主义的立场、观点和方法；加强中国特色社会主义教育，让他们认识到社会主义的优越性，树立坚定跟党走的决心；讲清社会理想和个人理想的关系，让他们认识到自己的社会责任，自觉投身社会主义现代化建设之中。

---

① 习近平. 青年要自觉践行社会主义核心价值观——在北京大学师生座谈会上的讲话[N]. 人民日报，2014-05-05.

3. 健全人格

马克思曾说：“主观性是主体的规定，人格是人的规定。”① 人格是人的特有规定性，是个人稳定的内在心理结构和外部行为模式。恩格斯曾指出，在一定意义上看，青年人格表征着时代人格发展的方向。因此，帮助广大高校学生更好地认识自己，促进他们个性的发展和人格的完善，是社会主义核心价值观融入高校校园文化建设的重要任务。

培养高校学生的健康人格，应注重提高他们的人格自我塑造能力。这种能力包括两个方面：一是价值观念的判断评价能力与选择能力；二是价值观念的内化能力。② 通过扎实做好社会主义核心价值观融入高校校园文化建设工作，可以促使大学生形成正确的行为取向和良好的人格情调，进而使其提高综合素质实现全面发展。

## 二、社会主义核心价值观融入高校校园文化建设的原则

### （一）科学性原则

科学性是工作开展符合事物规律的重要体现，是做好有关工作的前提。科学精神是高校校园文化的核心元素之一，遵循科学性原则是高校人的基本价值追求，也是在高校做好教学研究、学生培养、文化学习和意识形态教育等工作的基本行事原则。社会主义核心价值观融入高校校园文化建设作为一个系统工程，要想使有关工作达到理想效果，就必须遵循科学性原则，这就要求我们在工作中做到以下几点：

第一，要遵循文化、校园文化和高校校园文化建设规律。多一些“隐性”“柔性”的手段，少一些强制命令的要求；多一些内涵、人文的软件建设，少一些外在、简单的硬件建设；多一些久久为功的长期规划，少一些立竿见影的短期效应。

第二，要遵循高等教育和意识形态教育规律。教育是人类最复杂的社会行为之一，尤其是在高校这个环境下开展社会主义核心价值观教育，绝不能搞简单、粗放式的灌输手段，要树立“以人为本”的理念，准确把握高校师生的心理需求、思想发展和利益关注等问题，借助传统媒体和新媒体创新教育手段，开展分层次、分群体的针对性教育方式方法，以增强教育的有效性。

① 马克思恩格斯全集：第3卷［M］. 北京：人民出版社，1960：32.

② 宫志峰，等. 大学生社会主义核心价值观体系建设研究［M］. 北京：人民出版社，2012：103.

第三，注意科学理论的科学作用的发挥。有科学的、先进的理论的指引，是任何集团和个人顺利实现目标的前提，社会主义核心价值观是马克思主义中国化的重要理论成果，“科学性”是该理论的主要特点之一。认同和践行社会主义核心价值观，不仅有利于国家的发展、民族的复兴，也有利于高校的健康发展和广大师生的成长成才。

因此，要把社会主义核心价值观的“科学性”讲透讲明，大力宣扬广大师生践行社会主义核心价值观促进个人进步成才的典型案例，从而引导他们自觉认同和践行。

第四，在做好社会主义核心价值观融入高校校园文化建设中，注重统筹兼顾、协调开展。注重主次分明、循序渐进，注重内外结合、虚实并重等科学的工作方法，不能操之过急，不能浮于表面，更不能虚于应付，防止将该项工作流于形式。

### （二）系统性原则

社会主义核心价值观融入高校校园文化建设是一个复杂的系统工程，涉及高校校园文化的方方面面，主要有高校校园精神文化、制度文化、行为文化、物质文化和网络文化。而这五个方面还可以进一步划分，因此从系统的角度来看，社会主义核心价值观要融入的高校校园文化，是一个由若干子系统组成的、相互连接的网状系统。在社会主义核心价值观融入高校校园文化建设过程中，要做到以下几点：

第一，学校要有社会主义核心价值观融入高校校园文化建设的整体规划，出台相关制度文件，纳入学校整体发展战略，使“融入”工作有计划、有组织、有层次地开展。

第二，学校要设立高规格的工作委员会，协调推进相关工作，明确党政相关部门和院系的工作职责、工作任务，形成齐抓共管、齐心合力的工作局面，从而推进“融入”工作的深入开展。

第三，充分调动任课教师（尤其是思想政治理论课教师）、管理服务人员（尤其是党政干部和政治辅导员）、广大学生参与“融入”工作的积极性，要针对不同群体做出不同要求，出台不同的鼓励、考核、评价办法，促使广大师生最大限度地参与到相关工作中来，形成“众人拾柴火焰高”的工作局面，使社会主义核心价值观深入广大师生的思想认识和实践行动中。

### （三）创新性原则

中华民族是一个崇尚创新的民族，早在《礼记·大学》中就有“苟日新，日日新，又日新”的记载，体现了对创新的追求。高校校园文化的生命力也在于创新，其发展就是一个结合自身特点、借鉴别人长处，然后融会贯通、综合创新的过程。没有创新就没有进步发展，没有创新就不可能培养出优秀的人才。正如哈佛大学校长劳伦斯·萨默斯对大学创新的精彩见解：“大学永恒的传统应该是我们要永远年轻，永远要承诺不断更新自己”。① 社会主义核心价值观作为我们党最鲜活的理论体系，本身就是理论创新的结果。因此，社会主义核心价值观融入高校校园文化建设就不可避免地要遵循创新性原则，在这个过程中要做好以下几点：

第一，遵循高校校园文化建设规律。要不断地对高校校园文化的内容和形式进行一定程度的改造与创新，不断打造自己的特色与品牌活动，以更好地增强高校校园文化对广大师生的吸引力与影响力。

第二，处理好传统与创新的关系。要重视处理优秀传统文化的创新性继承，要重视处理高校自身优秀传统的创新性发展，要从过去的历史基因中寻找文化的生长点，寻找有利于培育和弘扬社会主义核心价值观的文化支点。

第三，创新性地做好社会主义核心价值观融入高校校园文化建设的具体工作。要借力新媒体创新宣传引导的手段，要借助“慕课”和“翻转课堂”创新思想政治理论课的教育方式，要借鉴国内外的相关经验创新“融入”工作的文化活动等，只有创新才能增强“融入”工作的有效吸引力。

### （四）开放性原则

当今世界经济文化交流日益密切，越来越开放是当今世界的发展趋势。社会主义核心价值观作为我们党 21 世纪以来马克思主义中国化的创新理论成果，其本身就带有很大的开放性特质，它是在继承马列主义、毛泽东思想和中国特色社会主义理论体系的基础上，辩证吸收中华传统文化精华和西方文明优秀成分而形成的，其中诸如“自由、民主、平等、法治”等元素，深深地体现了“开放性”的特质。

我国现行的高等教育体系，本身就是在向西方学习的过程中产生的，现代意义上的大学必然是开放的大学，现代意义上的高校校园文化也必然是开放的校园文化。早在 20 世纪 80 年代，邓小平就提出“教育要面向现代化、面向世界、面向未来”的思想。② 在这一思想的指导下，我国高校校园文化逐步呈现开放的姿态，加强了国内外的交流，彰显了校园文化建设的活力。鉴于二者的

---

① 张清杰. 大学是汇聚智慧的灯塔［N］. 光明日报，2013-11-23.

② 邓小平文选：第 2 卷［M］. 北京：人民出版社，1993：108.

开放性，社会主义核心价值观融入高校校园文化建设也必然要遵循开放性原则。这就要求我们在“融入”中要做到以下几点：

第一，要坚持“一元指导，多元并存”的准则。既要坚持马克思主义统领高校校园文化建设的价值，旗帜鲜明地确立社会主义核心价值观的主体地位；又要坚持多元文化观念的和谐并存，承认现代文化的多样性、丰富性，尊重各类健康文化的存在和影响，形成高校校园文化百花齐放、百家争鸣的繁荣局面。

第二，高校要通过各种渠道对外开放。争取政府、社会和校友的支持、帮助，充分利用各种资源促进社会主义核心价值观融入高校校园文化建设的持续开展；要借鉴世界知名高校思想教育、道德教育、公民教育等方面的先进经验，辩证消化吸收为我所用，促进社会主义核心价值观融入高校校园文化建设的健康开展。

## 第三节　社会主义核心价值观融入校园文化建设的途径

厘清社会主义核心价值观融入高校校园文化建设的途径，可以说是整个“融入”工作的关键环节，当然，也是整个“融入”工作做细做实达到预期目标的一条主渠道。

### 一、社会主义核心价值观融入高校精神文化

#### （一）在凝练高校精神与办学理念中融入

高校精神既是高校的立校之本，同时还是高校的灵魂所在，它明确体现出了社会特点、时代精神。高校精神的形成与凝练是一个历史的沉淀过程，汇聚了几代高校人的集体智慧和精神自觉，是普遍性与规律性的统一，是传承与创新的统一，是合规律性与合目的性的统一，是理性与激情的统一，是说与做的统一。①

1. 高校精神的凝练

在有针对性地凝练大学精神中融入社会主义核心价值观，高校需要做到以下两点：

（1）确立科学的办学指导思想

高校确立明确的办学指导思想，能够在一定程度上体现出高校校园文化的

① 郑永扣. 如何培育我们的大学精神［N］. 人民日报，2010-12-17.

顶层设计和价值追求。这就要求高校领导者应该把社会主义核心价值观作为具体的指引，科学、正确地对高校办学目标、发展战略、发展道路、发展模式、人才培养等重要内容进行定位，办好有中国特色的社会主义高校。

（2）形成具有思想底蕴的高校文化标识

校训是对高校精神言简意赅、高度凝练的集中表达，其具有的精神感召力和渗透力十分强大，能够明确体现出高校人的精神向往和价值追求。校歌、校徽等同校训一样，也能发挥出巨大的精神指引作用。

高校一定要注重从社会主义核心价值观所含有的价值元素中汲取营养，凝练出能够明确体现高校价值追求和独特气质的校训、校歌、校徽等，使社会主义核心价值观的引领、熏陶和教育的作用得到更加有效的发挥。

2. 高校的办学理念

高校的办学理念就是关于如何办好一所大学的思想观念，也是对一个高校办学层次、办学特色的集中体现。在进一步树立现代大学理念中融入社会主义核心价值观，就应该做到：

（1）树立坚持培养全面发展的人和为社会主义服务的使命观

从新中国高校进行改革和发展的轨迹中，我们可以明确地看出我国高校使命观的一般特征：人民教育的宗旨，全面发展的方针，爱国主义的精神和社会主义的方向。① 其中，培养全面发展的社会主义人才和为社会主义服务的宗旨使命始终没有改变。

（2）树立全面协调可持续的高校发展观

高校的发展观是高校关于自身定位与发展目标的一个认识，以及对发展结果所做的相关预期，与高校所处的时代及时代的发展观有着密切的联系。随着科学发展观和全面持续协调发展理念的形成和深入人心，高校的发展也更加趋于“规模、结构、质量、效益协调发展”的科学发展方向。

（3）坚持“以人为本”的大学育人观

高校育人观的主要核心就是“以人为本”，当然“以人为本”也是社会主义核心价值观的精要体现之一。

高校育人坚持“以人为本”，就是要做到：在教学科研中“以教师为本”，给教师提供更广阔的学术研究空间，对于教师的学术追求和个性人格予以尊重，进一步激发教师追求科学、崇尚真理的学术热情；在教育的实践过程中“以学生为本”，对于学生的学习主体地位予以相应的尊重，注重个性化、针对性的教

① 廖女男，等. 大学校园文化的传承与创新［M］. 成都：西南交通大学出版社，2012：119.

学方法，加强培养学生爱国敬业的精神、创造创新的能力、团结友善的意识和自立自强的品质。

（二）在优化学风教风政风中融入

1. 加强学风建设，努力提高人才培养质量

加强高校的学风建设，是高校进一步加强对学生教育管理工作的一项首要任务，需要高校做好以下工作：

（1）加强思想教育，端正学习态度

需要高校对大学生尤其是大学新生的思想教育不断地进行加强，对其学习目的进行明确，使其有一个端正的学习态度，养成良好的学习习惯和生活习惯，对于舍风、班风、院风要进行引导管理，努力形成一种良好的学习氛围。

（2）严明学习纪律，规范日常管理

对大学生上课出勤的考核检查力度也应有所加强，减少学生上课迟到、旷课等不良现象的发生；对大学生健康合理使用手机、电脑等电子产品进行相关的规范；严肃考风考纪，加强师生诚信教育，努力杜绝考试作弊、投机取巧等现象。

（3）完善评价制度，端正学习动机

对以前传统的以学习成绩为主甚至是唯一评价的制度体系进行改革，建立以素质教育为主要核心的过程性综合评价系统，积极探索灵活多样的学生考核评价制度，指导学生客观理性认识自身发展，积极主动参与社会建设。

2. 加强教风建设，不断提高教书育人本领

（1）加强教师的思想教育工作

通过持续不断有针对性的教育，增强教师的政治意识、责任意识和使命意识，牢固树立“学术无国界、上课有纪律”的思想观念，认真做到理解、认同、践行社会主义核心价值观；加强对《中华人民共和国教育法》《中华人民共和国高等教育法》《高等学校教师职业道德规范》等法律法规的宣传教育，使广大教师自觉、主动依法依规开展相应的教育活动，指导学生成长成才的同时，促进教师自身不断发展进步。

（2）加强教师的师德建设工作

教师是人类灵魂的工程师，是广大青少年学习成长的引路人。教师的政治素养和道德水平直接关系到亿万青少年的健康成长，关系到国家的前途和民族的未来。加强教师的师德建设是高校精神文化建设的一个重要方面。高校要按照《高等学校教师职业道德规范》中对高校教师所规定的具体要求，对广大教

师强化师德教育，教育高校教师要志存高远、爱岗敬业、忠于职守、乐于奉献，正确处理个人与社会的关系，反对拜金主义、享乐主义和极端个人主义，积极践行社会主义核心价值观，把本职工作、个人理想与国家的繁荣富强紧密联系在一起。

（3）注重教师的技能素质培养

教师自身具有的素质和水平，决定着教师教书育人的水平，也在很大程度上影响着学校的人才培养质量和发展水平。因此，高校必须重视对教师尤其是新入职的非师范类专业教师进行相关的培训和培养，要通过在职培训、专家帮带、教师督导等方式使教师的实践技能和综合素质得到一定的提高，并在日常管理中努力创造条件，加强教师职业进修、学术深造，不断提高教师教书育人的本领。

3. 加强政风建设，不断提高管理服务水平

（1）强化政工管理人员的理论学习

对政工管理人员的理论学习进行强化，就需要在政工干部中开展广泛的理论学习活动，使领导干部的理论水平和理论修养在一定程度上得到有效的提高，尤其是对于高校校级领导而言，应具有比其他工作人员更高的政治理论水平，努力做到不单是本专业领域的专家，还要是对教育特别懂得的教育家、思想家，更要是有较高政治素养的政治家。

（2）强化管理、服务人员的作风建设

对高校的政风进行相关的建设，一个关键之处就是领导干部的作风。所以，就要求高校一定要抓好领导干部的作风，要教育广大干部自觉将工作重心下移，积极深入基层调研，对于师生反映的困难和诉求要予以及时的关心，勤政廉洁远离腐败；在管理和服务人员中提倡爱岗敬业、无私奉献的精神，努力形成积极的服务意识和全员育人的工作理念，为全校良好校风的形成贡献力量。

（3）在学校中营造民主管理的氛围

高校要对行政管理、教学管理、科研管理、人事管理等制度不断地进行完善，形成一种良好的风气，按规则办事、按制度办事，使管理的民主性、协同性有所提高，把广大教职员工的主人翁意识和工作积极性充分调动起来。

### （三）在强化思想政治教育工作中融入

2015 年 1 月，中共中央办公厅、国务院办公厅下发了《关于进一步加强和改进新形势下高校宣传思想工作的意见》（以下简称《意见》）。《意见》明确强调指出，高校是意识形态工作的一个前沿阵地。大力加强社会主义核心价值

观教育是新形势下高校宣传思想工作的主要任务，……应该将社会主义核心价值观融入高等教育全过程。[①] 因此，做好高校的宣传思想工作，组织开展多种形式的思想政治教育活动，就要对社会主义核心价值观的融入不断予以加强，这是高校意识形态工作的一项重要内容。

1. 重视课堂教育的主渠道作用，加强思想政治理论课的建设

高校思想政治教育建设，首先要进一步加强对相关课程体系的建设，不断推动社会主义核心价值观进教材、进课堂、进师生头脑。在此基础上对骨干教师进行积极的组织，有针对性地开展教学课件和教学案例研讨，使课堂教辅材料的质量不断提高，同时让任课教师的理论素养也能得到一定的提升。通过对网络新媒体、“翻转课堂”等新教育手段进行适当的利用，对教学资源、创新授课的方式进行不断的丰富，努力将社会主义核心价值观讲明、讲透、讲活，让课堂变得更加具有吸引力，提高大学生学习、认知、认同社会主义核心价值观的深刻效果。

2. 加强教师队伍的思想政治教育工作

对于上级部门下发的《关于建立健全高校师德建设长效机制的意见》《关于进一步加强和改进新形势下高校宣传思想工作的意见》《关于加强和改进新形势下高校思想政治工作的意见》等文件，高校应该进行深入认真的贯彻落实，通过专题培训、网络课堂、进修学习、专家讲座等众多有效方法和丰富多样的活动，使广大教师能够进一步认知、认同和践行社会主义核心价值观，努力成为学术上的“经师”和道德上的“人师”。

3. 加强大学生的思想政治教育，努力构建全员全过程全方位育人格局

在对大学生社会主义核心价值观进行教育的过程中，除了适当地采用传统教育方法外，还要针对当代大学生的思想和心理特点，对具体的教育形式和方法进行积极创新，更加贴近学生、贴近生活、贴近实际，采用大学生喜闻乐见的文体文化和社会实践等活动去吸引他们，再用真情实意的情感打动他们的内心，在潜移默化中用清晰透彻的理论使他们的头脑得到进一步的净化，并通过一些激励措施让他们逐渐认识到“正能量”在个人成长进步中的积极作用。

### （四）在弘扬中华优秀传统文化中融入

习近平总书记曾明确指出：“培育和弘扬社会主义核心价值观必须立足中华

① 中共中央办公厅、国务院办公厅. 加强和改进新形势下高校宣传思想工作［N］. 人民日报，2015-01-20.

优秀传统文化。”① 在高校中，对中华优秀传统文化进行大力的弘扬，对民族文化予以一定的保护和适当的发扬，树立起民族文化的自信心，对进一步涵养社会主义核心价值观，促进师生健康和谐成长，推动大学精神的形成和弘扬，都是有积极意义的。

为此，2017 年 1 月，中共中央办公厅、国务院办公厅专门印发了《关于实施中华优秀传统文化传承发展工程的意见》，要求在社会主义核心价值观的正确引领下，把中华优秀传统文化全方位融入高等教育。

1. 高校要树立面向全体学生开展“通识教育”“人文教育”理念

高校应该以习近平总书记 2016 年 5 月 17 日在北京主持召开的哲学社会科学工作座谈会上的重要讲话为基本遵循，积极建设中国特色哲学社会科学学科，建立中华优秀传统文化课程体系，带动哲学社会科学发展，推动文化传承与文化创新。

教育部相关部门应与有关高校在强化通识教育课程建设的视域下进行积极的联合，积极构建弘扬中华优秀传统文化的课程体系，在条件成熟的有关高校的文史哲等文科专业可以尝试设立国学课程、中华优秀传统文化选修课程，也可以将中华优秀传统文化的元素融入各相关学科、课程中讲授。各高校在鼓励相关专业优秀教师开设相关选修课程、开展相关学术活动的同时，还要积极进行文科相关专业建设，推动图书馆国学、传统文化等书库建设，积极开发利用学校相关网站等网络数据资源，努力形成有利于弘扬中华优秀传统文化的硬件、软件基础和工作成效机制。

2. 在课余活动中加强弘扬中华优秀传统文化的力度，创建高雅、健康的文化活动品牌

高校可以通过适当地开展广大师生喜闻乐见的活动，并同时让学生会、学生社团等学生组织的带动引领作用得到充分的发挥，逐渐形成涵养和弘扬中华优秀传统文化的品牌活动，充分为广大师生营造一个科学精神和人文精神相互结合在一起的校园文化氛围，进而使广大师生对传统文化的兴趣和修养在一定程度上得到有效的提高。

3. 学校要组织力量、加大投入，开展中华优秀传统文化与社会主义核心价值观的结合研究

中华文化已经绵延五千年，从中华优秀传统文化中精确地提炼有利于社会主义核心价值观宣传的理论资源和话语表达，其中的爱国、孝亲、自强、诚信、

---

① 习近平谈治国理政：第一卷［M］. 北京：外文出版社，2014：163-164.

知耻、贵和、友善、勤俭等中华传统美德，蕴含着极为丰富的思想道德资源。

这就要求我们要以马克思主义为指导，秉承“取其精华，去其糟粕”的原则，辩证地梳理出与社会主义核心价值观相近、相通的，具有科学精神、民族气息、时代需求的优秀传统文化加以弘扬，使二者能够在一定程度上达到一种相辅相成的和谐境界，从而有助于得到广大青年学生的认可和认同，让高校文化传承创新的历史使命得以充分发挥。

## 二、社会主义核心价值观融入高校制度文化

### （一）在发挥制度文化作用中融入

1. 树立“以人为本”的管理理念，坚持民主决策、科学管理和人性化服务的价值取向

高校在建立各种相应的规章制度时，一定要对教师和学生的“主体”地位予以尊重，尊重他们的诉求表达。

一方面可以适当地通过党政联席会、教师代表大会等有效途径，充分征求广大教职员的意见建议，尊重教师的制度制定参与权和质询权，增强其归属感和主人翁意识。

另一方面也可以通过多种有效的途径对广大学生的合理诉求进行吸纳，以促进规章制度的科学性，促进大学生提高自我管理水平和增强爱校意识、民主意识、法制意识，从而形成积极的参与意识和正确的价值观念。

2. 努力形成集合法律性、合规律性、可操作性于一体的制度文化体系

一是高校在对大学规章制度进行制定和完善时，必须以党和国家的教育法规、制度为主要依据，这样才能确保学校的规章制度不与国家的方针政策相冲突，保证其具有合法合规性。这是规章制度实施的一个重要前提条件。

二是高校规章制度在具体实施过程中，必须要符合高校管理的基本规律、教学科研规律和学生教育规律，只有符合这几个基本规律，才能使有关规章制度的科学性得到有效的保证，才能使规章制度的正牵引作用得到充分的发挥，进而助力高校健康、持续地发展。

三是高校在制定规章制度时，应该与工作实际相结合，要让广大师生能够感受到合法、合理、合情，这样他们才会主动、自觉去遵守有关的制度；尤其是在制定培育和践行社会主义核心价值观的具体规章制度时，更要正视广大师生具有的认知能力和接受能力，除了个别专项宣传、弘扬的制度外，重要的是要把社会主义核心价值观的要求、精神化繁为简、化巨为细融入高校的教育、

管理、服务的规章制度中去。

### （二）在推进依法治校中融入

1. 高校管理者要有法治思维和法制意识

高校管理者应该时刻具有依法办事、照章办事、循规办事的态度和觉悟，不能盲目行事，办事一定要遵循公开、公平、公正的原则，在廉洁自律方面更不能触及法律设置的“红线”。同时，高校管理者还要注重将依法治校的相关理念融入学校教育、管理、服务的各个领域，并做好理念的进一步传导、制度的不断丰富完善、效果的检查督导等制度文化建设方方面面的工作。

2. 要增强师生法律意识

要想有效增强师生的法律意识，学校就要定期开展普法宣传和法制教育，使广大师生增强运用法律进行自我保护的基本意识，提高自觉遵纪守法的觉悟，成为社会的好公民，进而为高校的进一步发展助力加油，这样才能在学校的学习、工作、生活中养成按制度办事的意识和习惯，才能模范地践行“公正”“法治”“文明”“和谐”的社会主义核心价值观。

3. 要理顺各级规章制度

学校必须按照《中华人民共和国教育法》《中华人民共和国高等教育法》等法律法规的要求，理顺学校各级规章制度。要成立相应的法律事务室或聘请法律顾问，对重要制度和重要决定进行法律审核与把关，尽量避免非主观“违法”事件的发生。要从法制的角度对学校的组织人事、教学科研、学生奖惩、临时用工等事关广大师生切身利益的规章制度进行认真的审核，保证规章制度客观性、科学性和权威性，从而使其能够最大限度得到贯彻并予以落实。

### （三）在实施民主治校中融入

“民主”是人类社会追求进步的一个重要标志，也是社会主义核心价值观的基本要义，更是我们奉行“人民当家作主”的社会主义国家本质属性。想要建立一个“富强、民主、文明、和谐”的社会主义国家，国家和社会建设各个方面都要做到“依法治理”“民主治理”。作为社会精英和知识分子汇聚之地，高校更应该做到“依法治校”“民主治校”。

在高校民主治校的过程中，应该做到以下几点：

1. 高校党政干部和学生工作人员要有民主意识

作为对学校和学生进行相关管理的执行者，高校党政干部和学生工作人员在师生面前是掌握一定的资源分配权和等次认定权的，因此他们必须拥有民主的意识，只有拥有民主的意识，才能合理运用权力，服务师生。所以，不但要对他们加强教育，也要加强监督，让师生参与到对他们的考核评价之中。

进一步加强对相应规章制度的建设，使领导干部的非理性主观决定在一定程度上有所减少，让广大教职员工养成按规矩、制度办事的行为模式，在任何制度制定前都要有民主征求意见建议的程序，在落实过程中也要及时地对照监督。

2. 实行高校政务公开

对于师生员工对学校工作具有的知情权、参与权和监督权，高校应该根据实际情况不断地予以扩大，要建立权力制衡和监督机制以及政务重要信息公开机制，最大限度促进学校内部治理结构完备合理、日趋成熟；在对学校制度制定、重大事件的相关决策中，要积极发扬民主，坚持民主集中制原则，对教师和学生的主体地位予以充分的尊重，通过领导面对面吸收意见、设立网站领导邮箱、学校政务网络发布平台等渠道，让广大师生参政议政、建言献策和对重大事件质询的渠道变得更加畅通，在进一步培养师生公平意识、平等意识、民主意识的同时，也有利于学校的健康和谐发展。

3. 在教师学术治学中要发扬民主

思想解放的前提就是“民主”，而思想解放是产生思想火花、学术碰撞进而推动学术发展的一个必不可少的条件。学术带头人必须时刻记得发扬民主，避免成为把持学术话语权的“学霸”，对学术发展和年轻教师的成长进行不自觉的限制。学校在教师的职称评定中更要切实加强民主监督，防止出现学术造假、学术剽窃的不良现象；在学术研讨过程中要进行广泛民主讨论、反思甚至是批评质疑，通过思想碰撞和相关的批判，提高教师的学术研究活力和学术水平。

### （四）在建立和完善现代大学制度中融入

现代大学制度是在社会发展进程中促进大学高度社会化并维护大学组织健康发展的结构功能规则体系，主要内容包括平衡大学与政府间关系、完善大学与社会间关系、规范大学与大学间关系和提高大学自身管理水平等。①《国家中长期教育改革和发展规划纲要（2010—2020 年）》将“完善中国特色现代大学制度”作为重要的改革目标。

现代大学制度的主要核心就是在国家大政方针的正确指导下，大学面向社会进行依法自主办学，实行科学管理，其核心内容是大学章程。现代大学制度的构架既包括宏观方面学校与国家、社会等的关系，又包括微观方面学校内部领导的体制、治学体制、管理体制等。

---

① 陈超，等. 大学文化建设理论与实践［M］. 重庆：重庆出版社，2013：202.

整体来看，建立和完善我国大学制度，应该做到以下几点：

1. 保证社会主义的办学性质和办学方向

在建立和完善现代大学制度的过程中，必须使社会主义的办学性质和办学方向得到切实保证，使社会主义大学能够更好地为社会主义现代化建设服务，为中华民族伟大复兴的中国梦服务，保证广大师生的政治可靠性，努力培育他们成为社会主义现代化的合格建设者和中国特色社会主义事业的可靠接班人。

我国现代大学制度在进一步建立和完善的过程中，必须坚持在党的坚强有力领导下逐步推进，坚持党委领导下的校长负责制不断发展完善。在此基础上，学校要通过教代会等有效形式，对教职工参与民主管理和监督的权利给予依法保障；要坚持马克思主义对大学文化的指导地位，在教育管理等制度的制定中明确把社会主义核心价值观、新时代中国特色社会主义思想等党的最新理论成果体现出来，让大学制度在保障学术自由与活力的同时，还能保证学术研究和教育教学正确的政治方向。

2. 要处理好“四位一体”治理框架的内部关系

“四位一体”主要是指“党委领导、校长负责、教授治学、民主管理”。把“四位一体”的关系处理好，就要对大学组织结构与人力资源配置进行优化，对高校去行政化、扁平化管理等改革进行深化，对教授委员会制度进行完善，使得教授委员会在大学内部管理中具有的积极作用能够得到充分的发挥，切实发挥教授在治学科、治学术、治学风、治教学中的决策权和监督权，最终实现学校内部管理制度由行政本位向学术本位的重大转变和突破；对于基层教学科研单位的自主权也应予以适当的扩大，最大限度实现“二级管理”体系，促进学科交叉融合和学术创新，不断推进行政管理职能的整合，使机关工作作风有所转变，让服务意识有所提高。

3. 加强大学章程建设，夯实建立现代大学制度的基础

在对大学章程进行建设的过程中，要把各方力量充分地汇聚在一起，对师生共同理想与价值认同进行一定程度的凝练；要把高校自身具有的特点、历史传统、专业设置进行相应的结合，努力彰显学校个性，体现鲜明的办学特色；要围绕大学的具体章程，以“民主”和“法治”的精神为重要指引，对教学管理、科研管理、学生管理、人事管理等一系列管理制度进行完善，并及时对规章制度进行相应的修订、补充，使其形成较为完善的管理制度体系。

## 三、社会主义核心价值观融入高校物质文化

马克思、恩格斯认为:“人创造环境,同样,环境也创造人。”① 高校物质文化是高校内具有物质实体的一种文化体现,在此基础上构成了整个高校校园文化创造的基础,是校园文化的重要物质载体,包括校园的物质环境、生活场所、建筑设施、文化景观、园林绿化、实验设备以及大学形象标识、师生服饰等方面。

### (一)在校内外物质环境建设中融入

当前,国家的发展日新月异,高校的相关建设发展也迎来了“繁荣的春天”。在各级政府都极其重视高校发展建设的基础上,大部分高校都在很大程度上提高了办学条件,甚至有的高校有着几千亩的美丽校园。

尤其是进入21世纪以来,伴随着高校不断扩招和新校区的扩建,我国高校的物质环境明显改善,这对高校的深入健康、持续发展有着重要的影响。如何能够合理构建一个人与自然、学校与社会和谐共生的高校物质环境,并将社会主义核心价值观恰当地融入其中,就成为新时期高校校园文化建设的一个重要课题。在校园建设发展过程中,高校需要做到以下几方面:

1. 处理好学校与地方政府的关系

高校进行的校园内外建设,是离不开政府的大力支持和配合的,尤其是校园周边环境的建设,一定要严格规范把关,避免出现“校中村”现象。例如,校门口随意摆摊,校园周边小网吧、小宾馆、小饭店林立等问题,政府和高校都一定要严格管控把握,避免对学生造成不良影响。

高校校园与城市是一个有机结合的整体,高校应与所在城市政府进行协调,要从“校城和谐共荣”和支持高等教育的高度,按照有关法律法规全面对高校周边环境进行一系列的整治,帮助高校实现健康、和谐发展,以实际行动践行社会主义核心价值观。山东理工大学在学校发展的过程中,就曾经面临“校中村”的尴尬处境,后来在山东省淄博市各级政府和学校的积极沟通、努力下,“校中村”的问题得以解决,最终完成了中国大学最后一个校中村——钱家村的搬迁,并实现了学校与当地村民的和谐相处。②

2. 做好学校整体建设规划设计

要按照“总体策划、系统设计、分步实施”的原则,对校园整体环境建设

① 马克思恩格斯选集:第1卷[M]. 北京:人民出版社,1995:92.

② 中新社. 中国大学校园内最后一个村庄被拆除[EB/OL]. 中国新闻网,2008-03-23.

进行合理的规划和科学设计，建设中要从地域文化、历史文化、本体文化等方面树立文化意识，把以社会主义核心价值观为代表的文化元素作为校园规划的一个重要组成部分，与建筑规划等其他规划结合，共同形成完整、协调、统一的校园规划设计方案。① 要在规划建设中使大学文化、大学精神明显体现出来，从长远的眼光和大学文化建设的高度实施学校建设与改造工程；相关建设还要方便师生学习、工作、生活，要做到师生与学校的和谐共生。同时，可以在学校楼名、路名等上体现出社会主义核心价值观的有关要素，并自然地融入校园环境建设中，逐步形成具有鲜明主题和特色的环境建设。

3. 做好校园自然环境的美化、绿化建设工作

高校美化、绿化建设要以“净化、绿化、美化、文化”为主要核心，对校园中的植物结构进行相应的调整，使绿化面积达到校园总面积的30%以上，达到“春艳、夏荫、秋香、冬青”的效果；校园景点要与校园大环境特别是已有的自然环境如湖、桥、林、木相协调，和已有的建筑相呼应；要加强校园环境的管理，保持校园湖面、河面整洁与水质清洁，保持地面与建筑立面、建筑内部环境整洁。通过学校的美化、绿化工程和价值观引导，促进学生和谐观、生态观的自然内化形成。

4. 教育广大干部践行社会主义核心价值观

高校要制定严格的制度规范，严肃法规纪律，预防和严惩学校各类腐败。在整个学校建设过程中，要让师生参与监督的作用得到充分的发挥，对工程招标程序和监管制度不断进行完善，从机制上把腐败滋生的土壤予以铲除，让学校建设充满“公平、法治、正义”的正能量，杜绝“大楼建起来了，干部倒下去了”的悲剧上演，让高校成为社会“阳光建设”的模范。

### （二）在打造校园文化景观中融入

校园文化景观在校园物质文化建设中能够起到“点睛”的作用，当然它也是社会主义核心价值观融入高校物质文化的主要“落脚点”，在很大程度上体现了大学生的内在价值观与精神取向，是校园物质文化建设中最具生命力和感染力、最具人文精神和人文特质的物质载体。

因此，高校要十分重视校园文化景观的相关建设，努力做到整体设计、系统布局、含义鲜明，突出园林化、景观化、人文化，建设美丽、优雅、绿色的校园环境。

---

① 廖女男，等. 大学校园文化的传承与创新［M］. 成都：西南交通大学出版社，2012：150.

1. 加强文化景观设计

高校在对文化景观进行设计时，要把大学精神、地方特色、行业背景、民族精神、时代特色明确地体现出来，要注重与周边环境相互融合在一起，注重景观与植物的标识，同时也要积极发动广大师生参与，以更好地提升师生的认可度和责任意识。还需注意的一点是，在相关设计中，一方面要把学校的历史、传承、特色予以明确的体现，另一方面要把社会主义核心价值观的内涵体现出来，注重社会主义核心价值观的生动融入。

2. 注重“文化”意蕴

高校应该把育人的宗旨和教育功能明显地突出来，要重点体现出中华优秀传统文化、社会主义文化、科学学术文化、红色文化、名师文化以及“富强、民主、文明、和谐，自由、平等、公正、法治，爱国、敬业、诚信、友善”的社会主义核心价值观元素，注重主题鲜明和对广大师生的教育意义，通过适当地引入广大师生喜闻乐见的系列“文化符号”，使校园的文化意味与文化品位得到不断地提升。例如，中国石油大学（华东）高度重视名师文化在校园景观的浸润渗透，通过以名师之名命名学校建筑景观、设计制作院士墙、敬立名师塑像等方式，打造了独特的“名师文化景观”。①

这些人文景观传达出的丰富文化内涵，有利于激发学生致敬经典、与大师同行的追梦意识和学习潜能，提高学生的审美意境，对大学生的人格培育、素质培养具有强大的潜移默化作用。

3. 注重优秀校友的宣传和资助

高校应该积极营造一个良好的校友文化，把优秀校友对广大师生的榜样示范作用进行充分的发挥。通过以知名校友命名文化景观的形式，对校友的相关事迹进行宣传，使广大师生的自豪感、荣誉感有所增强。例如清华大学的自清亭、闻一多纪念亭，不但是清华园的著名文化景观，还是清华人的精神“培育地”。

另外，在学校文化景观中把一些知名校友对学校的捐助和贡献体现出来，除了可以起到相关的宣传作用外，还可以培养广大在校生和校友的责任意识和感恩意识。

### （三）在完善学校宣传文化设施中融入

高校的宣传文化设施是一项非常重要的物质文化内容，是高校大力开展教

---

① 教育部思想政治工作司．文化的力量：高校校园文化建设理论与实践［M］．北京：中国书籍出版社，2015：263.

学育人、文化渗透和价值培育等活动的一个重要平台，在很大程度上体现出了高校的办学质量、管理水平和文化底蕴。高校要在社会主义核心价值观的正确指导下，逐步完善、统筹规划各处宣传文化的相关设施，在不断满足广大师生学习、生活需要的同时，也要完成好文化育人具有的价值功能。

1. 建好标志性的馆厅设施

图书馆作为高校教育的一个基础设施，既是保障体系的重要部分，也是广大师生学习知识的一个重要场所，同时还是进一步衡量高校办学条件、科研水平、人文情怀的重要标志，因此，高校必须对图书馆进行合理的运用。

另外，高校的校史馆、体育馆、博物馆、科技馆等都是能把校园文化展示出来的重要载体，高校也要注重创设打造，并在建设的过程中注重社会主义核心价值观的融入和宣传。例如，西北农林科技大学依托学科专业的五馆四园博物馆群——博览园的建设，弘扬了优秀农耕文化、传播了生态文明理念。按照培育和践行社会主义核心价值观的文化要求，通过现场展示、活动拓展、文化体验、研学旅行等形式，实现了文化育人的目的。① 哈尔滨工程大学通过建设“哈军工文化园”三区一馆建设的标志性成果——哈军工纪念馆，系统打造了弘扬哈军工传统文化传承的创新平台，使之成为追忆展示哈军工历史、传承发扬哈军工精神的物质载体，很好地传承了大学精神和校园文化价值观。②

2. 建好宣传报道设施

宣传报道设施是传播社会主义核心价值观的一种重要物质媒介。要建好报栏、通知栏、宣传栏、广播站、电视台、报告厅、电影院、LED 电视屏、文化长廊等相关的文化阵地，使得校园文化面貌常建常新，营造一个良好的文化氛围，对党和国家的大政方针进行积极传播，大力宣传国家、学校的历史发展和当今成就。

需要注意的是，在进行宣传报道设施建设中，要注重与学校自然文化环境的协调和融合，对于日常的管理和维护也要予以一定的注意，做到及时更新、主题鲜明、卫生良好；宣传社会主义核心价值观，也要做到协调统一，在注重对“24 字”内容进行宣传的同时，更要注重对其科学内涵和价值意蕴进行深入解读，防止满校园仅仅都是社会主义核心价值观“24 字”内容的宣传，缺少深刻、生动解读的现象。

---

① 教育部思想政治工作司．文化的力量：高校校园文化建设理论与实践［M］．北京：中国书籍出版社，2015：52-57.

② 教育部思想政治工作司．文化的力量：高校校园文化建设理论与实践［M］．北京：中国书籍出版社，2015：120-124.

3. 研究发布学校视觉形象识别系统

进一步研究发布学校视觉形象识别系统，就需要把学校形象的标识进行统一，对相应的校标、校名和标准色进行一定程度的规范，形成特色鲜明的形象标识体系。对学校文化产品的设计与应用也要予以一定的规范，注重对办公楼、教学楼、学生公寓、图书馆、食堂、体育馆等公共区域、重要场所的标识进行宣传和形象引导，形成具有鲜明个性特征的学校名片。同时，还要建设打造具有自身鲜明特色的高校文化经营场所，将社会主义核心价值观与大学精神、大学标识等文化产品有机融入，运用适当的市场手段进行推送宣传，扩大传播广度和速度，进一步营造浓郁富有特色的校园文化氛围。

## 四、社会主义核心价值观融入高校行为文化

### （一）在规范师生日常行为中融入

高校校园文化建设的水平，最终要进一步落实和体现在广大师生的日常行为中。这就需要高校做到以下几方面：

1. 加强大学生日常行为规范建设

高校教育培养的对象主要是大学生，而且大学生也主要是高校精神形成过程中的参与者和具体践行者，他们往往代表着高校的办学质量和层次水平。

因此，对大学生思想道德水平的相关建设一定要予以重视，加强日常行为规范的建设，要教育并正确引导大学生认真践行《高等学校学生行为准则》：勤奋学习，刻苦钻研、勇于创新；遵守宪法、法律法规，遵守校纪校规，正确行使权利，依法履行义务；诚实守信，严于律己，尊敬师长，友爱同学；弘扬传统美德，遵守社会公德，文明使用互联网；争做“爱国、敬业、诚信、友善”的好公民。

2. 加强教师职业道德建设

教师是高校办学的主力、灵魂和希望，在高校的成长发展进步、精神凝练传承等过程中起着重要的作用。师德建设是高校的基础性工作之一，对于高校的健康发展和人才培养至关重要。高校要教育引导广大教师认真践行《高等学校教师职业道德规范》：努力做到爱国守法、敬业爱生、教书育人、严谨治学、服务社会、为人师表。要提高教师职业行为素养，以良好的人格魅力和学术魅力影响和教育学生，恪尽职守，爱岗敬业，以自己的行动感染学生；要加强教师职业理想和职业道德教育，增强广大教师教书育人的荣誉感和责任感；要加强师德宣传，大力弘扬尊师重教的优良传统，培育并传播名师课程；要健全师

德规范，形成良好的学术道德和学术风气，坚决反对学术不端行为。

3. 注重良好高校人际关系建设

高校要对教职工之间的人际关系不断地进行优化，通过塑造良好的教职工关系逐渐渗透社会主义核心价值观；教师应对网络等途径进行合理的借助，营造积极健康的网络校园文化。不断加强与大学生之间的情感交流，使教师在大学生交流中具有的影响力得到充分发挥；高校要合理借助评选宿舍文明标兵、班级道德模范和校园影响力人物等方式培养传播社会主义核心价值观的学生中坚力量，让他们在与周边同学人际交往中传递社会主义核心价值观；① 高校应有针对性地设置校长（网络）信箱、工会（网络）信箱、心理咨询（网络）信箱，通过校长接待日、部门领导面对面、校务工作征求意见会等渠道的信息反馈和意见表达功能，最大限度地保证上情下达和下情上传，为学校创造出“和谐、平等、公正、友善”的人际关系网。

### （二）在丰富校园文化活动中融入

校园文化活动是高校校园文化建设的主要载体和有力抓手。《关于进一步加强和改进大学生思想政治教育的意见》明确指出：“要大力加强大学生文化素质教育，开展丰富多彩、积极向上的学术、科技、体育、艺术和娱乐活动，把德育与智育、体育、美育有机结合起来，寓教育于文化活动之中。”②

积极开展以社会主义核心价值观为主题的校园文化活动，不仅能够对广大师生起到深刻的思想教育作用，而且能在一定程度上对形成良好的校园行为文化起到其他方法难以替代的重要作用。

1. 丰富积极健康的校园文化活动

要使各级团组织的组织领导作用得到有效的发挥，让学生会、学生社团和班级的主体作用予以发挥，把广大学生的参与积极性调动起来；积极构建科技文化艺术节、科技创新活动、学生社团活动和大学生社会实践活动“四位一体”的基本框架，从而形成学校、学院、班级、社团多层次、全方位、立体化的校园文化发展格局。例如，山东大学在依托学生社团开展社会主义核心价值观教育方面，就做出了一些值得推广的经验做法，组建了红色理论社团联盟，开展了诸如“传统文化新解读”诗歌朗诵比赛、“我心中的社会主义核心价值观”

---

① 朱志明，魏宝珠．社会主义核心价值观融入高校校园文化建设的路径探究［J］．思想教育研究，2016（2）．

② 中共中央文献研究室．十六大以来重要文献选编（中）［M］．北京：中央文献出版社，2006：183-184．

微朗诵视频征集赛等一系列广大学生喜闻乐见的有关于社会主义核心价值观的活动①，值得其他高校借鉴学习。

2. 打造校园文化活动品牌

高校在举行相关的校园文化活动过程中，应该有针对性地使品牌意识有所增强，精心计划并合理进行组织，做到长期不懈的努力坚持，积累一定的有效成果，形成潜移默化的影响与良好的声誉；要适当与学校自身的特色、地方具有的特色、行业应有的特色结合，积极探索开展品牌文化活动，使品牌示范引领作用得到最大限度的发挥，从而打造一批能够明确反映社会主义核心价值观和师生价值追求的文化活动品牌，构建大学文化的品牌体系，不断扩大在社会上的影响。

例如，清华大学从 2011 年起由学生进行自主创新、自己排练、自演的精品话剧《马兰花开》，讴歌了“两弹元勋”、清华校友邓稼先的先进事迹，在舞台上下、校园内外播种了“马兰花开”的精神，形成了大学生思想政治教育的新模式②；浙江金融职业学院将“诚信”作为学校文化育人的关键和重点，努力打造诚信文化品牌，从价值观念、行为规范、表彰激励、组织保障、环境营造等各方面提升学生的诚信职业素养，培育和践行社会主义诚信价值观。③

3. 开展形式多样、丰富多彩、独具特色的学习、宣传社会主义核心价值观的主题教育活动

高校要重视对师生良好的道德情操的教育和培养。要大力唱响雷锋精神、革命精神和爱国主义、社会主义主旋律；深入开展“文明校园、文明班级、文明寝室，文明学生”创建活动，不断激励大学生形成一种勤奋向上、求实创新的精神风貌。习近平总书记曾指出：“雷锋精神是永恒的，是社会主义核心价值观的生动体现。”④

很多高校以唱响雷锋精神，来对师生践行社会主义核心价值观进行引领。例如，中南大学作为雷锋家乡，将“学雷锋”“做雷锋”作为学校的精神风尚并加以引导，通过“雷锋岗”的建设将雷锋精神在广大师生中内化于心、外化

---

① 教育部思想政治工作司．高校培育和践行社会主义核心价值观创新案例［M］．北京：知识产权出版社，2015：151-155.

② 教育部思想政治工作司．高校培育和践行社会主义核心价值观创新案例［M］．北京：知识产权出版社，2015：137-144.

③ 教育部思想政治工作司．高校培育和践行社会主义核心价值观创新案例［M］．北京：知识产权出版社，2015：279-285.

④ 《同学》工作室．学习金句 1 总书记心中的雷锋精神［EB/OL］．共产党员网，2019-03-04.

于行，增强了他们的道德自律意识和责任意识，很好地践行了社会主义核心价值观。① 沈阳师范大学积极倡导全校师生学习弘扬雷锋精神，将雷锋精神的内涵与社会主义核心价值观中“爱国、敬业、诚信、友善”的内容有机统一起来，并精心打造了清唱剧《雷锋》，在校内外公开演出，获得了高度的好评。②

（三）在开展不同形式的社会实践活动中融入

高校培育和践行社会主义核心价值观必须紧紧围绕社会实践展开，因为社会实践是进一步培育大学生社会主义核心价值观的一种重要途径和方法。

大学生社会实践活动实际上就是名副其实的“第二课堂”，其内容主要包括：实习见习、寒暑假社会实践、志愿服务、创业实践等。在大学生进行社会实践活动中融入社会主义核心价值观，就是要通过社会调查、生产劳动、志愿服务、科技发明和创新创业等形式，对大学生服务国家、社会的社会责任感进行不断培育，增强他们勇于深入探索的创新意识和善于解决问题的实践能力。

1. 开展专业学习实践

合理对大学生进行组织，使他们在深入实验室和生产一线实践中，深刻体会到学以致用的重要性，让他们形成踏实、认真、务实的品质，不断激发他们提高专业学习的积极性。

高校一方面要有针对性地对学校各个专业、学科的教学实验实践平台进行大力建设，在一定程度上形成大学生“学习—实践—再学习—再实践”的循环学习实践模式，以此使大学生专业学习的能力得到有效提高；另一方面可以通过校企合作等方式，鼓励大学生积极走出校门深入基层、深入企业，把工作实际问题予以解决，以社会主义核心价值观为主要指导，以专业知识为基础，将理论应用于实践，在实践中不断使自身的素质能力和社会责任感得到进一步增强。例如，东南大学积极开展建设社会主义核心价值观生活教育实践学园的探索，通过打造以学生宿舍为平台的“勤俭、和谐、志愿、法治、文明、友善、诚信”七大主题学园和建设以学生班级承包“种植区”为主要内容的耕读园，形成了以实践育人的独特培养模式。③

① 教育部思想政治工作司．文化的力量：高校校园文化建设理论与实践［M］．北京：中国书籍出版社，2015：104-109.

② 教育部思想政治工作司．文化的力量：高校校园文化建设理论与实践［M］．北京：中国书籍出版社，2015：222-228.

③ 教育部思想政治工作司．高校培育和践行社会主义核心价值观创新案例［M］．北京：知识产权出版社，2015：169-177.

2. 开展坚定理想信念实践

通过以团校、党校、理论社团为主要依托，以“五四”青年节、“七一”建党节、“八一”建军节、“九三”抗战胜利纪念日、“十一”国庆日、“九一八”纪念日活动等为契机，以“红色”爱国主义、革命主义教育基地为平台，积极开展红色教育实践活动，深入革命历史遗址参观学习，以此提高师生的政治觉悟和理想信念。例如，郑州大学通过“红色印象”校园文化系列活动，以党的重大事件为契机开展主题教育，把红色文化融入大学生社会主义核心价值观培育，形式多样、针对性强的活动深受广大学生欢迎；① 东北师范大学以陕西延安、河南兰考、大庆油田、上海浦东、安徽小岗村、江苏华西村等红色教育基地为平台，精心打造“红色体验”实践教育系列活动，在实践中培育大学生的社会主义核心价值观。②

3. 开展好志愿服务社会实践

培育社会主义核心价值观，必须进行一定的实践，尤其是志愿服务实践。高校可以有计划地组织广大师生经常性地开展一些能够服务于社会的相关公益活动，让广大师生在服务社会中，不断提升使自身的道德品质和道德觉悟，在社会活动中践行和传播社会主义核心价值观。

很多高校通过把学校特点和所处地域的实际情况进行有效结合，十几年如一日有针对性地积极开展服务地方的志愿服务活动，取得了良好的育人效果。例如，南京农业大学从1998年开始就依托南京市十余处爱国主义教育基地，选拔政治可靠、素质过硬、能力突出的义务讲解员组建“爱国主义教育宣传队”开展义务讲解活动，获得校内外的广泛关注；浙江师范大学立足社区，开展“时间银行”社区助老志愿服务活动，构建“社区+社工+义工”的助老志愿服务模式，促进了志愿服务的制度化。③ 南京晓庄学院建立的“3+X”关爱留守儿童模式，为苏北地区农村留守儿童开展帮扶活动；北京工商大学通过“十乡百村千人行”暑期社会实践活动，联手新校区所在地房山区中学教育系统，在当地开展扎扎实实的志愿服务活动。④

---

① 教育部思想政治工作司．高校培育和践行社会主义核心价值观创新案例［M］．北京：知识产权出版社，2015：60-67.

② 教育部思想政治工作司．高校培育和践行社会主义核心价值观创新案例［M］．北京：知识产权出版社，2015：186-190.

③ 教育部思想政治工作司．高校培育和践行社会主义核心价值观创新案例［M］．北京：知识产权出版社，2015：191-205.

④ 教育部思想政治工作司．文化的力量：高校校园文化建设理论与实践［M］．北京：中国书籍出版社，2015：169-180.

# 第六章

# 新媒体路径：充分发挥新媒体在大学生社会主义核心价值观培育与践行中的作用

在新媒体快速发展的时代下，大学生社会主义核心价值观培育与践行受到了多方面的影响。因此，要加强大学生社会主义核心价值观培育与践行，就必须充分地分析、深刻地认识新媒体给大学生社会主义核心价值观培育与践行带来的机遇与挑战，这样才能做到有的放矢，提升大学生社会主义核心价值观培育与践行实效性。

## 第一节　加强网上网下协同育人模式

教育的革新往往来源于生产生活先行先试的商业模式的变革与创新，核心价值观教育亦不例外。因此，进入新媒体时代，大学生社会主义核心价值观培育与践行工作的创新与探索，迫切需要广大思想政治教育工作者运用“互联网+”思维，大胆学习借鉴移动互联网时代先行先试的商业模式的变革与创新。而谈及商业模式的变革与创新，就近几年来看，O2O 模式值得探讨。

### 一、O2O 模式及其启发

2012 年可以说是中国 O2O 模式元年，无论是成熟的传统企业、如火如荼的电子商务企业，还是以电信、银行、娱乐等为代表的与民生相关的企业，都在探索和践行 O2O 模式，因为 O2O 模式中孕育着极富创新性的人本理念和商业新思维。“O2O”这个概念是 2011 年 8 月由 Alex Rampell 提出来的，英文为 Online to Offline，简称 O2O，也即将线下商务的机会与互联网结合在了一起，让互联网成为线下交易的前台。这样线下服务就可以通过线上来揽客，消费者可以通过线上来筛选服务，成交后可以在线结算。该模式将线上与线下各自的优势进行了互补，从而得到迅速推广，由此很快形成了日益完善的具有商业运用价值的

O2O 模式。

O2O 模式的特点有三个：一是交易在线上进行（在线支付）；二是消费服务在线下进行（如实体店、体验店）；三是推广效果可查，每笔交易可跟踪，营销效果可监测。对用户而言，O2O 模式的优势在于：可获取更丰富、全面的商家及其服务的内容信息；更加便捷地向商家在线咨询并进行预售；获得相比线下直接消费较为便宜的价格。对商家而言，O2O 模式的优势在于：能够获得更多的宣传、展示机会，吸引更多新客户到店消费；推广效果可查、每笔交易可跟踪；掌握用户数据，大大提升对老客户的维护与营销效果；通过用户的沟通、释疑更好地了解用户心理；通过在线有效预订等方式来合理安排经营，节约成本；对拉动新品、新店的消费更加快捷；降低线下实体对黄金地段旺铺的依赖，大大减少租金支出。对平台而言，O2O 模式的优势在于：与用户日常生活息息相关，并能给用户带来便捷、优惠、消费保障等作用，能吸引大量高黏性用户；对商家有强大的推广作用及其可衡量的推广效果，可吸引大量线下生活服务商家加入；数倍于 C2C、B2C 的现金流；巨大的广告收入空间及形成规模后更多的盈利模式。

总的来说，O2O 的优势在于把线上和线下的优势完美结合。通过网购导购平台（网站、终端机），把互联网与地面店完美对接，让消费者在享受线上优惠价格的同时，又可享受线下贴身的服务，从而实现了“互联网+”的落地生根。同时，O2O 模式还可实现不同商家的联盟联营。

第一，O2O 模式充分利用了互联网跨地域、无边界、海量信息、海量用户的优势，同时充分挖掘线下资源，进而促成线上用户与线下商品与服务的交易，团购就是 O2O 的典型代表。

第二，O2O 模式可以对商家的营销效果进行直观的统计和追踪评估，规避了传统营销模式的推广效果不可预测性，O2O 将线上订单和线下消费结合，所有的消费行为均可以准确统计，进而吸引更多的商家加入，为消费者提供更多优质的产品和服务。

第三，O2O 在服务业中具有独特优势，比如价格较便宜，购买更方便，折扣信息等能及时获知。

第四，O2O 模式将进一步拓宽电子商务的发展方向，使其由规模化走向多元化。

第五，O2O 模式打通了线上线下的信息和体验环节，让线下消费者避免了因信息不对称而遭受的“价格蒙蔽”，同时实现线上消费者“售前体验”。

第六，O2O 模式让线上的流量及数据得到充分利用，从而提高用户转化率、与客户建立信任等。

当前最流行的O2O产品模式有两种：一是search模式，典型产品如“大众点评”，当消费者不知道要吃什么的时候（可能到了一个陌生的地方或陷入选择困境），他可以通过“大众点评”搜索一个不熟悉的店铺，然后去消费。二是coupon模式，典型产品如麦当劳优惠券、维络城、团购、Q卡等，商家给消费者提供打折券、抵用券，吸引消费者去消费。

从本质上来看，这两种模式都可以归为一类，就是“多多益善”。作为商户，他们在使用search或者coupon服务的时候，其营销诉求一定是“让更多人知道我”“让更多人来尝试我，然后成为我的忠实客户”。这些诉求的背后，透露出的本质诉求——我要更多的客户数。O2O商业模式给予思想政治教育工作者最大的实践启发是：要充分利用新媒体，将核心价值观教育网下（线下）育人与网上（线上）育人结合起来，探索形成网上与网下协同育人的新机制、新模式。

## 二、当前大学生社会主义核心价值观培育与践行网上网下教育的态势及问题

### （一）当前态势

高校完备的互联网基础设施建设与个人电脑、平板电脑和智能手机在高校大学生中的普及，从技术层面消除了现实物理世界和网络虚拟世界的边界，使当前大学生的网络生活日益丰富（网上购物、虚拟社区等），并与现实生活相互渗透、日益融合。面对这种新情况，高校思想政治教育工作者如何既关注大学生的现实生活又关注大学生的网络生活，在开展网下教育的同时开展网上教育，形成网上网下协同育人的工作格局，从而更好地提高大学生社会主义核心价值观培育与践行的针对性、实效性和覆盖面，显然是当前我们面临的一项重大而现实的课题。

近些年来，各高校着眼于加强和改进大学生社会主义核心价值观培育与践行工作，大力实施网上与网下核心价值观教育，取得长足发展和一定成效，在总体上保持着持续发展的良好态势。尤其是作为主力军的辅导员队伍，除了积极开展第二课堂社会实践活动、党团学组织建设、校园文化建设外，还积极占领和拓展了网上核心价值观教育阵地和空间，初步实现了大学生社会主义核心价值观培育与践行网上网下全覆盖。如今，各高校都有了大学生社会主义核心价值观培育与践行主题网站、官方微信或官方微博，如广西师范学院开设了

“红水河”思政网站、广西民族大学开设了“相思湖”网站等；许多高校的思想政治理论进网络工作也取得了实质性进展，思想政治理论课以网上精品课程、网络课程、精彩教学视频等形式被搬到了网上；传统核心价值观教育在实践中也越来越注重吸取现代信息技术的长处，日益向多媒体化、数字化发展；作为大学生日常思想政治教育主要实施者的辅导员，更是充分利用博客、微博、微信、BBS 等新媒体延伸大学生社会主义核心价值观培育与践行工作的触角，拓展大学生社会主义核心价值观培育与践行的内容与空间，积累了丰富的实践网上网下对接互动的经验。

（二）主要问题

尽管当前大学生社会主义核心价值观培育与践行网上网下育人工作格局已经形成，也取得了不错的成效，但从总体上看，两者还存在着一些不协调的问题，主要体现在以下三个方面。

1. 在教育观念、理念上还存在一定的片面性

有些思想政治教育工作者过分夸大了网络的作用，认为掌握了网络教育这一法宝，就可以“一网天下”，就可以完全掌握了青年大学生，因而把主要精力放于网上教育工作，而忽视或轻视网下的教育，比如有些辅导员或班主任认为有了网络，就不太愿意或认为没必要再进行面对面的谈话谈心或深入宿舍走访调研了；另一些思想政治教育工作者则恰好相反，固守传统观念和模式，以年龄大跟不上年轻人为借口，不愿意学习现代信息技术及新媒体技术，更懒于用这些技术来提升核心价值观教育的技术含量和工作效率，从而日益走向了自我封闭或故步自封的境况。思想为行动的先导，因此，要推进大学生社会主义核心价值观培育与践行网上网下协同育人，必须首先抛弃这两种片面的观念和理念，用理性的眼光看待传统教育与网络教育的优缺点及其相互依赖依存的辩证关系，从而为实现网上与网下的大协同奠定坚实的思想基础。

2. 在教育体制机制建设方面存在一定的滞后性

要实现大学生社会主义核心价值观培育与践行网上网下协同育人，没有相应的体制机制支持是难以实现的。然而，目前不少高校对网下教育制度的制定较为完善到位，但对网上教育制度的制定则很不完善，存在明显的滞后性。这种滞后性还表现在网下网上教育各自为政，缺乏协调与协同，甚至有些高校仍搬用传统教育的模式来管理网络教育。

从当前网络核心价值观教育与传统核心价值观教育协同育人的实践需要出发，我们急需紧紧抓住加强规划、完善制度、规范管理、充实队伍这四个关键

环节，立足于构建有利于促进网上与网下协同育人的长效机制。构建高校网上网下协同开展核心价值观教育的长效机制，当务之急是在校党委的统一领导下，充分调动学工、宣传、团委等党政系统与思想政治理论课教师、辅导员、班主任的积极性，通过构建完善的制度、机制，形成网上网下教育各个构成要素相互联系、相互制约、相互作用的联结方式，实现网上网下大学生社会主义核心价值观培育与践行工作的科学化、制度化、规范化、经常化，达到网上网下教育真正意义上的协同作战，长期发挥育人功能的目的，使网上网下协同育人成为当前大学生社会主义核心价值观培育与践行的重要实践方式。

3. 在教育主体之间、教育资源调配等方面缺乏协同性

所谓协同，就是指协调两个或者两个以上的不同资源或者个体，协同一致地完成某一目标的过程或能力。协同不仅包括人与人之间的协作，也包括不同应用系统之间、不同数据资源之间、不同终端设备之间、不同应用情景之间、人与机器之间、科技与传统之间等全方位的协同。有效的协同才能产生协同效应，即“1+1>2”的效应。大学生社会主义核心价值观培育与践行是一项庞杂的系统工程，需要各教育主体、各教育资源之间相互配合与协同。虽然当前许多高校都开展了网上网下大学生社会主义核心价值观教育，取得了一定的进展和成绩，但从总体上而言，还远未达到真正意义上的网上网下协同育人，因而也没有实现“1+1>2”的教育效果。究其原因，主要是高校各教育主体尚未形成协同开展网上网下教育的意识，或缺乏相应的技能，或缺乏相应的政策引导等；另外，有些高校在教育资源调配方面也存在一些问题，没有给予网上网下协同育人足够的资源支持。由此可以看出，当前我们对新媒体时代背景下大学生社会主义核心价值观培育与践行的发展趋势——网上网下协同育人还缺乏清醒的认识，这需要我们从理论与实践两个层面加以探析。

## 三、高校网上网下协同育人的必要性

所谓大学生社会主义核心价值观培育与践行网上网下协同育人，主要是指在实施大学生社会主义核心价值观培育与践行过程中，针对网上和网下两种不同的教育环境，运用网上和网下两种不同的教育手段，整合利用网上和网下两种不同的教育资源，协同一致地完成高校既定的育人目标的方式或过程，其实质是网络教育与传统教育两种模式相互配合形成合力的育人实践过程。

唯物辩证法告诉我们，任何客观存在的事物都有两面性，即有正有反、有优有劣，两者既对立又统一，因此要一分为二地来看待。从网上网下协同育人的实施来看，其主要基于两种手段的运用：网下教育手段——主要是传统的社

会主义核心价值观教育和网上教育手段——主要是网络社会主义核心价值观教育。这两种教育模式都有其不同的适用范围，都有各自的优势和强项，也有各自的劣势和弱项。一般意义上的大学生社会主义核心价值观培育与践行传统模式，采取的是学校抓院系、院系抓年级、年级抓班级，以思想政治理论课教师、相关行政人员、辅导员、班主任等为主要力量，以思想政治理论课的第一课堂教学灌输为主渠道，以辅导员、班主任的第二课堂渗透为日常教育渠道，以班级为主要依托，以教室为主要阵地，以课堂教学、集体活动、社会实践为主要形式的自上而下、层层传递的相对封闭教育模式。这种模式的主要特点是教育者与受教育者界限较明显，通过"人—人"即人（教育者）与人（受教育者）面对面的接触和互动，着力于解决现实生活中大学生成长成才的思想问题和实际问题。思想政治教育者通过与受教育者——大学生进行面对面的近距离接触与交流，更容易对大学生察言观色，据此采取更有针对性和灵活性的教育措施，从而更容易确保和发挥思想政治教育工作者在教育中的主导作用，尤其是在社会实践、体验式教学、团队活动等领域具有网络核心价值观教育无可替代的优势。这种模式也有明确的不足：从教育主体——教育者来说，由于时间、精力有限，只能以一对多的教育方式为主，以一对一的教育方式为辅，这就在很大程度上制约了教育的影响面和效率；从教育客体——大学生来说，面对面固然容易增强真实感和亲切感，但对于涉及个人隐私的或性格较内向的大学生而言，他们多数则更愿意通过虚拟或匿名的方式进行，这显然是网络教育的强项，传统教育的弱项；从教育方式——实施机制来说，教育者自上而下地实施教育，互动性不足，尤其是说教式的教育，容易引起受教育者的反感，从而影响教育成效。

而大学生网络核心价值观教育，作为有别于传统核心价值观教育的新模式，以互联网为主要依托，以校园网、主题网站、博客、微博、微信等为平台和载体，占领网上思想政治阵地，唱响网上主旋律，通过思想引领、理念渗透、精神塑造、美文激励等多种方式，构架起一个资源丰富的开放互动和平等的网络教育空间。这种模式的主要特点是教育者与受教育者界限不明显，甚至是可以互换的，通过"人—机—人"即人（教育者）通过网络终端（计算机、平板电脑、手机等）建立与人（受教育者）的联系与互动，有人称之为"键对键"式接触，着力于解决网络生活中大学生成长成才的思想问题和实际问题。由于网络具有功能的多样性、内容的广泛性、速度的快捷性、环境的开放性、使用的普及性、作用的双重性等特点，使得大学生网络核心价值观教育具有显著的优势，同时也有明显的局限性。其主要优势体现在：从教育主体——教育者来看，由于网络上没有上下级或师生关系，大学生们更愿意敞开心扉、吐露真言，从而为教育者更深入了解学生进而为提高工作针对性奠定了坚实的基础；从教育客体——大学生来看，由于网络世界的平等性、多媒体性、趣味性等特点，受教育者更能调动其主体意识和积极性参加到教育活动中，有利于提高教育的质量和效率；从教育方式——实施机制来看，由于网络的普及化及信息随时随地的传递，使得教育主客体之间实现了一对多、一对一、多对一的相互渗透与互动交流，从而能够最大限度地发挥了核心价值观教育的覆盖面和影响力。当然，网络核心价值观教育也有其局限性，其中最大的局限就是网络生活永远代替不了现实生活，它只是现实生活向网络延伸或进一步丰富现实生活而已，因此，网络核心价值观教育“键对键”式接触永远取代不了“面对面”式接触，尤其是在社会实践、团队活动、体验式教学等领域，网络核心价值观教育只能依靠网下的核心价值观教育活动来提供素材和提供保障。

由上述分析可以看出，网络核心价值观教育与传统核心价值观教育这两种模式各有优缺点，但它们共同统一于大学生社会主义核心价值观教育的实践之中，形成了优势互补、相辅相成的紧密关系。尤其是在网络时代背景下，若不掌握网下的，就做不好网上的；若不掌握网上的，也难做好网下的。可以肯定地说，没有网下核心价值观教育，网上核心价值观教育就如空中楼阁，最终走不了多远；同样，没有网上核心价值观教育，网下的核心价值观教育效果肯定大打折扣，难以适应网络时代条件下的大学生社会主义核心价值观教育面临的新挑战。因此，将两者结合起来，实现大学生社会主义核心价值观培育与践行网上网下协同育人，实现“1+1>2”的教育效果，就成了高校思想政治教育者加强和改进大学生社会主义核心价值观培育与践行的内在要求，也是今后大学生社会主义核心价值观培育与践行发展的必然取向。

### 四、高校网上网下协同育人的模式选择

在当前网络化条件下，面对网络生活与现实生活日益融为一体的“00后”大学生，高校必须加强网上网下协同育人工作。我们要顺应趋势，立足长远，在着力解决上述观念理念、体制机制和缺乏协同等问题的同时，还要努力探索适应各高校具体实情的大学生社会主义核心价值观培育与践行网上网下协同育人的可行模式，这显然是高校思想政治教育工作者的当务之急。由于网上教育与网下教育都有各自更适合发挥其优势的领域，也有其弱项，因此，要做到网上网下形成合力，达到协同育人之目的，高校思想政治教育工作者就必须首先要学会选择有利于优势互补的协同模式，并在具体教育中加以实施。

（一）以网下为主、网上为辅的协同模式

在网下核心价值观教育能够发挥优势的领域，比如第一课堂的思想政治理论课教学、社会实践活动、素质拓展活动、体验式教学活动等，得由网下核心价值观教育来唱主角，网上核心价值观教育来唱配角。通过把网下的活动用文字、视频、照片等方式放到网上，进一步扩大网下活动的影响面，增强教育作用的持久力。通过网下为主、网上为辅实施大学生社会主义核心价值观培育与践行，把网下工作同时做到网上，为网下核心价值观教育接入“网络”的翅膀，实现新的飞跃，从而实现网下网上无缝对接，两者的互动与协同。

（二）以网上为主、网下为辅的协同模式

在网下核心价值观教育难以渗透的或网上核心价值观教育占有优势的领域，比如进行即时交流与互动、开展自由论坛、张扬自我个性等，得由网上核心价值观教育来唱主角，网下核心价值观教育来唱配角。通过博客、微博、微信、BBS等方式把核心价值观教育的触角伸向大学生网络生活，进而了解其精神世界及内心灵魂，在网上做好引导的同时，也为高校增强大学生社会主义核心价值观培育与践行的针对性、实效性提供了有力的素材和依据。网下为辅主要是针对网上了解到的思想动态及问题，在网上教育效果不佳时可配合网下的教育、帮扶和服务，从而实现网上网下协同育人的目的。如可以在网上发现在日常生活中不容易发现的问题，就为网下有针对性地开展工作提供了良好的基础。通过网上为主、网下为辅实施大学生社会主义核心价值观培育与践行，把网上工作同时做到网下，从而实现网上网下有效对接，实现网络核心价值观教育回归现实、服务大学生的初衷。

（三）网上网下并行推进、各尽所长的协同模式

在难以分清谁有优势谁有劣势的领域，或者网上网下需要分别推进的领域，抑或网上网下融于一体的领域，则要采用此种模式。比如，一方面在网上抢占核心价值观教育阵地，打造网络核心价值观教育主题网站，不断加强和改进网络内容建设，唱响网上主旋律，在主题网站上发出科学之声、文明之声、正义之声、和谐之声，并通过整合校园网站、微博、贴吧等网络媒体平台资源，引导学生在网络上传播正能量；另一方面在网下夯实大学生社会主义核心价值观培育与践行的基础，开展资助育人、文化育人、教学育人、管理育人与服务育人工作。两类工作并行不悖，共同推进，实现网上网下相结合、全覆盖，最终为实现大学生核心价值观教育网上网下相辅相成和协同育人打下扎实的基础。

### （四）以新媒体为平台实现网上网下一体化的育人模式

以高校现有的校园思政专题网站为依托，以新媒体为平台，通过建立统一的大学生网上网下一体化服务与教育体系，逐步形成全校网上网下核心价值观教育与便民接待服务融为一体的工作模式。大学生网上网下服务与教育体系集门户网站、微信、微博、客户端、电话、短信、邮件等多种渠道于一身，融实体服务教育机构、网上信息平台、互通互动平台于一体，整合信息搜索与发布、网上网下对接、学习娱乐服务等多种功能，集成信息查询、投诉申诉、心理教师预约、法律在线咨询、辅导员答疑、学生骨干培训等多元服务，全力打造“指尖上的大学工、大思政”，着力构建畅通多层次、多角度、全覆盖的教育与服务渠道，使之成为高校提高核心价值观教育效率的“好抓手”、传递正能量的“好帮手”、规范学生工作的“好管家”、讲好优秀学生故事的“好窗口”。

## 第二节 加强核心价值观网络主阵地建设

网络主阵地是具有重要影响力的思想武器，是开展社会主义核心价值观教育、推动社会主义和谐社会建设的有生力量，是传播先进文化、弘扬社会正气的有效途径。

### 一、加强主题教育网站建设

#### （一）当前主题网站建设中存在的问题

虽然当前各大高校投入了大量的人力、财力和物力在大学生核心价值观教育专门网站上，使主题网站有了一定的条件保障，但网站建设仍然存在着一些问题。

1. 部分网站建设理念相对滞后

当前社会是一个更加开放、更加灵活的社会，对人的个性自由全面发展更加注重。但是，部分高校在进行主题网站建设时，没有遵循“以人为本”的教育理念，仍然是以传统的教育理念进行指导，网站建设从课堂主导者角色出发，有一种威严，这对于处于新媒体时代下的大学生来说不具有说服力，主题网站不应居高临下，应当具有亲和力和人性化，要从平等的观念出发，进行网站内容等相关方面建设。

2. 网站的管理水平和发展水平不均衡

当前来看，各个主题网站在建设水平上差距很大，主要表现在三个方面：

一是在页面设计方面，有的网站具有鲜明的特色，设计、布局合理，而有的网站的页面制作水平则很差，无法吸引人；二是在网站的内容建设方面，各个网站没有统一的标准；三是在网站维护方面，有些网站内容更新不及时，有些链接无效等。

在网站管理方面，由于主办部门有多个，网站管理缺乏统一性。由于我国关于大学生核心价值观教育网站建设还没有一个全国性的宏观规划，再加上各个地方都具有自己的特色，因此，大学生核心价值观网站目前处于相对分散状态，网站之间缺少系统性和规范化，相互间的联合协作也比较少，不方便用户的使用。

3. 网站的利用率不高

虽然高校建立了许多思想政治教育网站，其中关于核心价值观教育的内容也不少，但是由于网站的吸引力不够，主题网站的访问量很少，这就使得主题教育网站无法真正发挥作用。网络的特殊性使得网站的点击量无法由网站的建立者决定，这就需要网站的建设者在内容和设计上下功夫，提高网站的吸引力，增加网站的点击量。

4. 网站的内容吸引性需要提升

网络是一个万花筒，在网络中可以寻找到个体所需要的绝大多数学习、生活、工作以及娱乐的信息。大学生正处于成长的年纪，其有强烈的成长成才的愿望，个性张扬，同时也有很强的娱乐需要。当前来看，大学生核心价值观教育主题网站在内容上多是政治理论知识，对于大学生的兴趣爱好和休闲娱乐方面关注得比较少，内容也比较陈旧，没有根据时代发展及时更新，这就使得大学生不愿意在这样的网站中长期停留，无法充分发挥主题网站潜移默化的教育作用。

### （二）主题网站建设设计原则

1. 一致性原则

访问网站的人们总是赞赏网站中各个页面之间的一致性，大学生核心价值观教育主题网站的页面也应当如此，从而使访问者可以花较少的时间对网站迅速地了解，知道在主题网站的什么地方能够找到他们需要的信息。一致性原则运用在大学生核心价值观教育主题网站建设上，至少包括六个方面：一是色彩要保持一致性。二是结构要保持一致性。三是导航要保持一致性。四是背景要保持一致性。五是图片要保持一致性。作为网站结构的组成部分，要保持图片与内容的一致，形成连续性。不要添加与网站内容无关的图片和动画。六是特别元素要保持一致性。在网站的设计过程中，一些具有特点的元素如果重复出现，也会给访客留下很深的印象。

2. 实用性原则

贯彻实用性原则主要体现在两个方面。

一方面，要细分网站的栏目。栏目分类要根据用户实际需求划分，要合情、合理，有可能的话尽量细分栏目。每个栏目建立一个文件夹来管理，这样有利于以后的维护。

另一方面，导航设计要合理。导航就像是站点的指示牌，如果指示牌明确，受众就能快速找到自己想要的东西。在设计导航的时候需要注意以下两点：第一，导航最好是用文字；第二，每个内页都能很方便地返回频道页和首页。

3. 时效性原则

大学生核心价值观教育主题网站要想吸引人就需要对网站的内容及时进行更新，以保持网站的信息内容具有新意。特别是现代社会信息瞬息万变，主页内容要及时更新，给人以新鲜感。主页更新后，也可以在页脚注明更新的日期，这对经常访问主题网站主页的大学生非常有用。

4. 特色性原则

具有特色是吸引浏览者经常访问主题网站的重要原因。大学生核心价值观教育主题网站的主题及内容一定要有特色，包括专业、地域、文化等特色，不能千篇一律，除了要对网站的外在形式进行美化和优化之外，更要坚持内容为王，要把优秀的内容作为网站建设的根本。这里说的内容，不仅仅是文章、资讯等，也可以是其他方面的东西，比如特色栏目、优势内容、特色模块、特色服务等。

5. 简洁性原则

网站页面设计是否具有吸引力是浏览者留在本网站的一个重要因素。优秀设计师往往追求的是简洁、明了的设计风格，在视觉设计上要注意浏览者长时间浏览仍不会产生疲劳感，同时对于颜色的应用也要有一个好的设计。而且，坚持网站页面设计的简洁性，更利于突出主题网站的鲜明特色，提高网站浏览速度，从而达到提高网站黏性的目的。

### （三）主题网站的内容建设原则

大学生核心价值观教育主题网站内容建设原则要受其目标和任务的影响。内容建设原则主要有以下几个方面：

1. 坚持社会主义方向

坚持社会主义方向，就是对大学生进行思想教育时要坚持正确的“三观”

教育，提高网民分辨是非的能力，使网民有一个坚定的政治立场。

2. 注重教育的思想性

注重教育的思想性，是指在进行网站内容建设时要以正确的思想为依据，选择那些具有正能量的信息，保证主题网站充满健康的信息，进而促进大学生思想的发展和成熟。

3. 坚持创新性与可读性、服务性、指导性、权威性相结合

这是指在进行主题网站内容建设时，要注意内容具有亲切性与可读性，要既接地气，又着眼高远，要实现“三个面向”，即面向现代化、未来和世界。主题网站内容要具有创新性、可读性、服务性、指导性、权威性，既要保证内容的正确性，也要保证内容的吸引力，促进大学生对主题网站形成访问习惯，使他们在潜移默化中受到教育。

4. 坚持以正面为主，破立结合

在网络世界里，信息良莠不齐，网络的自由性和开放性使得网民很容易接触到一些负面信息，尤其是青少年的世界观、人生观、价值观还未成形，网上的不良信息对他们的冲击比较大，因此，大学生核心价值观教育主题网站在进行内容构建时要破立结合，以立为主，以破为辅。

## 二、加强网络论坛建设

自从 1994 年中国大陆首个电子公告板（Bulletin Board System，BBS）曙光站出现，以及 1995 年 BBS 成为中国大学生的网络社区，在论坛里发帖、评论、转帖成为一种时尚。电子公告板在大学生的生活中起到了重要的作用，它是大学生心理画板，大学生通过电子公告板，抒发自己的情绪，进行学习交流。从清华大学水木社区 BBS，到天涯、猫扑等大型论坛，到活跃的考研论坛、百度贴吧等，多种多样的以兴趣或以专业进行区分的论坛将人们进行了重新分组。

### （一）网络论坛在大学生社会主义核心价值观教育中的作用

在进行大学生社会主义核心价值观教育时运用 BBS 得到了大学生的喜欢，BBS 为大学生提供了一个新的平台。在 BBS 上，大学生可以找到大量的资源，他们可以在这个平台上抒发自己的观点，表达自己的情感，也可以通过 BBS 与陌生人建立良好的关系。BBS 为大学生社会主义核心价值观教育提供了一个新的空间和渠道，但同时也为大学生社会主义核心价值观教育带来了挑战。因此，高校在利用 BBS 进行大学生社会主义核心价值观教育时，要注意利用其优势，回避其劣势。

1. 有助于增强大学生社会主义核心价值观教育工作的针对性

BBS 具有匿名性、开放性等特征，由此，大学生愿意在校园 BBS 上主动发表自己的看法和观点，学生之间的交流方式是通过回帖评论。因此，通过交流可以看出大学生真实的生活状态和思想情况，教育者可以通过 BBS 了解大学生的真正的思想情况。但由于 BBS 的匿名性，也有一些学生无所顾忌，在上面发表一些过激的言论或者消极的思想，这些可以为教育者提供学生不良思想的线索，从而更有针对性地对大学生进行思想方面的教育，引导大学生树立起正确的“三观”，预防一些不利事件的发生。

2. 有助于帮助大学生排解心理问题

由于会受到各种约束，很多学生不愿意在现实生活中向老师表达自己的心声。而 BBS 的特点，使学生可以有更加自由的空间和平台。在 BBS 上，学生可以不用担心自己的身份被暴露从而可以畅所欲言。因此，许多大学生愿意在 BBS 上发泄自己的不良情绪，同时也会在 BBS 上与他人进行情感交流，缓解心理压力。

3. 有助于及时解决学生困难和完善学校决策

BBS 具有及时性的特征，只要学生的相关信息在 BBS 上进行发布，高校的负责人就可以知道学生的信息，这就提高了高校的工作效率。高校也可以通过 BBS 发布学校各部门的工作，让学生有更加直观的了解，从而促进各个部门工作的顺利进行。同时，学生也可以在 BBS 上对学校的相关工作提出建议和意见，促进学校改进和完善管理模式，从而形成一个良好的校园环境。

### （二）利用网络论坛进行大学生社会主义核心价值观教育的路径

1. 加强团队建设，建立完善的 BBS 管理体系

对大学生通过网络进行社会主义核心价值观教育时要更加注重大学生教育管理工作，要加强团队建设，做好 BBS 管理体系的建设。例如，水木清华 BBS 就设置了专门的论坛管理委员会，负责管理论坛的发帖，对其进行审核和分类，删除一些含有不健康或不良信息的帖子。对于论坛中的广告，管理员也会定期进行清理；置顶一些精品帖子对论坛中的舆论进行引导。高校在进行 BBS 建设时，需设立一个专门的管理组对论坛内的信息进行监督管理，从而为高校校园 BBS 建立一个良好的氛围。管理部门则需对这些信息进行 24 小时监控，将信息热点的情况及时向校方进行报告，以利于校方有效地进行应对。

2. 利用 BBS 网络宣传的快捷性，及时发布和告知校园动态

BBS 在传播信息方面具有快捷性，高校可以利用这一特点进行校园信息的

传播。如水木清华 BBS 的“水木特快”板块，是专门对校园公告和信息进行发布的板块，在这个板块中，学生可以了解到校方的工作公告、讲座和一些校园精彩信息，让学生在第一时间内得到最新消息。高校在建设 BBS 时，应建立相应的资讯板块，让老师和学生通过 BBS 有效地了解信息、反馈信息，这些可以促进校方和学生建立良好的关系，也可以加强校园活动的吸引力，促进校园文化的发展和建设。

3. 收集整理网上信息，释疑解惑，建立良性循环的通道

校园 BBS 应建立起信息收集板块，在这个板块中应当发布一些人才培养、师资队伍、招生就业等相关信息，为校内的师生提供一些有用的信息。同时，校方管理者也可通过 BBS 向学生进行问题和信息的征集，向学生收集他们关注的问题以及对校园文化建设的建议等相关信息，让 BBS 成为校园管理层和学生之间的交流通道。校园管理部门可以针对学生提出的意见，进行有针对性的改革和及时的沟通，可以有效地缓解与学生之间的矛盾，以建设一个和谐的校园。

4. 线上线下双向互动

BBS 具有线上收集线下解决的特性，高校可以在线上向师生征集意见，然后再通过线下活动进行有效的改进。而学生之间可以通过 BBS 内的好友系统在线进行情感交流，也可以对离线的用户进行留言，这些人性化的功能设计为学生交流提供了便利。与此同时，高校可以通过 BBS 对学生实行线上线下双向教育，促进学生思想的健康成长，提升学生的品德和素养。

5. 精心设计，构建高校论坛 BBS 品牌

高校 BBS 应该具有品牌意识，建立属于自己的品牌，通过品牌效应更好地开展大学生社会主义核心价值观教育工作。水木清华作为国内优秀的校园 BBS，汇聚了大量高校人才，它凭借开放且兼容的氛围建立起了“水木清华 BBS”这个品牌，吸引更多高校学生加入论坛，对高校学生具有深远影响。所以，高校应该通过适当的管理和创新树立属于自己的品牌，这样可以更好地开展大学生社会主义核心价值观教育，从而更全面更广泛地影响高校学生。

### 三、加强思政博客建设

博客是一种重要的网络交流工具。在进行大学生社会主义核心价值观教育的过程中，要充分发挥思政博客的作用。社会主义核心价值观教育博客是指思想政治教育工作者通过网络日志的方式对大学生进行社会主义核心价值观教育。

### （一）思政博客的特点

#### 1. 形式多样，内容丰富

博客在内容上可以采用文字、图片、视频等单一形式或集这些形式于一体，因此，利用博客的这一特点进行大学生社会主义核心价值观教育更有趣味性和生动性，从而可以充分调动大学生对社会主义核心价值观理论的学习兴趣。此外，博客不像微博要受到字数和篇幅的限制，因而博客的内容信息含量要比微博大很多，更加适合向大学生群体传递具有体系结构性的知识内容。

#### 2. 互动性

网络具有的匿名性和开放性使得人们可以充分表达自己的想法和观点，也有利于教育队伍对大学生的思想有一个深入的了解，从而在进行大学生社会主义核心价值观教育时可以有针对性。在博客上，学生可以通过留言来与教师进行沟通，教师也可以及时地进行相关内容的回复。

### （二）思政博客的作用

#### 1. 师生之间交流互动和提供服务的平台

高校通过博客可以及时向学生发布校内信息和通知，建立起一个虚拟的校园社区。学生可以在博客上获取信息，同时可以在线留言进行咨询，教育者可以直接通过博客解答和解决学生提出的问题，建立良好的反馈系统。而教育者可以利用博客记录学生的表现和发展情况，当发现问题时可以通过发纸条的方式与学生进行沟通，这种方式不会被第三方知道，很好地保护了学生的隐私，同时也及时地解决了学生的问题。以班级为单位开展社会主义核心价值观教育，可以定期发布班级动态和活动情况，公布考勤情况和宿舍检查结果，让学生能够及时掌握班级动态和情况，及时发现自己在学习和生活上的问题。在进行学校评优活动时，要在博客上公开评选要求和方法，以及评选的流程和申请条件，并要建立起有效的监督管理制度，保证评选的透明与公正。

#### 2. 师生之间课后辅导和提供资源的平台

辅导员可以通过博客分享学习资源和学习经验，帮助学生提高自学能力，激发他们自主学习、主动学习的热情。辅导员应该充分利用网络资源，将适合学生的学习资源、具体案例、扩展阅读等资料分享到博客上，为学生们的学习提供更多的资料。通过网络分享学习资源可以使学生更全面地了解教学的全过程，更好地掌握知识点，而且十分方便快捷。同时，学生还可以通过博客与老师进行交流和互动，直接讨论遇到的问题，开拓思维，激发学生的想象力和创造力。

3. 社会主义核心价值观教育工作者交流与提升的平台

大学生社会主义核心价值观教育涉及多个方面，需要学校、辅导员、家长、学生以及其他社会成员的多方配合才能顺利开展。博客是一个互动交流平台，博主与其他人的交流可以不同步，这就消除了交流必须同步进行的时间障碍，方便辅导员、家长和学生进行不同步的交流。同时，学生通过浏览辅导员的博客了解辅导员的思想，这也是社会主义核心价值观教育的一部分。这不仅可以加深师生关系，还可以帮助学生更好地进行自主学习，也有利于辅导员改进自己的教育方式方法。

4. 高校校园文化对外宣传的新窗口

博客作为新型的网络媒介，通过文字、图片、影像等传播信息，这个过程不仅仅可以传播信息，还可以传播精神和理念，所以博客可以成为高校进行社会主义核心价值观教育的平台。辅导员可以将校内活动的照片上传到博客，让学生进行浏览和交流，从而有利于增进学生间的情谊，增强学生的集体凝聚力，加深学生对学校的热爱，同时可以激发学生主动参与校园活动的热情。

校园博客不仅可以进行面向学生的校内宣传，同时可以开展对外的学校宣传。可以在校园博客上发表各类学校资讯，使校外人士也可以通过博客进一步了解学校。相对于传统的宣传方式，校园博客更生活化，也更具真实性。校园博客作为高校宣传窗口，通过文字、图片、影像等多种形式记录和宣传校园文化，更新颖灵活，更能引人注意。

（三）运用博客进行社会主义核心价值观教育的注意事项

1. 增加思政博客教育内容的承载容量

思政博客教育内容承载容量对于其载体效能的发挥有着直接的影响。思政博客要想发挥好在大学生社会主义核心价值观教育中的作用就要有充足的教育内容，需要说明的是，这里所指的思政博客教育内容的承载容量不是物理意义上简单地指信息数量的多少，而是指在博客中，关于大学生社会主义核心价值观教育和核心价值观教育的信息在内容上要具有丰富性，在结构上要具有合理性。只有信息结构合理，才能使大学生核心价值观教育信息更有效地传播；只有信息内容丰富，才能促使大学生接受社会主义核心价值观教育，进而才有可能实现大学生的目标。因此，要扩充思政博客教育内容的承载容量，就是要做到丰富思政博客的教育信息。在博客内容设置上要包括核心价值观教育、党团建设、时政事务、成才励志、就业指导、心理健康教育等方面的内容。受博主自身方面的原因，并不是要求每篇博文都要将这些信息包含进去，而是博主要根据自身的条件和优势，对博文内容进行合理安排。此外，博主也可以在博文中加入链接来丰富文章的内容，拓宽文章的信息广度。这样可以让读者通过一篇博文了解更多知识的同时，对于优秀的博客也起到了推广作用，在一定程度上可以增强大学生社会主义核心价值观教育的实效，使思政博客的载体效能得到充分发挥。

2. 做好“品牌”思政博客建设

“品牌”思政博客是指那些既能反映大学生社会主义核心价值观教育的成果，又在一定范围内被多数网民知晓、喜欢的思政博客。有关部门可以通过多种方式对一些亲和力强、教育性大、感染力突出的思政博客进行宣传，来打造一些“品牌”思政博客。

3. 提高博文的思想深度和针对性

要在思政博客中杜绝活动通知类的博文，减少思政博客中的冗余信息。教育者在撰写博文时，要以引导大学生走好成长、成人、成才、成功的道路为中心进行。思政博文要能够为大学生解疑释惑、促进他们思考人生。教育者在思政博文中，要文以载道，而不是毫无教育目的地“无病呻吟”或“自言其说”。这就需要思政博客的博主对当前大学生的思想特点进行及时深入的了解，要下功夫对当前大学生的思想状况进行研究，发现其中的典型性或倾向性的问题，然后通过博文对这些问题进行有针对性的解答。

思政博客中对马克思主义和社会主义核心价值观进行宣传时，不要直接将相关文件进行复制，博主要以原创博文，对相关理论进行阐释和论述，帮助大学生对马克思列宁主义、毛泽东思想和中国特色社会主义理论体系以及社会主义核心价值观有一个深入的理解，使学生自觉接受和认同这些内容。教育者在撰写相关博文时要注意以下方面：一是要突出教育重点。要将马克思主义和核心价值观这些抽象的理论用可感知的生动形象表现出来。最重要的是，要让人们理解、认同这些重要的理论。二是要综合地对博文的多种形式进行运用，包括运用文字、图片、音频和视频，使自己的博文形式多样化，从而有助于提高人们对抽象理论的理解和认同。三是采用渗透的方法，将马克思主义理论与社会主义核心价值观方面的内容融入博文中，通过讲故事、谈感受、抒情感等方式，使人们明白相关的知识。四是撰写博文时要注意阅读对象的思想和知识等方面的特点，行文要通俗易懂，尽量少用学术性词汇，可以在其中适当运用一些网络符号和网络词汇。在思政博客中，其主流观点内容既要正确，也要活泼有趣，富有时代特征。

4. 开展德育教师团队思政博客建设

从目前来看，大多数的思政博客都是个人开设的。但是，由于个人在时间、精力、能力以及学科背景等多方面的限制，不少思政博客在高校社会主义核心价值观教育中的载体效能未能得到充分发挥。因此，可以由教育工作者组成一个团队来进行思政博客建设，整合教育队伍资源，把多位高校思想政治教育教师整合在一起，共同建立和维护思政博客。这种模式使得思政博客在管理上由一人管理变为多人共同管理，从而有效改善大学生社会主义核心价值观教育博客效能不足的问题。

5. 加强思政博客的维护

教育者要有一个明确的认知，即思政博客不是一经建立就可以一劳永逸的资料库，需要不断对它进行维护。维护思政博客的一个重要手段就是不断更新思政博客，在思政博客中不断增加思政博文。这既是思政博客的魅力所在，也是确保思政博客生命力的必备要件。只有不断更新思政博客，才能充分体现出其大学生社会主义核心价值观教育的载体效能。再优秀的思政博文，其教育作用也是有限的。思政博客如果不能及时更新内容，其教育信息容量就无法增加，而原来的思政博文对大学生的影响力度也会随时间的推移而减弱。教育工作者只有经常更新思政博客，才能克服以上弊端。因此，为了保持博客有足够的吸引力，教育工作者的思政博客每周至少要更新一次。一周一次的频度既可以保证博主有充足的时间撰写博文、确保博文质量，又可以使阅读者有充裕的时间浏览思政博客的新内容。

教育者在更新博客时要尽量多发表原创博文，这是保持思政博客有效运行的重要条件。如果博主在运营博客的过程中转帖的数量过多，就很难形成自己的风格，不利于稳定读者群的形成。转帖过多的思政博客无法充分反映博主的心声，久之就会降低对读者的吸引力。在内容上，博文要具有独创性，要有思想、有见地。

## 四、加强校园网建设

在高校，校园网是校园进行信息传递的一个主要媒介，它在大学生的学习和生活中发挥着重要的作用。在互联网时代，高校校园网是进行大学生社会主义核心价值观教育的一个主要渠道，这就要求我们加强校园网建设，提高大学生社会主义核心价值观教育的实效性。

### （一）校园网的定义

了解校园网首先要对网络的概念加以界定。通常，现实意义上的网络指的是物理形态方面的计算机网络，也就是由通信线路和相关设备将处于不同地理位置、具有独立功能的计算机相连，从而实现资源共享、远程合作与即时交流目标的计算机网状联系载体。不过从文化的角度上讲，有些研究人员还将在互联网基础上建立起来的人际关系网络也囊括进了现代网络定义的范畴，甚至还相应地产生了网络人际关系计量学，极大拓展了网络的内涵和外延。

以计算机网络在地域上的覆盖范围为依据，可以把网络分为局域网、城域网和广域网。

局域网（LAN），是指本地某一区域内具有独立功能的多台计算机由相关通信设备连接组成的小型网络。多用于实现办公自动化，地理覆盖范围较小，往往针对如学校、公司等某个具体单位而言。由于涉及组织内部信息的保密机制，因此局域网对外界常常具有相对的封闭性，信息资源获取只能在网内规定权限下进行。

城域网（MAN）在技术上与局域网有很多相似之处，只是地域覆盖范围介于局域网与广域网之间，主要针对某一城市形成的互联网络。目前较为多见的是宽带城域网，特别是在我国大中城市，以光纤高速传输数字信息，为多用户上网提供了保证，并且采用虚拟局域网隔离，既有效保护了局域网内部的信息安全，又使用户能够通过输入自己的账号以及密码验证随时随地上网。

广域网（WAN），是由多个子网构成的跨地区互联网络。构成广域网的子网可以是局域网、城域网，同时还可以是小规模的广域网。所谓跨地区，主要是网络覆盖范围超越了省市等大的行政单位，甚至超出了国家的范围，在几十公里以上能够有效实现信息的远程共享，因此广域网也被称作远程网。

校园网属于局域网，所以根据网络的定义可以将校园网的概念界定为在学校范围内，由通信线路和相关设备将处于不同方位、具有独立功能的计算机相连，从而实现资源共享、学术合作与即时交流目标的计算机局域网。

可以从以下几方面把握校园网的概念：

第一，具有独立功能的计算机。所谓独立功能，是指单一计算机系统能够在所属用户的操作下完成特定任务，并且经用户允许与网络相连，利用相关网络资源协助任务完成。具有独立功能的计算机在没有开机联网的情况下，不受其他计算机系统控制同时也不能控制其他计算机系统，处于相对独立状态。不过需要注意的是，在校园网中各台计算机虽然拥有独立功能但始终需要服从网络管理员的监督与控制，这样才能有效保证校园网络安全，净化网络环境，所以这里将具有独立功能的计算机界定为处于相对独立状态。

第二，网络传输介质。这是实现网络连接的物理载体，既包括无线通信设备，也包括有线通信线路与设备。无线通信是利用电磁波在自由空间中的传递实现信息管理的一种通信方式，无线通信设备包括发送设备、接收设备和传输媒介。有线通信线路主要是指双绞线、同轴电缆、光纤等，有线通信设备则主要有路由器、中继器、网桥、网关等，校园网中主要使用的是有线通信线路与设备。

第三，相关网络软件。包括以 TCP/IP 协议为代表的网络协议，网络通信软件以及计算机系统软件。这些网络软件决定了信息传输的准确性，保证了网络安全，并且使得网络功能得以不断拓展，是整个计算机网络运行和发展的灵魂所在。目前，很多高校都在积极开发适合自身特色的校园网络软件，并且与企业谋求广泛合作，以便于充分实现校园网的全面建设。

第四，资源共享、学术合作与即时交流。这是现代校园网构建的主要目标，也是网络研究与创新遵循的指导原则。校园网上供师生使用的共享资源多数情况下具有免费性，信息资源简便易得，而与其他高校以及学术机构的合作则要求独立功能的计算机用户在目标与行动方面具有一致性，并且以诚信互助为合作前提，即时交流则体现了计算机网络的时效性特点，日渐成为主流通信手段，通过在线聊天、网络电话、收发电子邮件等方式极大缩短了教师与学生之间、学生与学生之间的现实和心理距离。

### （二）校园网的特征

通常意义而言，校园网除了具有网络媒体的一般特点外，还为了满足学校教育教学的需要具有某些既定特征，可以从校园网的信息传播方式、传播内容以及传播过程中主体与客体之间的关系三方面加以认知。

#### 1. 以交互式多媒体为信息传播方式

校园网充分将网络的多媒体技术与学校教育教学工作加以结合，利用文字、图片、声音、影像等多种方式传播信息，不仅保证了信息的准确性，还使其具有极强的时效性，能够令参与教学的所有个体在第一时间同步共享信息，并且在教学过程中为教师与学生的互动提供了开放性平台，帮助教师及时发现学生身上存在的问题，予以相应指导。校园网将师生之间的现实距离以及心理距离都有效缩短，极大提高了学生的自主性，充分发挥了教学相长的现实意义，很好地弥补了课堂教学过程中的不足。

#### 2. 传播内容数字化，信息具有无限性

在学校内部建设局域网主要是为了保证教育教学任务的顺利完成，利用高校的学术优势与其他高校以及学术机构实现网络合作，这样既保证了校园网内

部信息的权威性，又始终可以通过互联网与整个网络环境相连，进而使师生获得的信息具有更大价值。校园网用户既能通过搜索引擎在全球化的无限量信息中找到自己需要的相关内容，还可以依靠校园网之间的合作途径获得许多更具学术性的信息，在复制与存储方面也非常便利。应该说，校园网就学术研究而言甚至比互联网具有更加广泛的开放性，由于建设过程中充分考虑到了高校教育教学以及学术研究的需要，因此可以很好地满足师生的相应需求。

3. 互助合作是传播过程中主体与客体之间的关系

在网络中，人们拥有着充分的自由，这里没有长幼尊卑之分，每个网络用户都可以将自己的独一无二以合理合法的方式最大限度发挥。校园网也是如此。教师和学生都能够成为信息的传播主体，任何权威都要经得起网络用户的质疑，与此同时，校园网的使用者还肩负着对信息查漏补缺、去伪存真的使命。校园网提倡教师与学生共同发展，教师在对学生进行网络教学的同时，自身应该以学习的心态来看待这一过程，努力从现实以及学生的反馈中寻找自己的不足。要在教师与学生之间建立互助合作的关系，通过校园网这个平台促使教学成果迈上新台阶。

### （三）校园网的功能

由于具有以上特点，校园网的功能始终与人们对信息的需求分不开。此外，学校教学过程中对校园网的利用程度也决定着它的功能是否可以充分发挥，并且随技术更新满足学校建设的新需求。就目前而言，校园网主要具有以下功能：

1. 信息传播功能

高校领导以及领导团队中的相关人员是校园网上信息的主要发布者和管理者。学校建设校园网的主要目的之一就是信息传播。师生通过校园网及时了解学校的相关规定以及教学安排，以便于有效开展教学活动，完善相关管理工作建言献策，保障教学目标的顺利实现。此外，校园网用户可以通过搜索引擎有选择地从互联网上获得更多信息，并且参与到校园网的信息发布过程中，针对学校教学现状阐述自己的观点，从而积极实现信息反馈，使高校管理工作有序进行。由于校园网本身非常注重管理和维护，这极大程度上保障了网络安全，信息传播功能得以更加广泛实现。

2. 人际沟通功能

校园网的使用具有明显的地域限制，这就可以保证互联网用户在即时交流的前提下更对其加以有效过滤，于是许多有着相似背景和教育经历的人得以结识，网络人际关系顺利建立，甚至还极大提高了交往效率，使用户少走了很多弯路。这对于校园文化的发展具有辅助作用。教师与教师之间、学生与学生之间、教师与学生之间凭借沟通增进了解，误会的产生概率相应减少，校园建设向着更加和谐积极的方向迈进。

3. 数据协同处理功能

网络的最初用途是为了满足用户对数据的处理需求，随着科学技术的迅猛发展以及数据处理需求的逐渐增大，远程协作成为提高工作效率、快速完成目标的途径。特别是在教育改革中，学校与学校之间的合作不仅扩大了校园网的权威信息量，还为新思维的涌现提供了最佳契机，用更新更好的方法协同处理数据，网络合作使高校教育以及学术研究工作不断地保持着活力。学校的校园网建设态度越是积极，硬件软件设施越是完备，学校自身的发展速度就越快，学生在这样充满活力的条件下学习，自身素质便可以得到极大的提升。

4. 教育教学功能

多媒体教学利用校园网可以实现远程联合授课。高校可以与国外知名学府合作，双方充分发挥自身教学优势，让教师在网络环境下向学生传授知识，由于这种形式非常新奇，可以引起学生的极大兴趣，同时这种线上线下有机联动还非常便于管理，因此越来越成为学校教学的趋势。校园网有效弥补了学校不足的师资力量，将每位教师的潜能充分挖掘，有助于培养出更多适应社会发展需要的优秀人才。

5. 现实补漏功能

因校园网而兴起的网络文化是对校园文化的有效补充。网络构建起来的虚拟世界使用户在现实世界中难以满足的一些愿望得以实现，并且对许多性格内向的学生而言，校园网提供给他们的不仅是开放式平台，更重要的是给心灵以极大的保护。网络世界中的交往原则简单易行，这给许多有才能但不善表达的学生提供了实现自我的平台，因此如果教师能够对学生加以积极引导，做好校园网使用过程中的管理工作，对于加强高校德育建设具有重大意义。

### （四）利用校园网进行社会主义核心价值观教育的可行性

1. 以高新技术为创新点，使高校德育工作适应社会生产力发展

无论是校园网运行速度升级，还是相关功能完善，始终需要最先进的科学技术作为支撑，以高新技术作为大学生社会主义核心价值观教育工作的创新点，并且随着网络技术的不断更新改进教学方法，利用多元化模式完善教学体系，扩充教师与学生的沟通交流渠道，在变化发展中提高教育质量。因此，高校德育工作必须适应社会生产力发展，坚持与时俱进的原则，将传统美德与现代化

的传播方式有效结合，避免说教以及“填鸭式教学”，针对现实中存在的客观问题给学生正确的思想指引，从而努力创造美好未来，实现思想与行动的良性循环，使大学生社会主义核心价值观教育工作始终适应社会生产力的发展，符合时代需要。

2. 及时发现社会主义核心价值观教育新问题，采取针对性措施解决

矛盾导致的变化促成了发展，变化是绝对的。就大学生社会主义核心价值观教育本身而言，虽然具有实质意义的真理不容置疑，但不同时代、不同成长经历的人们在接受和理解这些思想方面却存在差别，甚至可能因为某些原因产生误解。在施教方法以及模式方面，施教主体与客体以及外界环境的变化随时都可能出现问题，而网络又具有开放性特征，很多大学生社会主义核心价值观教育方面的盲点常常会第一时间通过校园网显现出来，如果教师和学校领导能够及时发现，采取针对性措施加以解决，不仅可以使高校德育工作更加细致，甚至对学生的整个人生都具有重大意义。

3. 国家政策大力支持，广泛开展国际合作

无论是校园网建设还是大学生社会主义核心价值观教育都得到了国家政策的大力支持，前者代表了先进的生产力，后者则是社会主义精神文明建设的重要环节，将二者有效结合并且顺应国家发展趋势，积极参与国际合作，向发达国家借鉴好的高校网络德育模式，以技术创新为先导，以习近平新时代中国特色社会主义思想为指引，在开展国际合作的过程中提升学生的思想道德素质，培养学生的民族自豪感以及主人翁意识，实现高校网络社会主义核心价值观教育的全方位推进。

4. 校园网具有突出的稳定性与安全性，便于监督管理

与校外用户使用的互联网不同，校园网对于某些涉及学校内部信息的资源并不对外公开，因此在网络操作以及安全管理方面有更加严格的要求，技术支持上也需要提供保证，只有校园网真正稳定且没有安全威胁或者危险性极低的时候，校园网的各项功能才可以得到充分发挥，成为大学生社会主义核心价值观教育的坚实平台。教师和学校领导随时跟进德育工作，监督管理校园网使用情况的同时也对大学生社会主义核心价值观教育的过程和成果进行了有效的把握，从而令教学目标按计划有条不紊执行。

### （五）充分发挥校园网社会主义核心价值观教育功能的对策

1. 校园网应注意细分服务对象

高校的学生通常来自全国各地，其家庭生活环境各异，因此，在使用校园

网过程中，不同的学生产生的心理反应和感觉是不一样的。一般来看，来自城市的大学生对于校园网的使用满意度要比来自农村的大学生高，其主要原因是来自城市的大学生对于网络比较熟悉。而不同学习成绩的学生对于校园网的使用满意度没有明显的差异，由此可以看出，日常的学习生活对于大学生使用校园网的满意度的影响不大。因此，如果想要提高校园网的社会主义核心价值观教育功能，就需要加强对大学生的相关信息进行采集与调查，如可以通过发放问卷、对学生进行访谈的方式来收集信息，明确来自各个地区大学生的需要，从而找到学生满意度低的原因，以更好地对校园网进行优化。

2. 校园网应同时加强硬件与软件建设

校园网想正常运行，就需要有良好的网络硬件做保证。而要高校的综合实力得到进一步提升，就需要在校园中加强无线网的应用。扩大无线网络的校园覆盖面，建立起灵活便捷的无线校园网，已经是当前高校校园信息化的一个重要标志。学生已普遍拥有笔记本、智能手机，他们对无线网的需求加大，需要在教室、图书馆、室外广场等地随时接入网络，为了使学生可以及时获得所需要的信息，就必须加强无线网建设。

在这个过程中需要注意的一个问题是，如何引导学生用手机登录校园网，高校需要聘请专业的设计人员来进行校园网的建设，从而使广大学生可以方便快捷地用手机登录校园网。

3. 校园网应建立学生网络情绪宣泄资源库

如今，大学生面临的学业压力越来越大，而当他们有了心理压力时，通常来看，与他人进行沟通并不是他们的第一选择，多数大学生都是通过听歌等自我排解方式进行心理压力的宣泄。而在校园中，关于大学生进行情绪宣泄的网络资源严重不足，这是校园网建设中的一个漏洞。因此，在保护隐私的前提下，需要开发建立起学生情绪宣泄网络资源库。按照学生情绪宣泄需求分析，网络资源库需要具有以下四个方面的功能。

一是情绪宣泄资源检索和管理模块。通过该模块，学生可以自主学习相关方面的知识，教师也可以通过该模块对相关的教学内容进行定义，设置好生动的教学情境。

二是网上心理测评和心理档案管理模块。学生通过该模块可以实现自助情绪宣泄咨询，也可以进行心理自测，以及预约网络下的心理咨询等；通过该系统可以生成学生自测报告，同时可以附上专业教师的相关建议；通过该模块可以了解学生的情绪心理分析情况，总结学生的成长规律，从而更好地研究解决学生相似情绪的良好方法。

三是网络情绪宣泄咨询及在线答疑模块。通过该模块学生可以直接在线进行心理情绪方面问题的咨询，咨询教师也可以组织学生对情绪进行场景讨论。

四是网络情绪宣泄教育考核评价模块。通过这个模块可以对大学生进行大范围的心理测试，教师可以对学生的不同阶段的学习情况和效果进行研究和评估，以更好地促进学生进行自主学习。学生可以通过该模块对教师和校园网进行评价，以更好地促进校园网的建设和教师教学水平的提升。

4. 校园网应建立合理的校园网监管互动机制

要想保证校园网的安全可控，就需要对其进行监管，就要明确其规范和方法，使网络管理制度落实下去，加强执行力。因此，可以通过对校园网用户的 IP 和 MAC 地址进行双向绑定的方式来防止用户私自篡改、盗用、攻击 IP 地址。保证师生每人拥有唯一账号，通过这个唯一账号可以有效地监督师生的工作、学习和生活。以此为基础，组建一个专门的网络管理中心，使其拥有相应的职能和管理权限。网络管理中心在对师生进行监督管理的时候，要注重对学生上网隐私的保护。

进行网络监管时要坚持“放纵适度”的原则，在学生不破坏国家与人民的利益，不影响别人正常生活、学习的前提下，让学生可以在网上对自己的情绪进行合理的宣泄。

此外，高校也需要教育学生遵守网络道德，提倡学生理性思考，在网上用文明用语，提高大学生的网络责任感，使大学生的文化修养不断得到提高，使大学生的自我约束力得到增强，从根本上减少大学生对校园网的滥用。

## 第三节 加强微媒体作用的发挥

微媒体作为大学生社会主义核心价值观教育的最新平台，与其主客体的贴合度高、普及性高、使用率也高，必将推动大学生社会主义核心价值观培育与践行的实效性。

### 一、微媒体的产生

微博作为微媒体的代表，经历了异军突起的过程。2009 年开始，微博进行内测，2010 年，受到了人们的追捧，并逐渐迅速地扩展用户群，形成一股巨大的媒体力量。起初，人们认为微博只是博客的一种变化，也有人将微博称为“迷你博客”。但是事实却不是这样，微博以自身独特的传媒体系特性继承了博客的很多优点，同时也发挥了自身的优势，产生了与以往媒体不同的效果。微博因其优势赢得了广大用户群，早在2011年10月，中国微博用户总数就达到2.498亿，成为世界微博第一大国。

微博之所以能够迅猛发展，主要在于其能够发挥出“微传播”的特质。微博为个人的发挥提供了强大的功能，空前强化了个人在线活动的空间性和自由性，从根本上冲击了个人参与社会传播的传统模式，进而催生了微媒体。

第一，微博应用了在线网民与组织间的关系。互联网在本质上是一种涵盖全人类的关系型宏观结构，而微博在本质上是一种联系无数网民的关系型微观应用。微博对于“关系”的影响和作用，从根本上是与互联网的本质属性、技术性质、历史趋势完全一致的。因此，微博可以轻易地凝聚、激发和利用互联网的强大力量和庞大资源，这也是微媒体异军突起的根本原因所在。

第二，微博应用了在线网民的注意力这一关键资源。如果将互联网看作一个庞大的生态系统，那么在其中活动着的“人”才是唯一具有能动性的核心主体，互联网必须为每个个体提供基本、平等而充分的平台支持。在互联网中，被“互联”在一起的有信息、知识，有资源、价值，有终端、通路，但其中价值最大、最具生命力的资源还是无数在线的网民和机构。

## 二、微媒体的代表——微博、微信

微博是分享信息、传播信息和获取信息的一个平台，在这个平台中，每个普通人都是信息的传播者，都是新闻的源头。人们既是观众，也是接受者。微信是一款通过网络快速发送语音短信、视频、图片和文字的聊天软件，由腾讯公司在2011年1月21日推出。与传统的短信沟通方式相比，微信具有零资费、跨平台沟通、显示实时输入状态等特点，也更灵活、智能，且节省资费。

### （一）微博、微信的模式

在使用微博时，用户可以通过Web、WAP等各种客户端组建个人社区，以140字以内的文字更新信息，并实现即时分享；通过微博发布、微博浏览、微博评论、微博转发、微博称赞、微博@等功能，表达和传输个人意见；还可以通过微博广场、微博墙、微盘、微博相册等扩展应用实现微博使用的多样化，满足使用需求。微博的草根性很强，且广泛分布在桌面、浏览器、移动终端等多个平台上，有多种商业模式并存，或形成多个垂直细分领域的可能，但无论哪种商业模式，都离不开用户体验的特性和基本功能。

在使用微信时，用户可以通过发送语音短信、视频、图片（包括表情）和文字等传播信息，并且进行即时高效的多人群聊（最高 20 人），还可以查看所在位置附近使用微信的人（LBS 功能），并且微信很合理地与腾讯微博、QQ 邮箱、QQ 同步助手等插件实现了功能融合。

总的来说，微信和微博最大的共同点就是具有一定的社交功能。但是社交有强弱和亲疏之分。社会学者研究发现，在新浪微博上，一些人因为志同道合或者具有相同的爱好而“互粉”，这样的社会关系属于一种“弱关联”。在虚拟的网络世界中，很多人都有着相同的爱好，具有一定的可替代性，但是认识的人、熟悉的人之间存在较强的社会联系，很难被替代。为了区分两种社会关系，微信将账号细分为企业、明星公众账号和个人账号两大类别，前者可以让普通用户随意添加，比较开放，而个人账号的添加则需要征得对方同意。

对比微博和微信模式，不难发现，两者定位差异日益明显：微博公共传播优势明显，公民社会的体验感强于微信；微信私密通信及群交流功能较强。对于大多数对社交需要比较纯粹的用户来说，微信更便于使用；微信是升级版 QQ，借助 QQ 的基础做大做强的后劲充足。但是，微博也已扛过微信挑战危险期，微博的落地化和草根化是其力量持续上升的关键。

首先，微信是私密空间内的闭环交流，而微博是开放的扩散传播，一个向内、一个向外，一个私密、一个公开，一个注重交流、一个注重传播。

其次，微信是对等的双向关系，微博是非对等的多向度错落关系。微信上，用户之间是对话关系；微博上，用户之间是关注关系。微信普通用户之间需要互加好友，这构成了对等关系，微信群是多对多，仍然是对等的；而微博普通用户之间则不需要互加好友，双方的关系并非对等，而是多向度错落、一对多。

再次，微信是社会化关系网络，用户关系是构建网络的纽带；微博是社会化信息网络，信息是构建网络的纽带。

最后，微信用户主要是双方同时在线聊天，从某种程度而言，我们可以把它理解为移动 QQ 的增强变异版；而微博则是差时浏览信息，用户各自发布自己的微博，粉丝查看信息并非同步，而是刷新查看所关注对象此前发布的信息。这种同时与差时也决定了微信与微博的功能与内容之差。

有学者针对二者的关系指出，微博是关系型内容，微信是关系型即时通信，但是二者由于基因的不同造就的外形差异，却不能掩盖背后的关系型模式。微博和微信都是应用关系进行的媒体活动，人与人之间的关系、人与组织之间的关系、人与社会之间的关系，都成了微媒体前进的动力。当前社会，在页面网、移动网、物联网和企联网“四网融合”的全息网时代，内容应用与即时通信应用的发展前景、路径各有利弊。内容的全息化与即时通信的全息化，两者作为人类对其存在核心需求的两大不同应用的重要变革，其重要性是完全等同的。

将微博、微信在大学生社会主义核心价值观教育方面的特性进行对比：从总体上来说，微博与微信，犹如客厅与起居室。客厅主要用来接待客人，起居室主要用于家人一起私享视听之娱；微博主要向外界尤其是陌生人作精神交往，而微信则只与熟人沟通分享。在某种意义上可以说，微博是面向广域，而微信面向局域。（表 6-1）

**表 6-1 微博与微信的对比**

<table>
<tr><th></th><th>微博</th><th>微信</th></tr>
<tr><td>在产品功能定位上</td><td>随时随地分享身边新鲜事</td><td>是一个生活方式</td></tr>
<tr><td rowspan="3">在用户群体吸力上</td><td>多对多</td><td>一对一、一对多</td></tr>
<tr><td>基于兴趣</td><td>基于关系</td></tr>
<tr><td>开放的媒体平台</td><td>封闭的信息平台</td></tr>
<tr><td rowspan="7">在平台功能特点上</td><td>定位传播载体</td><td>定位社交工具</td></tr>
<tr><td>信息传递</td><td>沟通交流</td></tr>
<tr><td>精选常用功能：文字、贴图、私信</td><td>完整社交功能：视频、音频、LBS、朋友圈</td></tr>
<tr><td>交流过程非对等</td><td>交流过程对等</td></tr>
<tr><td>分享速度快</td><td>沟通效率高</td></tr>
<tr><td>公共的信息平台</td><td>私密的关系平台</td></tr>
<tr><td>粉丝获取难度较小</td><td>粉丝获取难度较大</td></tr>
<tr><td rowspan="6">在平台联系强弱上</td><td>单向关注</td><td>双向关注</td></tr>
<tr><td>一日不微，掉粉三千</td><td>一日不信，关注依然</td></tr>
<tr><td>基于过去，关注过去做了什么</td><td>基于未来，希望未来发生什么</td></tr>
<tr><td>因内容、事件、利益而保持关系</td><td>因沉淀、互动、交往而保持关系</td></tr>
<tr><td>解除简单，单方行动</td><td>解除复杂，双方解除</td></tr>
<tr><td>维护成本较低</td><td>维护成本较高</td></tr>
</table>

续表

| | 微博 | 微信 |
|---|---|---|
| 在平台传播模式上 | 信息再加工并主动传播，不受制于关系强弱 | 信息加工少，按强关系到弱关系顺序传播 |
| | 信息价值高，传播范围广 | 信息价值高，传播范围小 |
| | 积极主动快速传播 | 人工筛选后进行传播，速度较慢 |
| | 主动挖掘信息源探索答案 | 同关系最密切的交换信息 |
| | 互动寻求答案，传播图放射状 | 传播图点线状 |
| | 有效传播量和影响力与意愿度无关 | 有效传播量和范围与意愿度密切相关 |
| | 争议性内容在质疑中裂变式传播 | 争议性内容经过筛选和判断可被终止 |

### （二）微博与思想新生态

人们常常用“微言大义，博采众长”作为“微博”的标签。微中取博的哲学思维和辩证认识指导微博从不一样的角度做出了不同凡响的事业。微媒体时代大学生社会主义核心价值观培育，最主要发力点就是借助微中取博来了解、熟悉大学生的思想新生态。

微博的天然禀性就是“微言大义”。“微言”表现在：使用极短的文字来发表自己的看法。对此我们要明确三点内容：第一，篇幅短小，避免啰唆；第二，字字珍贵，不多废话；第三，快速刷屏，避免沉帖，要做到有足够的吸引力，来吸引人们前来阅读。“大义”表现在：有很大的价值和思想内涵，避免造成空洞。只有坚持微言大义，才能够在微中取博，进而广泛传播。微博汇聚的是一条条细微的信息、一个个短小的思想，将二者结合起来，便形成了一股强大的舆论力量；不断累积的微博互粉、互顶形成了强大的媒介群，不断地持续升温，不断地提高关注率，加快了事件的发酵与推广。这一切都使得微博圈子类似生物界的生态圈一般，生产者、消费者、分解者各司其道，食物链各个环节交互作用，形成系统。

在微媒体中，微博和微信各自拥有思想生态系统，其传播方式与特征都略有不同。微博对于有价值的信息传播可以进行再加工，即在转发时附上自己的语言，信息通过微博可以被主动传播，不会因受众关系的强弱而受影响，传播者都会积极主动进行消息的传播，并且有可能在传播当中形成新的关系；但微信对有价值的信息传播则会因受众的关系强弱而受影响，消息会首先传播到强关系人群，再由强关系人群通过与可能对信息感兴趣的人群交流进行下一步传播。

微媒体的出现，造福了许多人。它的生活性、即时性、迅捷性、便利性大大降低了发布信息的门槛，几乎人人可以随时随地随心地发声——每个人都可以是媒体。政府部门、企事业单位、学校等众多机构通过微媒体发布资讯，给予民众一个全方位、立体化的社会形象，在这种“微”监督机制下完善自我。

由此可以得出，微博的传播模式是放射树枝状的，而微信的传播模式则是圆圈加点线状的。因此，基于关系联结的思想交互结构变得有机、连续、充满生命力，思想与思想之间的感染、带动效应明显，思想碰撞带来的价值选择更多审慎和严谨，一定程度上的意见同化与意见领袖的带领同时发挥作用，适者生存，“思”竞天择，使得思想生态呈现出一种自然的状态。

对组织而言，加“V”的微博或是官方微博代表着微媒体生态圈中的高级动物，是权威的发布者，也是大量普通粉丝关注的焦点。组织微博把握了微博管理的主动权，拥有众多的粉丝，它们主要负责发布工作信息，就本组织、本单位的职责发布与社会有关的工作资讯。组织还通过微博倾听各方意见，针对粉丝的评论和提问进行答复，真正实现零距离的互动沟通。如此，组织微博可以通过微博平台进行民生服务，解决公众遇到的问题；组织微博还是一个组织的公共关系窗口，可以分享成绩和经验。

对于个人而言，思想新生态意味着每一条微博、每一条微信都是真情、真思、真意的流露，可以记录成长点滴，追溯思想动态及思维特征。个人通过微媒体快速获取信息，通过信息表达情绪看法，对种种微博内容反映的价值给予表情、符号、文字的评论，生动地对真善美、假恶丑做出自我价值的评判。同时，个人与个人之间的微博互动可以看作是学习沟通交流，社交信任与社交喜好决定了沟通模式，跨越以往现实条件中有限的沟通，使得思想新生态的形成成为可能。

### （三）微信与认知新培养

微信是一种更快速的即时通信工具，具有零资费、跨平台沟通、显示实时输入状态等特点，与传统的短信沟通方式相比，更灵活、智能，且节省资费。微信完全免费，任何用户都可以免费下载，在使用过程中只需要支付给运营商少量的流量费，所有的功能不需要额外付费。

它支持二维码扫描、邮箱绑定、朋友圈、推送等功能，任何用户都可以通过微信公共平台创建自己的公众账号，而且名字可以重复。通过公众账号，可以方便地实现信息发布、共享、推送等功能。微信不仅拥有传统双向确认关系，还可以进行单向信息传递，这种联系打通了人脉，将人与人的关系稳定化、延展化，使网络社交关系与现实世界关系一一对应起来。

认知新的培养就是移动学习，可以简单理解为利用移动设备进行学习或者学习者在移动时进行学习。传统观念认为，移动学习具有不受时间、地点限制，以及个性化服务等优势，但同时也存在由于手持移动设备的硬件条件有限（无键盘、屏幕小等）、图片等多媒体信息无法显示的缺陷，而这些信息对于学习理解知识往往是必不可少的。

只要在手机上安装了微信，就可以免费使用微信提供的功能。当前，一旦有用户将相应的教育资源上传或共享至微信平台，所有用户都可以使用教育资源进行移动学习。这样的资源库无疑推动大学生进入全新的“易得、易达”的学习状态。因此，微信特别适用于互动式的学习。考虑到现在的生活节奏较快，不论是教师还是学习者，都无法抽出连续的时间进行一对一的沟通和学习。而微信所提供的免费聊天环境和实时留言、消息推送等功能，适合学习者随时随地地向教师提问，以及教师对学生反馈的快速响应。教学双方在留言交流中，可以实时地建立一对一的沟通环境，而无须专门预约和安排。

高校的社会主义核心价值观教育工作者也可以使用这种方式，号召高校团委、学生会、社团联合会等学生组织，建立公众账号，给学生传递就业信息、爱心贴士或利用自动回复功能完成场地申请。社会主义核心价值观教育工作者们应尽己所能帮助学生贴近学校、社会，最大限度方便学生，通过在微信平台上的互动交流建立相互的信任关系，从而培养学生对社会主义核心价值观培育与践行的新认知。

## 三、微博、微信在大学生社会主义核心价值观培育与践行中的应用

### （一）微博在大学生社会主义核心价值观培育与践行中的应用

#### 1. 大学生对微博的应用

大学生使用微博主要是进行社交以及娱乐，他们是微博最早的用户群体，也是较为庞大和主流的群体。这可以从大学生使用微博进行的网络活动看出来。首先，大学生在注册微博后首先会关注感兴趣的博主，每天浏览自己感兴趣的微博，并进行评论转发。这就看出大学生使用微博的动机——通过使用微博在日常生活中放松自我。其次，大学生通过微博获取最新资讯。微博是一个及时

性的大型信息平台，学生可以通过微博获得世界范围内的最新资讯，通过这个平台大学生可以了解到社会事件的发生和发展，充分满足了他们的好奇心和求知欲。最后，大学生喜欢通过微博表达自身情感，通过这个平台进行情感分享。大学生群体对于社交和情感的需要比较明显，微博可以满足他们这方面的需要。通过微博可以结识到兴趣相同的朋友，这为他们进行情感交流提供了基础。同时，大学生通过微博进行情感分享，可以与很多人进行交流互动，这些人不一定要相互熟识，甚至不需要认识，通过微博上的交流，大学生可以扩展自己的交友圈，扩大社交范围，满足他们情感交流和社交的需要。

2. 学校对微博的应用

很多高校为了跟上时代潮流也相继开通了官方微博，进行校园文化宣传和校内资讯发布，将校园文化与微博技术有机结合，利用微博推动校园文化建设。高校官方微博是高校与外界进行沟通的平台，它的主要功能就是向外界展示学校的形象和文化，很适合作为高校形象的窗口进行宣传。同时，高校官方微博可以成为与学生沟通交流的平台，学校通过微博可以更好地了解学生的动态，及时纠正学生的错误行为和思想，促进学生健康成长与发展。微博是一个开放、平等的平台，通过这个平台学生、老师、校方可以平等地进行沟通交流，这种有效交流可以促进学校开展学生教育，提高教育效果。此外，高校开通官方微博的主要目的是为学生提供更好更全面的服务。学校可以通过微博了解学生生活、学习以及就业中遇到的问题，并提供帮助；通过微博建立校友微博圈，通过校友间的资源分享和利用帮助学生解决实际问题。从微博传播信息的模式来看，高校可以通过传递信息的方式将社会主义核心价值观教育融入其中，渗透式地对学生进行思想教育。

可以看出，高校官方微博具有组织线上活动和展示线下活动的功能。同时，微博还可以用于危机公关处理，维护学校形象。高校应该好好利用官方微博这一新型传播载体，利用它的便捷性、公开性、即时性等特征，开展思想教育，促进校园文化的发展。

据相关统计资料，高校中使用微博的人群占比例最高的是社团、学生会，这些人群拥有开拓精神和创新精神，他们通过微博进行思想引领可以调动大家的积极性；其次是高校共青团系统，他们一直以来致力于帮助青年树立先进性思维；再次是校内表现突出的学生以及高校老师，在校内有一定知名度的学生可以成为学生领袖，通过微博在一定程度上对学生起到引领作用，高校老师有深厚的文化底蕴和优秀的人格魅力，他们可以通过微博在学习以及生活方面对学生进行指导和帮助。虽然通过学校一些部门和个人的微博行为可以起到引领学生思想的作用，但还是要借助学校各部门的协同合作才能达到良好的效果。高校官方微博，以及各部门、院系微博相继开通后，就可以建立起系统的高校微博网络，全面地进行以微博为平台的核心价值观教育工作。

### （二）微信在大学生社会主义核心价值观培育与践行中的应用

微信是新媒体时代的一种全新媒介形式，它具有方便快捷、互动性强的优势，并且随着社会的不断发展，其实用性不断增强，当前已经是最常用的社会化媒介之一。新时期，高校要进行高效的大学生社会主义核心价值观培育与践行，必须重视微信成为新的大学生社会主义核心价值观培育与践行载体这一挑战性课题。

微信可以通过网络连接快速发送语音短信、文字、图片和视频，同时还支持多人群聊。微信的兴起满足了大学生彰显个性、追求时尚的需要。大学生往往对新生事物充满好奇与热情，尤其在科技产品面前，他们往往是积极的尝试者和探索者，微信的使用也不例外。微信是传统通信手段和互联网信息技术的有机结合，是一个集邮件、短信、手机、SNS 和微博等应用于一身的个性化立体式服务平台，其使异地沟通更加轻快便捷，在校园掀起了一股风潮。微信作为备受学生喜爱的新媒体载体，高校一定要牢牢把握机遇，将大学生社会主义核心价值观培育与践行融入其中，拓宽核心价值观教育渠道，加强探索实践，促进微信成为辅导员进行大学生社会主义核心价值观培育与践行工作的有力工具。在新的社会条件下，高校教育工作者应该解放思想、勇于创新，不断探索和创新全新的工作模式，要跟上时代潮流，把握机遇，不断提高大学生社会主义核心价值观培育与践行的实效性。

1. 利用校园公众号开展大学生社会主义核心价值观培育与践行

高校应该开通自己的校园公众号，通过公众号及时向学生推送校园信息，并且可以利用公众号开展大学生社会主义核心价值观培育与践行工作，加强对这方面教育内容的推送。通过公众号可以采用图片加文字的形式推送消息，还可添加语音和视频。它是一种全方位的沟通方式，具有新颖性、创新性、知识性、趣味性和可读性。高校要善于应用微信公众号的优势，通过公众号推送大学生社会主义核心价值观培育与践行相关的话题；利用图片、音视频等因素增加内容的趣味性和可读性，使学生充分调动各种感官感受大学生社会主义核心价值观培育与践行别有风味的一面。这样可以让知识的传递更加自然、顺畅，学生也更乐于接受，消除因单纯说教产生的排斥心理，提高学生的积极性，培养学生的阅读习惯，从而提升阅读量，与传统的课堂教学形成互动互补。此外，高校可以开通几个不同的公众号，从不同的角度对某个内容或主题进行联合推送，这样可以展现不同的教育重点和风格，让学生获取更丰富多彩的教育资源，从而更好地满足他们的资讯需求。

实际上，利用公众平台开展大学生社会主义核心价值观培育与践行，是一种教育模式的深化和扩展。社会主义核心价值观教育工作者必须兼顾社会主义核心价值观的知识性、趣味性和时代性，偏废其中任何一面都不利于长久地传播。此外，还要能够对当下社会热点和学生广泛关注的事件做文章，做到“从学生中来、到学生中去”。消息要贴近学生，介绍学生最关心的、最直接的和最现实的问题，把握时代脉搏。对于有争论性的话题，允许出现多元声音，在民主对话中潜移默化地引导舆论走向。

2. 利用微信加强师生交流

语音功能是微信的一大特点，相较于使用文字进行交流，语音交流更直接，并且具有更强的时效性和便捷性，增加了对话的真实感和内容含量。尤其作为工作量较大的辅导员，语音对话为其提供了更加便捷的沟通方式。不论是在上班途中、电脑桌前，还是休息空闲，都可以通过聊天的方式进行轻松的交流，减少了触屏打字的操作，使交谈更为快捷、有效率。此外，语音对话能够真实记录谈话双方的语气、语调和说话态度等，这有利于辅导员把握学生情绪和精神状态，进行有针对性的交谈，拓展谈话内容，及时发现学生重点需要解决的问题。语音对话也能使学生，尤其是遇到困难的学生产生辅导员一直在身边帮助自己、关爱自己的感觉，可为他们提供很好的心理安慰和精神支撑。辅导员可将文字对话和语音对话相结合，根据场合恰当选择，使工作更为灵活和高效。

3. 利用朋友圈了解学生动态，实现信息共享

大学生核心价值观教育工作者与大学生成为微信好友后，会处于共同的朋友圈平台，这样可以让双方都对对方有更充分、全面的了解，同时还可以让教育工作者更及时、准确地把握学生的思想动态。大学生思维活跃、兴趣广泛、充满好奇心。辅导员可通过学生分享或转发的文章了解学生的兴趣点和关注点，并通过相关评论进一步掌握学生的想法和心理特征。例如，对于就业压力较大的毕业生，往往要给予足够关注，其发布和评论的内容能展示其对外界事物的看法、最近的心情状况和精神状态。当发现学生使用消极词汇、抵触外界的言语时，辅导员要及时给予心理辅导，防止意外发生。大学生热衷于关注和评论社会热点，并将自己的立场和观点发表在微信朋友圈中，即使一个小小的“赞”也能传达出学生的某种情感倾向。辅导员一旦发现那些由于大学生认知水平有限而形成的偏激观点和错误想法，可以利用微信与学生及时地进行在线交流，

也可以利用评论的方式表达自己的看法，以此纠正学生的错误想法。这样的交流方式打破了传统教育中主客体的明显定位。通过这些方式可激发大学生的主动性，引导其树立正确的世界观、人生观和价值观。

此外，微信还可以实现教育资料的有效共享。微信用户可以通过传送或收藏的方式共享核心价值观教育资料。大学生核心价值观教育工作者应不断丰富朋友圈中正面的、积极向上的主流价值观宣传，使学生在潜移默化中接受正能量、弘扬正能量，发挥隐性教育的作用，从而促进核心价值观教育工作的实效性。

微信平台为大学生社会主义核心价值观培育与践行带来了新机遇，但是想要有效利用微信进行核心价值观教育必须注意一些问题。除了以上提到的问题外，还有以下几点应该着重给予重视，具体包括：如何提高核心价值观教育工作者对于微信平台的管理运营能力并保持长久的生命力；如何消除微信对大学生思想价值观念和行为习惯带来的影响；如何在“裂变式”传播形态下加强校园的网络舆情监控；等等。这些对于高校既是机遇又是挑战，高校一定要有迎接难题、改革创新的勇气，使核心价值观教育与时俱进，开创崭新的工作局面。

# 第七章

# 队伍保障：大学生社会主义核心价值观培育与践行队伍建设

大学生思想政治教育队伍是做好大学生社会主义核心价值观培育与践行工作的根本保证。大学生思想政治教育队伍的质量，不仅取决于教师的个人素质，还取决于队伍的整体状况。在新的历史时期，提升和完善思想政治教师的各项素质和能力、从整体上进行队伍建设对于社会主义核心价值观教育效果的实现具有重要的意义。

## 第一节　习近平关于促进教师做到“四个相统一”思想

立德树人是高等教育的根本任务，是教育教学的中心环节，是高等学校的立身之本。立德，首先是立师德。树人，首先要树人师。习近平总书记在全国高校思想政治工作会议上指出，“高校教师要坚持教育者先受教育，努力成为先进思想文化的传播者、党执政的坚定支持者，更好担起学生健康成长指导者和引路人的责任。要加强师德师风建设，坚持教书和育人相统一，坚持言传和身教相统一，坚持潜心问道和关注社会相统一，坚持学术自由和学术规范相统一，引导广大教师以德立身、以德立学、以德施教。”① “四个相统一”的重要论述是习近平总书记教师教育思想的集中表达和高度概括，体现了他对传道者明道的谆谆嘱托和殷切希冀，更是我们做好新时期高校教师思想政治工作的行动指南。

---

① 习近平在全国高校思想政治工作会议上强调：把思想政治工作贯穿教育教学全过程开创我国高等教育事业发展新局面［N］. 人民日报，2016-12-09.

## 一、习近平总书记关于教师教育的思想

党的十八大以来，围绕新时期高校教师思想政治工作，习近平总书记提出了一系列富有创见的新观点、新思想、新论述，形成了具有时代特征和中国特色的教师教育思想。习近平总书记关于教师教育的思想，深刻阐明了新时期我国教师教育的重大理论和实践问题，丰富和发展了中国特色社会主义教师教育理论，是推进高校教师思想政治工作的强大思想武器。从“三个牢固树立”到“四有好老师”再到“四个相统一”，体现出习近平总书记教师教育思想的鲜明时代性和完备体系性。对尊师重教、德育为先、身体力行、率先垂范的始终重视，是习近平总书记教师教育思想的关键所在。“四个相统一”的最新表达则深刻指出了高校教师思想政治工作的前提基础、基本标准、重要遵循和实施方略。

### （一）尊师重教，“本源”思想让教师成为受社会尊重的职业

自古以来，尊师重教便是中华民族的传统美德。“国将兴，必贵师而重傅；贵师而重傅，则法度存。”我国历届领导人都十分重视教育，习近平总书记在不同场合表达了对教师这一崇高职业的敬意，饱含对教师、对教育、对“教育梦”的期许。2013 年，习近平总书记在向全国广大教师致慰问信时谈道：“百年大计，教育为本。教师是立教之本、兴教之源，承担着让每个孩子健康成长、办好人民满意教育的重任。”① 高校教师肩负着培养社会主义建设者和接班人，发展中国特色社会主义事业的重要使命；更承载着中华民族振兴、社会进步的历史重任。正如习近平总书记指出的，“今天的学生就是未来实现中华民族伟大复兴中国梦的主力军，广大教师就是打造这支中华民族梦之队的筑梦人”②。作为教育思想的传播者和教育活动的实施者，高校教师的政治取向直接影响学生政治观念的形成，因此，努力培养造就一大批一流教师，不断提高教师队伍整体素质，是当前和今后一段时间我国教育事业发展的紧迫任务。

作为太阳底下最光辉的职业，教师不仅要传道，还要授业、解惑，不仅要成为知识的传播者、真理的播种者，还要成为灵魂的塑造者、思想的缔造者，成为有知识、有道德、有素质、有品行的“大先生”。因此，习近平总书记要求“各级党委和政府要把加强教师队伍建设作为教育事业发展最重要的基础工作来抓，提升教师素质，改善教师待遇，关心教师健康，维护教师权益，充分信任、

① 习近平向全国广大教师致慰问信［N］. 人民日报，2013-09-10.

② 习近平. 做党和人民满意的好老师——同北京师范大学师生代表座谈时的讲话［N］. 人民日报，2013-09-10.

紧紧依靠广大教师，支持优秀人才长期从教、终身从教，使教师成为最受社会尊重的职业”。①

### （二）德育为先，“三个牢固树立”“四有好老师”指明师德建设的基本标准

2013 年教师节，习近平总书记在向全国广大教师所致的慰问信中对教师提出了“三个牢固树立”的要求，即“牢固树立中国特色社会主义理想信念，牢固树立终身学习理念，牢固树立改革创新意识”。2014 年教师节，习近平总书记在北京师范大学与师生代表座谈时提出“四有好老师”，即有理想信念、有道德情操、有扎实学识、有仁爱之心。“三个牢固树立”“四有好老师”高度概括了教师应该具备的基本素质和核心素养。

教师的理想信念就是教育工作的灯塔，高校教师必须牢固树立中国特色社会主义理想信念，“我们的教育是为人民服务、为中国特色社会主义服务、为改革开放和社会主义现代化建设服务的，党和人民需要培养的是社会主义事业建设者和接班人”②。高校教师必须要有扎实的知识功底、过硬的教学能力、勤勉的教学态度、科学的教学方法。因此，高校教师必须牢固树立终身学习理念，加强学习，拓宽视野，不断提高业务能力和教育教学质量，努力成为业务精湛、学生喜爱的好老师。改革创新是民族进步的灵魂，是国家兴旺发达的动力。高校教师必须牢固树立改革创新意识，踊跃投身教育创新实践，为发展具有中国特色、世界水平的现代教育做出贡献。要不怕碰壁，不怕困难，勇于求索，开拓进取，不断更新教学观念，不断改革教学内容和方法，注重培养学生的主动精神，鼓励学生的创造性思维，引导学生在个人兴趣和发挥潜能的基础上全面发展。

“学高为师，身正为范。”这八个字是教师职业道德最凝练的概括。在现实生活中，教师的职业特性决定了教师必须是道德高尚的人群。因此，好老师应该取法乎上、见贤思齐，不断提高道德修养，提升人格品质，并把正确的道德观传授给学生。爱是教育的灵魂，没有爱就没有教育。要把扎实学识通过仁爱之心传递给学生。要培育爱、激发爱、传播爱，通过真情、真心、真诚拉近同学生之间的距离，滋润学生的心田，使自己成为学生的好朋友、贴心人。

### （三）身体力行，“四个相统一”指明教师的成长路径和育人方略

“四个相统一”要求高校教师把自我学习和教授学生相结合，既育人又育

---

① 习近平向全国广大教师致慰问信［N］. 人民日报，2013-09-10.

② 习近平. 做党和人民满意的好老师——同北京师范大学师生代表座谈时的讲话［N］. 人民日报，2013-09-10.

己；把立德立身和施德施教相结合，率先垂范、以身示教；把课堂教学和社会教育相结合，实践育人、实践塑人；把学术研究和课堂教学相结合，实现学术研究和课堂纪律的协调统一。教师的“四个相统一”和“四有好老师”“三个牢固树立”之间是一以贯之、继承和发扬的关系。“四有好老师”“三个牢固树立”提出了教师思想政治工作的基本标准和构成要素，“四个相统一”则进一步解答了高校教师应该如何成为青年大学生的引路人和筑梦者。

“四个相统一”的重要论述在深刻把握高校思想政治工作现状基础上，形成了符合思想政治教育规律、符合教师和学生发展规律的方法体系，深刻揭示了教师是高校思想政治工作的关键，准确回应了高校思想政治工作应该在何处着手、在哪里着力的问题，寻找出了做好高校思想政治工作的“金钥匙”。

### （四）率先垂范，“系扣子”和“做镜子”完美诠释教师育人精髓

2014 年五四青年节，习近平总书记在与北京大学师生座谈时提出，教师要践行社会主义核心价值观，帮助大学生扣好人生第一粒扣子。“师者，人之模范也”，教师自有的道德素质和知识水平会决定自身的行为习惯，更会通过课堂教学、日常交往、课后沟通等途径不知不觉地影响学生的行为方式和道德素养。因此，作为学生学习和模仿的对象，教师首先应该做“以德施教、以德立身的楷模”。广大教师应积极从自身做起，通过自己的行动，“用自己的学识、阅历、经验点燃学生对真善美的向往，使社会主义核心价值观润物细无声地浸润学生们的心田、转化为日常行为，增强学生的价值判断能力、价值选择能力、价值塑造能力，引领学生健康成长”①。

教师的固有职责是传授知识，基本使命是立德树人。习近平总书记强调，“希望全国广大教师牢固树立中国特色社会主义理想信念，带头践行社会主义核心价值观，自觉增强立德树人、教书育人的荣誉感和责任感，学为人师，行为世范，做学生健康成长的指导者和引路人”②。教师要坚持成为学生做人的“镜子”，以身作则、率先垂范，以高尚的人格魅力赢得学生敬仰，以模范的言行举止为学生树立榜样，把真善美的种子不断播撒到学生心中。因此，每一位教师必须严格要求自己，“尽到教书育人、立德树人的责任”，并在平凡、普通、细微的教学、科研、管理中，“做学生锤炼品格的引路人，做学生学习知识的引路

① 习近平．做党和人民满意的好老师——同北京师范大学师生代表座谈时的讲话［N］．人民日报，2013-09-10.

② 习近平向全国广大教师致慰问信［N］．人民日报，2013-09-10.

人，做学生创新思维的引路人，做学生奉献祖国的引路人”①。

除此之外，习近平总书记关于高校教师思想政治工作的重要论述还蕴含着丰富的方法论，是对高校思想政治工作方法的进一步丰富和发展。习近平总书记教师教育思想的阐发对象层次非常丰富，既包含各级党委政府及其职能部门、各级各类学校，还包括社会各界、教师本身。不仅高瞻远瞩地提出是什么、为什么，更重要的是高屋建瓴地指出怎么办。这就为我们切实做好高校教师思想政治工作提供了有力的方法论指导。

## 二、“四个相统一”的丰富内涵

教师“四个相统一”有着深刻的思想内涵和鲜活的时代价值，为教师的职业发展和素质提升指明了方向。从一定意义上说，“四个相统一”是每个高校教师安身立命的根本所在，也是做好高校教师思想政治工作的根本要求。“教书”与“育人”，“言传”与“身教”，“潜心问道”与“关注社会”，“学术自由”与“学术规范”，“四个相统一”的八个方面内容有着各自丰富的内涵，又有着密切的联系。

### （一）坚持教书和育人相统一

教书和育人是“四个相统一”的基础，是高校教师职业的基本使命。作为事物的一体两面，教书与育人是一个密切联系的有机体。教书是育人的基础，育人是教书目的的实现，一个偏重知识传授，一个偏重思想形成，两者相辅相成，统一于教书育人的整体过程。育人离不开知识的传授，离开了“教”的“育”只能表达为“生养和养活”，不能发挥答疑解惑的作用；离开了“育”的“教”，就是没有灵魂的知识的传递，没有方向的文字积累，教育“塑造灵魂、塑造生命、塑造人”的使命将无法实现。

教书要“授之书而习其句读”。高校教师要给学生讲授书本知识并帮助他们学习书中的文字，做“精于业”“传真知”的“句读之师”。“句读之师”不能照搬书本，更不能唯书本论，而是能够将书本知识融会贯通，讲通讲透，让学生知其一并知其二。教师更要“传真知”。真知是发展的、变化的，是被实践所证明的，是顺应历史发展规律的事物和观念。当今社会，知识体系冗杂、流派众多，教师必须能够做出正确判断并迅速反应，给学生传授科学的、先进的思想，做真理之师。

---

① 努力培养出更多更好的人才——习近平总书记在北京市八一学校考察时的讲话引起热烈反响［N］. 人民日报，2016-09-11.

育人的目的是使教育对象全面发展，使其成长为社会需要的身心健康的人才。育人是教书的最高层次，是“育德”“育心”“育智”“育体”“育美”的综合体现。育人的手段是多元的、多维的和多层次的。课堂教学是育人的主渠道，教师日常交往和社会交往也会对学生产生重大影响。就育人的效果而言，教书是授之以鱼，而育人则是授之以渔，教书培养的是具有专业知识的人，而育人则是要引导学生独立思考，培养学生创新的能力、学会做人做事的道理。知识的记忆是暂时的阶段性的，而创造知识的方法是永久的可再生的，教书所传递的信息是可以被遗忘的，而引导学生养成的品格却是相伴一生的。因此，育人的效果更长远，也更深刻。

### （二）坚持言传和身教相统一

言传和身教是教书育人的重要形式，坚持言传和身教相统一是育人手段的具体要求。言传和身教相统一，既是实践论也是方法论，体现着知行合一的认知规律。言传和身教是相互独立又相互联系的统一体，共同构成了教师育人方式的两个主体。言传和身教还是一种互为补充的关系，言传回答应该怎么样、不能够怎么样，而身教则用实际行动表达自己言传的观点，更强化受教育者的认同。言传是身教的一个重要方面，是直接用语言表达自己的喜怒、哀乐、好恶、赞同什么、抵制什么。身教是言传的起点和落脚点，对一个人观念的评价还是要通过其行为来判断。

#### 1. 言传是一种显性表达

教师应该立场鲜明地明确告诉学生哪些是对的、哪些是错的，要坚定自己的道德认知，决不能模棱两可、似是而非。如果一个教师自己的立场和观点都不鲜明、不坚定，那他就不可能有理、有据、有节地表达自己的观点，更无法让学生心悦诚服、心服口服。言传是一个内化外在知识为自己的认知，并将认知转化为对问题的分析，表达给受众的过程。内化的过程需要正确的世界观、人生观、价值观支撑，外化过程需要教师具备良好的语言表达和生动的叙事能力。因此，言传需要教师不断提升自身的综合能力，用学生认可的语言和方式教育学生。

#### 2. 身教是一种潜移默化

“其身不正，虽令不行；以身教者从，以言教者讼”，教育者自身不正，即使是三令五申，别人也不会听从。而以自己的实际行动教育别人，大家就会真心接受。因此，最好的教育就是“率先垂范”。习近平总书记指出，广大教师

“必须率先垂范、以身作则，引导和帮助学生把握好人生方向”，① 担当起立德树人的历史使命。教师在大是大非面前，面对善恶曲直、义利得失必须有正确的道德评价和正确的政治选择，并且要用自己的行动告诉学生自己的选择，用自己的立场引导学生做出正确的选择。在日常生活中也是如此，如果教师在课堂上教育学生见义勇为、尊老爱幼，而在现实生活中容忍小偷行为，公交车上不给老人、儿童让座位，在课堂上教育学生遵从规则，而在现实生活中排队加塞、过马路不顾红绿灯，这样言行不一的教师，教育学生的效果就会大打折扣，甚至会培养出说一套、做一套的“双面人”。教师要具备“自育”的能力，以培养学生的目标为培养自己的目标，想把学生培养成为什么样的人，就先把自己培养成什么样子的人，以先进的言论引导学生，以高尚的人格感染学生，以真善美的作风教导学生。

### （三）坚持潜心问道和关注社会相统一

“潜心问道”和“关注社会”是教师职业发展中密切相关的联系体。教师既要“潜心问道”，也要“关注社会”，“潜心问道”的基础是关注社会，目标是服务社会，因此“社会”是潜心问道的起点和终点。潜心问道是服务社会的手段，通过全面、系统研究，以解决普遍关注的社会问题，实现服务社会的功能。潜心问道与关注社会是一种具体的言传身教，教师潜心从事学术研究，也会带动学生向着相同的方向发展。

教师应该充分利用高校优越的科研环境，潜心问道做好科学研究工作。但是学术研究是一份清苦的工作，要耐得住寂寞、忍得住诱惑、受得了清苦。经济改革的浪潮冲击了高校，在追求“钱途”和“前途”的道路上，有的人下海经商一夜暴富，有的人为了评定职称开展“素食式”和“快餐式”研究，如此种种必将对潜心问道的高校教师带来一定的冲击。“宝剑锋从磨砺出，梅花香自苦寒来”，高校教师必须要沉下心、俯下身，以“打铁必须自身硬”的精神激励自身，潜心问道，修好内功，提升自身的学术能力和业务水平。

“纸上得来终觉浅，绝知此事要躬行。”高校教师不能将自己禁锢于象牙塔内，而应深入社会丰富阅历，在实践中汲取养分。科学研究不应是脱离社会的无源之水、无本之木，而应关注社会问题、融入社会之中、服务社会发展。“实践是检验真理的唯一标准”，科学研究更要以社会实践作为检验成果的唯一标准。“意识来源于实践，服务于实践”，用丰富的社会实践为先进思想的产生奠

---

① 习近平. 做党和人民满意的好老师——同北京师范大学师生代表座谈时的讲话［N］. 人民日报，2014-09-10（02）.

定基础。

### （四）坚持学术自由和学术规范相统一

学术自由和学术规范是对教师教学科研工作提出的具体要求。学术自由和学术规范是对立统一的矛盾体，学术自由只有在学术规范的大环境下才能产生，而学术规范也只有在学术自由的基础上才能建立。没有自由的学术是无规范可言的，而脱离了规范的学术也是无法长久自由的。高校教师从事学术研究是自由的和开放的，可以设定假设、论证结果，也可以自由畅想某一学术理论的发展方向，提出自己的独到见解。但是，这些都必须建立在遵守学术规范基础之上。

自由和不自由是一个问题的两个方面，没有绝对的自由，也没有绝对的不自由，任何事物都应该受到一定规范和限制，这样才能保持长久的自由。学术研究需要有宽松自由的环境，教师有选择做什么研究、如何开展研究的自由，对学术成果具有知识产权，在法律允许的范围内有权利决定成果应用的自由。社会也应该为学术发展提供百花齐发、百家争鸣的氛围。学术问题的解决是探索性的过程，是允许有争议、有不同声音存在的，在众多思想的交织、碰撞中才能产生真知。但是对于立场问题、价值取向问题，对于事关国家安定和社会团结的原则问题，是不能够存在杂音的。在这一点上，高校教师必须有清醒的认识和准确把握。

教师“四个相统一”是两点论和重点论的有机结合。做好高校教师思想政治工作，既要抓好全面又要抓住重点。教师“四个相统一”八个要素两两之间形成对立统一的关系，“教书”与“育人”、“言传”与“身教”、“潜心问道”与“关注社会”、“学术自由”与“学术规范”是互相依存、互相促进、互为条件、互为目的的，共同构成教师育人育才的有机统一体。同时，教师“四个相统一”的四个统一之间存在着相互贯通、相互渗透的关系，包含着渗透对方的关系和属性，会在一定条件下相互转化。正是因为教师“四个相统一”是运动的、斗争的，并在斗争中得以转化，才在实践中得以实现新的升华。解决教师“四个相统一”中矛盾的主要方面，就要求教育行政主管部门和高校紧紧围绕“育人”“身教”“关注社会”“学术规范”四个方面有的放矢地制定政策、选择方法、解决问题。在抓住矛盾的主要方面的同时，也必须要解决好矛盾的次要方面。在教师“四个相统一”中，如果教不好书，必然影响育人的效果；做不好言传，身教的效用就会减弱；不能潜心问道，就没办法好好服务社会；不能享受学术自由，学术规范就会出现偏差。因此，在高校教师思想政治工作中，我们既要抓住主要矛盾和矛盾的主要方面，又不能忽略次要矛盾和矛盾的次要方面。坚持重点论和两点论相结合的方法，是做好高校教师思想政治工作的关键所在。

## 第二节 思想政治教育队伍的素质和能力要求

在新的社会环境下，大学生思想政治教育队伍必须具备一定的素质和能力。只有这样才能适应社会环境发展变化带来的机遇和挑战。从总体上说，大学生思想政治教育队伍应当具有以下素质和能力：

### 一、思想政治教育队伍的素质要求

素质指的是事物的本来的性质。人所具备的素质是指人在先天禀赋的基础上，通过社会活动和教育形成的品德、体力、审美、智力等方面的品质及其表现能力的系统的综合，思想政治教育队伍的素质即思想政治教育者素质的综合。思想政治教育者的素质要求主要表现为四个方面，包括：思想政治素质、本职业务素质、科学文化素质、身心健康素质。

#### （一）思想政治素质

思想政治素质是思想政治教育队伍最重要的素质，关系到教育者能不能承担最起码的教育责任，有没有资格教育人。思想政治素质包含的主要内容有：

1. 正确的政治立场

思想政治教育队伍所占据的立场就是政治立场、党的立场、人民的立场。中国共产党代表的是最广大的人民群众的根本利益，是中国工人和中华民族的先锋队，所以党的立场和人民的立场是一致的。要以党和人民的立场观察事物的发展，分析问题，把握客观的世界，对正确的教育进行宣传，开展思想政治教育，是对思想政治教育者最基本的要求。

思想政治教育工作者只有站稳正确的政治立场，才能自觉以马克思主义和中国特色社会主义理论体系为指导，正确理解、积极宣传党的路线方针政策，才能时刻关注人民群众的利益和要求，与人民群众同呼吸、共命运，才能牢固树立用社会主义核心价值观占领思想文化阵地的意识，自觉同各种反马克思主义、非马克思主义的错误思想做斗争。

坚定正确的政治立场，需要具有鲜明正确的政治观念，运用马克思主义的观点，分析和解决群众的思想矛盾和问题，引导群众不断向前，要严格遵守党的政治纪律，说该说的话，做该做的事。始终保持清醒的头脑和高度的警惕，时刻注意与中央保持思想上和政治上的一致，增强思想政治教育的预见性，掌握工作主动权。

2. 坚定的理想信念

理想信念，指的是对共产主义远大理想和中国特色社会主义共同理想的确信。在新的历史条件下，所谓具有坚定的理想信念，就是坚信中国特色社会主义道路、理论和制度的正确性，坚信中国特色社会主义的共同理想和中华民族伟大复兴的中国梦一定能实现，始终做到坚定不移地高举和维护中国特色社会主义旗帜，并为之努力贡献自己的力量。

理想信念教育是思想政治教育的核心。教育引导群众树立远大的理想和坚定的信念，是思想政治教育的重要任务。思想政治教育是以育人为基础，所以必须具备坚定的理想信念，才能实现这一任务。

在当代社会条件下，坚定理想信念，就必须清醒认识坚持中国特色社会主义道路的历史必然性，充分认识党领导人民在改革开放、中国特色社会主义现代化建设中取得的辉煌成就，正确认识和对待我国面临的发展机遇与严峻挑战，做到不管风吹浪打，始终坚定不移坚持中国特色社会主义共同理想。

3. 良好的道德品质

个人的观念和行为可以反映出一定的社会道德原则和规范，是道德认知、道德情感、道德意志和道德行为的集合。教育者只有言行一致、表里如一，才能为教育对象提供思想道德上的示范，教育才能起到作用。

言教与身教相结合、身教重于言教，既是党的思想政治教育的优良传统，也是一条重要的原则。因此，具有良好的道德品质，也是对思想政治教育者基本的素质要求，这一要求包含着丰富的内容：

（1）要有强烈的敬业精神

做好工作的前提是要对职业有坚守和执着的意志。教育者要热爱自己的工作，具有坚定的思想政治教育信念，要具有做出成绩的愿望，要具有做好思想政治教育工作的信心，勇于为思想政治教育事业奉献自己的力量。

（2）对教育对象富有爱心

对于教育对象来说要具有亲和力、具有爱心，做不到这些就不能感染受教育者。思想政治教育不是毫无热情地将知识和思想从一个人的头脑中装入另一个人的头脑中，而是教育者与教育对象在互动中进行心灵的接触。无论教育对象具有什么样的身份和地位，境界如何，教育者都要一视同仁对待，尊重他们、鼓励他们、帮助他们。

(3) 以身作则、当好表率

以身教者从，以言教者讼。思想政治教育者要模范践行社会主义荣辱观，做社会主义道德的示范者，在社会公德、职业道德、家庭美德、个人品德等方面都应当成为教育对象的楷模。要求教育对象理解的问题自己首先能融会贯通，要求教育对象做到的事情自己首先做出样子。

## (二) 本职业务素质

本职业务素质是顺利展开工作所必不可少的主观条件，是思想政治教育者履行职责必须具备的素质。思想政治教育者的本职业务素质决定了工作能否顺利进行以及能够做出多大的贡献。思想政治教育者的业务素质，主要包括系统的专业知识、浓厚的专业兴趣和良好的专业涵养。

1. 系统的专业知识

任何一项工作都有其专业知识，思想政治教育同样具有很强的专业性、系统性。不掌握丰富而又系统的专业知识，思想政治教育者就难以胜任教育工作。

思想政治教育主要以传播马克思主义理论为己任，但另一方面它又以马克思主义指导思想政治教育实践，按照马克思主义的世界观、方法论分析思想形式，来探寻教育的规律，不断创新方法。

思想政治教育学是以思想政治教育现象为研究对象、研究探讨思想政治教育规律的学问，是前人经验的概括总结、提炼升华，对做好现实的思想政治教育具有指导作用，同时它又是进行探索创新的起点，理所当然必须掌握。

此外，教育学、心理学、政治学、伦理学、社会学、法学、管理学等方面的知识，与思想政治教育紧密相连，掌握这些知识，可以更好地理解和把握思想政治教育学理论，提高教育者的素质，增强思想政治教育的科学性。

由于教育对象行业不同、单位不同、岗位不同，所以思想政治教育者在传授知识的过程中，还应当学习掌握特定教育对象的工作内容方面的知识。这样，能够与教育对象有共同的语言，将思想政治教育渗透到业务工作中去，增强教育的针对性，提高教育的实效性。

2. 浓厚的专业兴趣

一个合格的思想政治教育者，应当努力培养自己的专业兴趣，只有喜欢它、热爱它，才能将它当作事业来做，才能做出成绩来，进而实现思想政治教育工作者的价值。

专业兴趣来自对思想政治教育重要意义的充分认识。思想政治教育岗位光荣、责任重大，是社会的改革、发展、稳定的需要，是人民群众的精神生活的需要，是中国特色社会主义伟大事业的需要。思想政治教育者的神圣使命是传递心的呼唤，架起理解的桥梁，构筑文明的大厦，守护灵魂的殿堂，发掘人力的资源。

专业兴趣来自对思想政治教育价值性与科学性的深刻理解和认同，来自对思想政治教育的热爱程度。思想政治教育是一门科学，蕴含着广博的知识和精神。在思想政治教育领域中，教育者可以发挥出自己的才干，大显身手。思想政治教育者是一支重要的队伍，是一个方面的专业人才，值得人们用一生去探索。

专业兴趣来自思想政治教育实践中的成就感。如果教育者积极投身思想政治教育实践，用心讲好每一堂思想政治课，认真进行每一次谈心，努力做好每一项教育活动，当教育对象因教育者劳动付出而提高了思想认识，解开了思想上的“疑惑”，获得了思想上的进步，教育者就会产生成就感。成就感积累多了，兴趣就会升华，就会越发热爱本职工作。

3. 良好的专业涵养

良好的专业涵养是思想政治教育者在长期的学习和实践中所形成的一种专业的积淀。教育者具有良好的专业涵养，可以更好地把握和驾驭思想政治教育规律，更加准确地把握教育对象的思想特点。专业涵养主要体现在：

其一，正确的教育理念。

将自己凌驾于受教育者之上来显示出自己的能力，通常不能够深刻地理解教育内容，在教学过程中准备不够充分，导致教育过程放任自由，还对教学效果抱以太高的期望。而具有成熟涵养的高校思想政治教育者则会正确定位自己的角色，履行自己的岗位职责，既发挥出自身的主导作用，又平等地与教育者相处，进行良好的互动。

其二，主动适应的本领。

能够把握教育对象思想发展变化的态势，有预见性地开展工作，而不是头痛医头、脚痛医脚，把思想政治教育当成了“救护车”“消防队”。因此，高校思想政治教育者应主动适应形势，及时根据国际国内形势发展和党的路线政策变化进行解疑释惑；主动适应教育对象需要，引导教育对象认识自己的根本利益并团结起来奋斗；主动适应教育对象的特点，区分层次，区别对待，因人而异，因材施教。

其三，平等互动的意识。

要平等地与教育对象进行互动，尊重教育对象的主观意愿和真实想法，广泛地收集相关资料和教育对象的意见，改变单向的灌输方式，采取讨论交流、互助互学的教学形式，调动大学生参与思想政治教育教学的积极性和主动性，使思想政治教育具有一个好的沟通。

其四，注重效益的观念

思想政治教育作为一项富有实践性、建设性的活动，具有效益要求。它的“投入”既有思想政治教育者的劳动和相关的财力物力支出，又有受教育者的时间与精力付出，它的“产出”是教育对象通过教育在思想、行为上所产生的积极变化。有专业涵养的教育者不能只顾一味地多投入，同时更应注重教育效果，关注投入与产出之比。要拒绝形式主义、做表面文章的倾向，也要反对不解决实际问题的教条主义倾向。

### （三）科学文化素质

科学文化素质是掌握和利用其他知识的前提，是掌握和理解思想政治教育的理论基础，也是开展思想政治教育活动的重要条件。在新形势下，为了增强思想政治教育的实效性，必须提升思想政治教育队伍的科学文化素养。

1. 较高的科学文化修养

思想政治教育是对文化的一种传承和创新的活动。加大文化的熏陶力量，实现以文化育人的效果，是思想政治教育发展的重要方面。当今社会，国民的文化素质不断提高、信息发展越来越快，对于思想政治教育也不能只限于传达。

思想政治教育者要自觉学习科学文化知识，提高文化水平和文化修养的自觉性，尽可能多地掌握科学技术知识与技能，具备文化意识和文化自觉，才能够准确理解思想政治教育的文化价值，充分把握思想政治教育内容的文化含义，与教育对象进行“有文化”的交流沟通，赋予思想政治教育以文化感召力和征服力。

所以，思想政治教育者应当多学习。学习相关的文学、美学知识，提高自己的审美品位；了解一些社会学、历史学和民族学等内容，充分提升个人分析问题的能力，在复杂的社会表象中找到问题的出发点和解决问题的办法；学习逻辑学、传播学等相关方法，提高自我表达能力，增强说服教育的效果。

2. 必备的信息素养

人类社会已经步入信息时代，思想政治教育者必须具备一定的信息素养。信息素养指的是思想政治教育者具有信息意识、信息知识，自己在教育过程中运用信息能力的一种综合的素质。

一方面，信息传播技术的进步和媒体的发展，给思想政治教育带来了诸多便捷，提供了丰富的资源；另一方面，海量的媒介信息以近乎轰炸的方式充斥着大众的眼球，过量的信息以及不同传媒对同一信息传播目的性、准确性、指向性的差异，使人真假莫辨，陷入选择困惑。

时代的变化要求思想政治教育者在信息社会中能够给予受教育者正确的领导和指引，在激烈的网络意识形态的较量下，要牢固社会主义阵地。因此，良好的信息素养已经成为新时代思想政治教育者所必备的基本素养。

对思想政治教育者来说，信息素养突出体现在三个意识上：

一是信息资源意识。各大媒体充斥着大量的信息，其中也不乏教育元素，从积极意义上说，丰富的信息为思想政治教育提供了资源，思想政治教育工作者要不断地发现、整理各种有用的信息为我所用。

二是平等共享意识。随着社会信息开放程度的日益加大，教育资源不再为教育者所单独掌握和控制，教育对象获得思想影响的渠道不再单一地局限于教育者。因此，善于与教育对象进行平等的对话和交流，在信息流动中加以引导，这也是一种信息素养。

三是趋利避害意识。面对复杂多变、良莠混杂的各种信息，要能够合理利用正面、积极信息，努力抑制消极、有害信息，坚持正面引导。

3. 运用先进教育技术的技能

现代教育技术的发展以信息技术中的网络技术为标志，为现代化的思想政治教育提供了发展的手段，极大地拓展了思想政治教育的时间和空间。思想政治教育队伍迫切需要一些精通思想政治教育业务的先进技术人才。

思想政治教育者应力求掌握的技能包括：

一是能够熟练运用网络技术，利用网络浏览和搜索功能，下载所需要的信息，并对纷繁复杂的各种信息进行筛选、鉴别、处理，为思想政治教育所用。

二是能够利用网络及工具软件发布各种有益信息，直接对群众施加积极影响。

三是能够利用信息技术制作多媒体课件、电视节目、电子灯箱以及开办教育网站等。

四是能够顺畅地运用新媒体。依托数字技术、网络技术以及移动通信技术向受众提供信息服务的，都属于新兴媒体，具有数字化、多媒体化、实效性、大众传播以及人际传播等技术特点，信息交流形式更加趋于人性化、个性化。掌握新媒体的运用方法和技巧，可以扩大思想政治教育的时空领域，增强教育效果。

### （四）身心健康素质

1. 健康的心理

思想政治教育者应当具有健康的心理状态，要有强大的心理承受能力、积极的个性心理，进而养成身心愉快、情绪激烈、品质优良、意志坚定、行为端正的心理品质。健康的心理特征具体表现为：

其一，稳定的情绪和积极健康的情感。愉快、乐观、开朗、满意等积极情绪，应占据教育者心理活动的优势，对生活和工作充满希望，富于理想追求；当出现忧愁、悲伤、愤怒、讨厌等消极情绪体验时，不能持续太久；对消极情绪有较强的自我控制和调节能力。同时，具有思想政治教育者的责任感、义务感、荣誉感、美感、理智感以及爱国主义情感、集体主义情感等健康丰富的情感。

其二，具有坚强的意志力。开展思想政治教育，必须具有对事物充分认识的能力，在行为上具有自觉性、果断性、坚韧性和自制性，不畏艰难、不怕付出和挫折，能够知难而上，对待工作具有持之以恒的态度，善于激励自己去执行已经做好的决定，能够抑制盲目的冲动行为，克服优柔寡断、慵懒懈怠、虎头蛇尾的不良习气，保持旺盛的斗志和清醒的头脑。

其三，完善的自我意识。能体验到自己存在的价值，既能了解自己又能接受自己，对自己能做出客观、正确的评价。在思想政治教育中，能够较好地认识和把握自己，教育才能富有亲和力，受到教育对象的喜爱，从而使教育过程顺畅。

2. 健全的人格

在人的生理基础上，受到家庭、学校教育和社会环境的影响，形成的气质、能力、兴趣和性格等心理特征的总和称为人格，它是人的精神风貌的集中反映。心理素质是人格的基础。通常来讲，思想政治教育要取得效果必须依靠真理的力量和人格的力量，二者要相互统一。由此可以得出，思想政治教育者的人格对于实现教育目的、取得教育成效具有十分重要的作用。

思想政治教育者的人格对教育对象具有很强的示范性。教育者所展示的人格形象，往往会受到教育对象的模仿。同时，社会对教育者也有很高的期待，如称思想政治教育者为“灵魂工程师”“人生导师”“社会主义核心价值观的模范践行者”等。思想政治教育者健全的人格主要体现在以下几个方面：

首先，心理和谐发展。需要和动机、智慧和才能、性格和气质、人生观和价值观都向着健康的方向发展，内心协调统一，言语行为一致，能正确认识和评价自己以及教育对象的所作所为是否符合客观要求、是否符合道德标准，能及时调整个体与外部世界的关系。

其次，能够正确处理好与教育对象之间的关系。既不是居高临下、通过教训来取代教学，也不是丧失一定的原则，听之任之，而是要尊重、理解、信任他们，热情地帮助他们，与他们进行沟通交流。

最后，能把自己的智慧和能力有效地运用到思想政治教育事业上。在思想政治教育研究和实践中获得乐趣，享受工作取得的成就，乐见教育对象的转变和进步，自觉培养对思想政治教育事业的兴趣和热情。

3. 强健的体魄

思想政治教育者的劳动不仅是一种复杂的脑力劳动，也是一项需要大量投入运动量的体力劳动。讲一堂思想政治理论课，与人交谈一次，做一项教育设计和准备，组织一次教育活动，既需要脑力也需要体力。没有好的体力难以承担繁重的思想政治教育任务。

同时，心理的健康和人格的健全是以良好的身体素质为基础的，没有强健的身体，心理和人格都会受到影响。两千多年前古希腊哲学家赫拉克利特就说过："如果没有健康，智慧就不能表现，文化无从施展，力量不能战斗，财富变成废物，知识也无法利用。"体魄强健是思想政治教育者的又一个重要素质。

强健的体魄包括身体的各个器官结构保持完好、各项功能都能正常运作，强健的体魄能够将教育实践的功能很好地发挥。拥有强健的体魄就具有了抗压的资本和能力，具有承担连续工作而耐受辛劳的体能，在超负荷劳动的情况下能较快地消除疲劳、恢复体力。

为了保持身体的健康、体魄的强健就必须加强锻炼身体，经常参加各种体育活动，注重劳逸结合，提高工作效率；同时，养成良好的生活方式，克服不良的生活习惯。

## 二、思想政治教育队伍的能力要求

### （一）组织教育的能力

1. 观察分析能力

大学生思想政治教育队伍要对学生的思想情况做到充分的了解和掌握，善于发现问题、分析问题。

一是要能通过表面现象看到问题的本质所在，不被现象所迷惑，掌握学生的真实情况。这就要求大学生思想政治教育队伍能从别人视为正常的举动中看到学生非正常的一面，透过学生的外在行为发现其内在原因，从而对学生的真实思想做到充分的了解。

二是要能通过个别问题看到倾向性问题，不让其形成气候，进而有针对性地加以解决。这就要求大学生思想政治教育队伍在解决个别问题的过程中必须从防止倾向性问题着眼，做到早防早治。

三是要能通过简单问题看到一些潜在的复杂问题，及时消除隐患。大学生思想政治教育队伍要善于运用发展的观点、联系的观点观察事物、分析问题，争取工作的主动权。

四是要能通过实际问题看到思想问题，在解决实际问题的同时要注重思想教育，进一步使学生的思想觉悟、积极性得到提高。

2. 疏导说理的能力

大学生思想政治教育队伍在思想教育过程中，应具备相关疏导说理的能力。一方面，用事实说服人。事实胜于雄辩，以事论理是做思想工作的一个有效手段。另一方面，用典型说服人。榜样的力量是无穷的，一个典型就是一面旗帜，运用大家看得见、摸得着的典型示范引路，就能进一步提升集体的正气。

### （二）组织管理的能力

1. 领导管理能力

大学生思想政治教育队伍要充分调动学生的积极性，提高集体凝聚力。这是开展各项活动、教育带动大学生的有力保证。

一是要任人唯贤。大学生人生观正在逐步地形成，他们具有较强的自主意识，要根据其身心特点，充分调动他们的积极性、主动性，扬长避短，使大学生骨干成为思想政治教育队伍工作的左膀右臂。

二是要建章立制。认真贯彻执行高校学生管理制度，并从实际出发，科学制订管理工作计划，因人而异处理具体问题，对问题及时发现、及时处理，并树立良好的风气，使其具有的真正的制约作用得以充分发挥。

2. 统筹规划能力

大学生是思想政治教育队伍的重点工作对象，他们来自全国各地，他们的思想基础、学习能力、生活习惯乃至人生观都各不相同，而且当代大学生主体意识鲜明，强调个性发展。

因此，思想政治教育队伍在工作中要善于从全局、长远分析问题，对自己任期内的工作进行统筹安排，抓住工作中的主要矛盾和关键环节，根据学校各个不同阶段的中心工作及学生的特点和需求，有的放矢地对工作进行相应的实施。

3. 科学决策能力

在日常管理中，思想政治教育队伍的工作对象是具有活跃思维的大学生。他们大量吸纳社会上的各类信息，对一些问题有自己独特的见解；而他们世界观又正处于成长阶段，有其不稳定性。面对这样的群体，思想政治教育队伍要在对工作对象及工作任务进行充分分析的基础上，采取一系列合理的应对措施。

因此，思想政治教育队伍可根据一定时期的工作重点，合理确定决策对象或决策事项，同时注意倾听他人的意见，尤其是学生的意见，最后付诸具体的实际行动。

4. 归纳总结能力

思想政治教育队伍工作量大、工作面广，有时会给人繁杂无序的印象，因此思想政治教育队伍要重视归纳总结能力。这种能力会对工作效果、决策水平及今后工作的有效开展造成较为直接的影响。

因此，要养成记工作日记的良好习惯；要勤学多问，向有经验的思想政治教育工作者学习；要围绕得失，认真总结；要勤于动脑，善于积极地思考。

（三）服务学生的能力

1. 具有进行心理健康教育的知识与能力

在市场经济的不断发展之下，社会竞争日趋激烈，大学生在学习、生活、就业等方面遇到的挫折和困难越来越多，面临的心理压力也越来越大，从而产生各种各样的心理问题或心理障碍。

在这种情况下，高校迫切需要解决的问题就是，尽快使大学生的心理素质得到有效的提高，进一步增强大学生承受各种心理压力和及时处理心理危机的能力。

高校心理健康教育主要面临两大任务：一是在大学生中普及相关的心理健康知识；二是对心理异常的学生进行一定程度的心理指导与治疗。这些显然都非常需要大学生思想政治教育队伍参与其中。

但从目前的实际情况来看，大学生思想政治教育队伍的整体素质与高校心理健康教育任务的要求并没有达到一致，在很大程度上来看，仍然具有一定的差距，缺乏系统的心理学知识和矫正心理问题的技能。甚至还有一些思想政治教育教师面对大学生日益增多的心理问题和心理障碍，无所适从。

因此，为了能够最大限度适应心理健康教育的要求，思想政治教育队伍必须系统掌握心理学知识，从而有效提高正确解读、矫正大学生心理问题的能力。

2. 指导学生学习和选择专业及课程的能力

思想政治教育队伍是大学生在进入高校之后最先接触和熟悉的群体，大学生对于思想政治教育队伍的指导及其在选择上的帮助十分信赖。尤其是一些高校实行教学改革模式，要求学生学完基础课以后，按兴趣和务实性选择自己喜爱的专业，这时学生往往会极力征求思想政治教育队伍的意见。高校为了培养学生的综合素质，就要增开许多选修课，这些都需要思想政治教育队伍给予明确而有主见的指导。

因此，大学生思想政治教育队伍必须对本系专业课程和本校主干学科课程的专业知识有充分的掌握和了解，从而正确指导学生对课程进行选择，最大限度保证学生学习知识的完整性和系统性。

3. 指导毕业生就业的能力

学生的主要任务就是学习，从而为社会进步提供合格的人才。因此，摆在学生面前最现实、最直接的问题就是如何毕业后尽早、尽快地就业。

根据当前形势来看，学生就业率的高低，不仅和学生自身具有的能力和学校教学水平有关，而且大学生思想政治教育队伍的相关指导也显得非常关键。因此，这就要求大学生思想政治教育队伍在日常的学生管理教育和训练中，积极帮助学生进行相关的职业生涯规划，为以后就业创造充足的条件。

当然，这里需要明确的一点是，大学生思想政治教育队伍进行的就业指导，应在学生管理过程中尽早进行，不能等到学生快毕业时才意识到这个问题。求职的一般程序、应注意的问题、求职对象的选择、应办理的就业手续等是进行就业指导的具体内容，学生必须牢牢掌握就业的本领，积累大量的就业信息。

（四）应对突发事件和复杂局面的能力

思想政治教育队伍是与大学生接触最多的教育者，由于在对学生进行日常管理时，难免会遇到突发事件，这就需要大学生思想政治教育队伍准确把握好具体形势，冷静处理，积极引导事态向好的方向发展。所以，大学生思想政治教育队伍在复杂环境中培养和不断提高自身审时度势、灵活反应的能力是非常有必要的。

当遇到突发事件时，思想政治教育队伍必须作为大学生的“主心骨”，在第一时间沉着应对、果断处置，让学生的情绪稳定下来，防止事态进一步扩大。

因此，大学生思想政治教育队伍在日常生活中应该处处留意，不断积累生活经验，敢于面对各种复杂的局面，关键时刻能够冷静分析对待，不打无准备之仗；在情况出现新的变化时，要能够理智地从现实的角度出发，对原有的决策、方案等及时进行相关的修改和补充，做到因势利导。

### （五）进行网上教育引导的能力

网络时代，大学生已经成为中国网上用户中比例最大的一个群体，网络也便成了开展思想政治教育的一个新的、重要的阵地。

因此，思想政治教育队伍应该具有比较敏锐的信息意识，努力做网络时代的有心人。网络的发展带来了一系列问题，如何引导学生树立正确的价值取向和伦理道德，如何增强学生的鉴别力和免疫力，如何帮助学生正确处理利用网络与接受全面教育的关系，已成为摆在学生工作者面前的重要课题。

### （六）从事教学和研究的能力

1. 从事教学的能力

在对学生进行教育、管理、服务的同时，一些思想政治教育队伍还担负思想政治理论课教学的重要任务。思想政治理论课承担着对大学生进行系统的马克思主义理论教育的任务，是对大学生进行思想政治教育的主渠道。

因此，思想政治教育队伍应具备良好的教学能力，如掌握利用多媒体进行教学等手段，引导大学生坚定对马克思主义的信仰、对社会主义的信念，增强对改革开放和现代化建设的信心、对党和政府的信任。

2. 研究能力

（1）要有调查研究的能力

要想把学生教育好，就必须先了解学生。思想政治教育队伍需要进行的思想教育工作应该建立在多方面了解和研究学生的基础之上。

只有充分掌握了学生的思想状况、个性特点，了解他们的学习、生活情况，才能从学生的实际出发，有的放矢地进行教育。因此，思想政治教育队伍要善于接触、观察、了解学生，掌握学生的第一手资料，经过分析和综合研究，从中发现并充分地掌握关于学生思想动向和成长体现出来的规律。

（2）要有理论研究的能力

大学生思想政治教育工作，可以称为一门艺术，因为这有赖于大学生思想政治教育队伍的创造性。但是，从另一种角度来说，它又是一门科学，其相关理论需要在实践中不断丰富和发展。然而，长期以来，大学生思想政治教育工作在理论研究方面并不是处于很乐观的情势。

进入21世纪，社会日益复杂多变，因而面对学生工作中出现的“变量”，就要求大学生思想政治教育队伍在工作中应该注重对素材的积累、对经验的总结，在理论方面进行较为深入的研究。

要善于透过当前大学生中所存在的各种普遍现象，对思想政治教育工作的具体规律和方法进行有效的探索，对思想政治教育工作的发展趋势做出合理预测，有效提高工作的主动性、针对性和实效性。

### （七）促进学生全面协调发展的能力

21世纪的教育，一个根本性特点就是学生学习主体地位明确地凸显，完全摆脱了传统教育模式下被动的学习状态，具有了学习的自主性和选择性。

这种情况下体现出来的师生关系更多的是一种民主平等、教学相长的关系。这要求大学生思想政治教育队伍要积极成为学生学习中的指导者、服务者、帮助者。

不仅如此，高校的思想政治教育队伍还必须具有一种全新的师生观，对专业教师进行主动协助，最大限度地培养学生学习的主动性，积极组织学生进行合作学习和研究，帮助学生进行学习。

一个人所具有的能力是不断完善、不断提高的，并不是一成不变的。面对21世纪的严峻挑战，高校要想有效培养出具有全新思维方式、全新知识结构、全新精神面貌的人才，就必须提高思想政治教育队伍的能力水平。

在这种较为紧迫的形势下，思想政治教育队伍就要加强学习，加强自身修养，在社会实践中不断丰富自己，使自身能力适应21世纪的要求，对于时代发起的挑战能够予以积极的回应。

### （八）创新能力

1. 理念意识的创新

大学生思想政治教育队伍应当全面地对各种新事物进行经常性的学习接触，不断拓展、丰富自身的知识领域，完善相应思维模式。通过观察，能从一些司空见惯的事物中敏锐地发现一些不寻常的地方，进而运用创造性的思维、活跃的灵感获得全新的知识。

2. 工作方式的创新

由于过去那种单纯命令式的学生管理方式已经很难适应现在的大环境，因而就要求大学生思想政治教育队伍必须进行相应的转变，采取一种个性化和人性化的工作方式从而有效地促进大学生的全面发展。

在实际工作中，大学生思想政治教育队伍需要注意，所谓创新能力，具体是指在实际的基础之上对创新技能进行合理的运用。无论是针对理念意识进行的创新还是针对工作方式所做的创新，都必须和实际相结合，如果脱离实际情况，那是行不通的。

## 第三节　思想政治教育队伍建设的途径

大学生思想政治教育队伍建设是一项极其复杂的社会系统工程，需要教师个人、学校乃至社会均参与其中，并且经过长期坚持不懈的努力才有可能取得不错的效果。

### 一、坚持大学生思想政治教育队伍建设的基本原则

#### （一）党管队伍原则

党管大学生思想政治教育队伍是大学生思想政治教育队伍建设工作中不可动摇的根本原则。在改革的实践中，我们坚持党管大学生思想政治教育队伍的原则，形成了一套具体制度、程序和方法。实践证明，坚持和实现党管大学生思想政治教育队伍原则，就要做到以下四点：一是加强党对大学生思想政治教育队伍人事制度改革工作的领导，改革高度集中的管理体制和单一的管理模式，根据各个高校的不同特点，制定符合各自特点的管理制度，实行分类管理。二是善于总结改革经验，制定大学生思想政治教育队伍路线、政策，并通过一定程序，转化为大学生思想政治教育队伍人事管理法律、法规，依法实行管理。三是推荐并管理重要干部。四是具体管理模式为党委统一领导，组织部门牵头，人事等有关部门各司其职、密切配合，社会力量广泛参与的大学生思想政治教育队伍工作新格局。大学生思想政治教育队伍建设坚持这一原则，要求我们首先是要坚持校党委对整个大学生思想政治教育队伍建设的领导，确保大学生思想政治教育队伍管理的各项工作在党委领导下进行。其次，在大学生思想政治教育队伍建设中要始终贯彻党的干部路线。坚持革命化、年轻化、知识化、专业化的干部方针和德才兼备的干部标准，坚持任人唯贤，反对任人唯亲。当然，坚持党管大学生思想政治教育队伍原则，并不是死守已有的模式，而是要在坚持原则的前提下，不断变革党管大学生思想政治教育队伍的方式，积极改进党管大学生思想政治教育队伍的方法。要坚持继承和创新相统一，坚持和发扬我们党长期形成的传统，勇于改革一切不适应新形势新任务新要求的制度和方式方法，在具体操作上要大胆革新，勇于探索新的路子，努力形成能上能下、充满活力、促进优秀人才脱颖而出的用人机制。

#### （二）民主集中制原则

大学生思想政治教育队伍建设很重要的一个方面就是，加强大学生思想政

治教育队伍选聘中的民主，改变过去由领导说了算、透明度不高、民主程度不够的问题，切实体现民主、科学的精神。在加强大学生思想政治教育队伍选拔任用民主程序中必须处理好民主与集中的关系。要正确处理好这一关系，就要坚持民主集中制的原则，按照民主集中制原则来指导大学生思想政治教育队伍制度改革。在改革大学生思想政治教育队伍选拔任用程序上要体现民主集中制，把民主推荐、组织考察、集体讨论决定作为必不可少的环节。

### （三）公平、平等、竞争、择优的原则

推进大学生思想政治教育队伍制度改革，使大学生思想政治教育队伍制度走向科学化、规范化，必须建立公开、平等、竞争、择优的选人用人机制。大学生思想政治教育队伍文化层次比较高，民主氛围好，选聘大学生思想政治教育队伍应该在公开民主上先行一步，逐步扩大选人用人的透明度，拓宽选人用人的视野，为优秀人才提供平等竞争的机会，并为最终选拔优秀人才走向领导岗位开辟道路。

### （四）改革原则

改革是促进大学生思想政治教育队伍建设、保持大学生思想政治教育队伍充满生机活力的根本所在。在大学生思想政治教育队伍制度改革中，既要敢于改革，也要符合实际，特别是要善于解决改革中的实际问题，要注意改革创新与现行大学生思想政治教育队伍政策的关系，改革创新与大学生思想政治教育队伍实际状况的关系，改革创新与学校其他改革的关系。要实事求是地处理好这些关系，防止徒具大学生思想政治教育队伍制度改革之名而无改革效果之实。通过改革，引入竞争，形成大学生思想政治教育队伍人才脱颖而出的选人用人机制。

### （五）以人为本原则

以人为本是习近平新时代中国特色社会主义思想的重要来源，习近平新时代中国特色社会主义思想被写入党章和宪法，是我们党开展各项工作的基本指导思想。在大学生思想政治教育队伍建设中，我们也要以习近平新时代中国特色社会主义思想为指导，努力实践以人为本的要求。在大学生思想政治教育队伍建设中做到以人为本，要求我们：必须在工作中依靠大学生思想政治教育队伍，充分发挥他们的积极性和创造性；必须关心大学生思想政治教育队伍，了解他们的疾苦，解决他们的实际困难，使他们无后顾之忧，能轻装上阵，安心工作；要为大学生思想政治教育队伍实现自身价值创造条件。人的发展是全方位的，大学生思想政治教育队伍最关心的是自身价值的实现，是能否实现人的

全面发展。因此，要为大学生思想政治教育队伍成长创造条件，使他们能够在不同的岗位上增长才干，创造业绩。

## 二、教师的个人层面

### （一）大学生思想政治教育教师要树立“三大理念”

1. 互联网理念

伴随着信息技术的快速发展，各大高校已经对教师的互联网化逐步展开实施。各大高校也都意识到互联网在教育中具有重要作用，它是当前进行大学生思想政治教育的一块“高地”，思想政治教育教师必须将它拿下，才能更好地发挥信息技术的载体作用，增强大学生思想政治教育的实效性。互联网是人类进程中一种新的实践手段、新的生存方式、新的体验方式，有着自身独特的功能、作用、本质以及特征。大学生思想政治教师必须清晰地认识到这一点，树立正确的互联网理念，从而促进思想政治教育知识的传播。

2. 服务理念

大学阶段是大学生思想和心理快速成长成熟的阶段，这个阶段大学生的思想极易受到外界的影响。

在当前社会，多元文化、多元价值观以各种方式冲击着大学生，大学生的思想和心理也在一定程度上发生着变化。这就需要大学生思想政治教师改变原有的工作态度和方法，运用网上网下协调互动的方法，与学生建立亦师亦友的关系，以学生为本，实事求是地开展工作，全心全意为学生服务。

3. 实时理念

高速发展的信息时代，对于大学生思想政治教育队伍来说，如何正确地把控和引导信息传播，是一项即将面临的巨大挑战。

诸如很多信息被多次点击关注后成为焦点，而后在大学生的参与下演变成群体性事件的例子屡见不鲜。面对社会热点问题的客观存在，大学生思想政治教育队伍必须树立实时理念。即对大学生的思想动态进行实时关注，关心事态的发展，并对事件予以合理的解决，扩大正面消息的影响范围，把负面消息的影响缩小甚至是消灭，尽可能地保证学生不受影响。

### （二）新时期大学生思想政治教育教师要培养“四大意识”

1. 阵地意识

中国共产党历来重视思想阵地建设，1999 年 9 月 29 日颁布的《中共中央关于加强和改进思想政治工作的若干意见》中明确指出：“在新的历史时期，思想领域的矛盾和斗争错综复杂，有时还表现得相当激烈，思想领域的阵地马克思主义不去占领，非马克思主义和反马克思主义的东西必然会去占领。”①

这就要求大学生思想政治教育队伍要重视对阵地意识的强化，重点对待新时期大学生思想政治教育工作面临的挑战和问题，同时对新时期出现的一系列新情况、新问题进行深入的研究，不断增强思想政治教育队伍的战斗力。

2. 安全意识

当前大学生已多是“00后”，他们乐于接受新事物也善于接受新事物，但是在这个过程中也产生了一定程度的安全隐患，“文化殖民主义”、文化糟粕、西方意识形态渗透和传播也有机可乘，对大学生的成长造成了严重的影响。

目前，对于大学生思想政治教师来说，最为艰巨的任务就是正确地对大学生进行引导，让大学生增强防范意识，自觉甄别和抵制不良信息。

3. 学习意识

对于思想政治教育教师来说，具有基本的思想政治理论知识是远远不够的，只有在循序渐进、持之以恒的学习中不断充实和提高自己，使自己的知识形成结构上的完整，同时具有一定的时代性，才能面对时代的挑战，才能顺利完成艰巨而复杂的思想政治教育任务。

4. 创新意识

作为思想政治教育教师，应该具备更高的创新意识。从某种程度上来说，创新意识是教师队伍迎接挑战、处理问题的关键所在。

当前，面对复杂多变的新情况、新问题，思想政治教育教师队伍必须做到解放思想，对原有的旧观念进行更新，把握机遇，开拓前进，增强大学生思想政治教育工作的吸引力。

## 三、学校层面

### （一）加强高校党政干部和共青团干部队伍建设

干部队伍是学校教职工队伍的重要组成部分，其日常管理服务工作是承接学校党委、行政和各教学单位的枢纽，是联系师生员工的桥梁，肩负着推动大学生思想政治教育根本任务得以有效贯彻、落实的重任，具有重要的地位和作用。因此，要有针对性地提出加强高校干部队伍建设的对策和措施，使高校干部队伍建设有一个质的飞跃。加强高校干部队伍建设需要重点把握以下方面：

---

① 《求是》杂志政治编辑部. 加强和改进思想政治工作若干问题讲话［M］. 北京：红旗出版社，1999：8.

1. 解放思想，解决头脑问题

解放思想，说到底就是新事物与旧事物的斗争。只有思想解放，我们才能正确地以马克思列宁主义、毛泽东思想和中国特色社会主义理论为指导，解决过去遗留的问题和现在新出现的问题。因此，领导干部要解放思想，就必须要学点哲学，善于运用哲学的观点看问题、想问题、解决问题。从理论意义上讲，哲学是关于世界观和方法论的理论，它揭示的是事物发展变化的最一般的规律。世界上的事物纷繁复杂，而哲学的意义就在于，任何事物的运动规律都逃不出它的范围。学好哲学，掌握了一般规律，有助于认识规律。① 从实践意义上讲，高等教育现在确实面临着一个复杂的形势，摆在我们面前的任务很艰巨，困难很多，矛盾很复杂。正确认识和解决这些问题离不开马克思主义哲学这个伟大的认识工具。从个人的实践来讲，要提高自己认识世界和改造世界的能力，就必须学习哲学。哲学是“明白学”，许多事情只有学了哲学才能真正明白；哲学是“智慧学”，学了哲学可以使人变得聪明，脑子活、眼睛亮、办法多。

2. 讲政治，解决党性问题

讲政治，首先要明确什么是“讲政治”。“讲政治”就是要有个“弦”，常怀忧党之心，恪尽兴党之责。做到两个方面：一是政权意识，时刻牢记；二是经济建设，这是主要的、根本的要求。干部既要有执政党意识、政权意识，保证政治方向，又要以经济建设为中心，理直气壮讲大道理。

讲政治包括五个方面：一是讲正确的政治方向，坚决执行党章，高举中国特色社会主义伟大旗帜，坚定共产主义理想、中国特色社会主义共同理想和中华民族伟大复兴中国梦，脚踏实地去努力。二是讲正确的政治立场，要牢牢站在党和国家、人民利益的立场上，说共产党和人民的话。三是讲正确政治观点，即马克思列宁主义观点、毛泽东思想观点、中国特色社会主义理论观点。没有正确的政治观点，就等于没有灵魂。四是要讲政治纪律，坚决同党中央保持高度一致，不能上有政策下有对策，不能自行其是。五是讲政治鉴别力、政治敏锐性，善于通过种种表象判别政治实质，判断政治是非，不能麻木不仁。落实到高校中，就是要从讲政治的高度牢牢把握社会主义的办学方向，坚持党委领导下的校长负责制；认清高等教育形势，不断提高政治素质，积极应对市场经济、知识经济对高校的挑战；树立正确的教育理念，遵循教育规律，按规律办事。

---

① 黎均．学好哲学　迈向成功——新课程理念下中学思想政治课教学方法优化之探讨［J］．现代阅读（教育版），2013（2）．

3. 善于学习，解决作风问题

学习是中华民族的优良传统。孔子说："学而时习之，不亦乐乎？"意思是：学了之后及时、经常地进行温习和实习，不是一件很愉快的事情吗？按照这一说法，"学"就是闻、见，是获得知识、技能，主要是指接受感性知识与书本知识，有时还包括思想的含义在内。"习"是巩固知识、技能，即温习、实习、练习，有时还包括"行"的含义在内。"学"偏重于思想意识的理论领域，"习"偏重于行动实习的实践方面。学习就是获得知识、形成技能、培养聪明才智的过程，实质上就是学、思、习、行的总称。

学习的主要原因有三个：第一，从直接经验和间接经验的角度讲，人活动的范围、深度有限，因而直接经验非常有限。第二，从人的本性讲，人天生是好奇的动物，认识自然和社会要靠学习。第三，学习是人类文化传承的需要。文化作为上层建筑的重要组成部分，有它独特的发展传承规律，人类一代一代传承要靠习得。因此，领导干部要做好领导工作必须学习。一是向书本学，学习各种文化知识，既要学习当代中国马克思主义理论著作，也要学习古今中外优秀文化知识。二是向实践学，知行合一，理论联系实际。

4. 提高能力，解决办事问题

高校干部是高校管理的重要力量，其素质的高低、能力的强弱直接影响着学校教育质量的高低。高校干部要着力从以下三个层面来提高领导能力。

从大环境看，高校领导干部应具备三种能力：一是科学判断形势的能力。二是应对复杂局面的能力。三是总揽全局的能力。

从小环境看，领导干部应具备四种基本能力：一是知人善任的组织能力。二是科学创新的思维能力。三是统筹兼顾的协调能力。四是规范实用的写作能力。

从实际工作看，领导干部应具备八种能力：一是科学决策能力。二是贯彻执行能力。三是组织管理能力。四是综合协调能力。五是选才用人能力。六是处事应变能力。七是开拓创新能力。八是学习实践能力。

5. 要处理好战略与战术的关系，解决成功问题

古人讲下棋，"善弈者，谋势，不善弈者，谋子"。战略就是"势"，而实现战略的办法就是战术。关于二者的关系，毛泽东在 1956 年 7 月 14 日与危地马拉前总统阿本斯谈话时有一个经典的解释，"我们说美帝国主义是纸老虎，是从战略上来说的。从整体上来说，要轻视它。从每一局部来说，要重视它。……

从战略上说，完全轻视它。从战术上说，重视它。”①

战略和战术是方法论问题，处理好战略和战术的关系，要抓住三点：一是战略一定要科学，把握住“势”。“势”有大势、中势和小势之分，要认清大势，把握中势，抓住小势，这样才能有条不紊。二是战术上要围绕战略，不能朝三暮四，要一以贯之谋发展，一张蓝图绘到底。要正确认识前进道路上的曲折，不能遇到困难就绕着走，要敢于碰硬、善于碰硬、善于各个击破。三是要千方百计、竭尽办法达到目的。

6. 要处理好全局与局部的关系，解决政令统一问题

“全局”与“局部”这两个概念比较好理解，落实到实际工作中，要把握住两点：一是局部必须服从、服务于全局，整体大于局部。二是个体之和大于整体，重视尊重个体的创造才能，对个体既要放心，也要放手。同时，还要形成合力，干大事业，成就大事业。

在这里，有一个关键问题，即高校内部校院两级管理体制问题。大学学院制管理改革，意味着要求大学管理机制构成各要素之间关系的重新调整与定位，其实质是使大学原有的以职能部门为主体的管理模式转变为以学院管理为主体的管理模式。通过调整学校与学院及职能部门之间的责权利关系，赋予学院对等性的权利、责任和利益，使学院成为相对独立的责任实体、权利实体和利益实体。这既能充分调动学院的积极性、主动性和创造性，增强学院的责任感，实现管理层次和管理幅度的优化，又可促进职能部门更好地面向和服务基层，使学校的整体管理更具有全局性和前瞻性。责权利关系是构成大学内部管理各组成要素之间的相互联系、彼此作用的一种基本关系。它要解决的主要问题是如何使大学的管理重心下移，在学校和学院之间合理地配置教育资源、协调决策行为，真正实现以学院为中心的大学功能整体优化。②

7. 要处理好各种矛盾，解决领导方法和领导艺术问题

矛盾是事物自身所包含的既相互排斥又相互依存、既对立又统一的关系。运用对立统一的观点观察世界，是科学的世界观；运用对立统一的观点解决矛盾，是科学的方法论。高等教育存在着种种矛盾，有高校与外部的矛盾，也有高校内部的矛盾，如教学与科研、硬件与软件、一线与二线、事业发展与民生以及教师与干部、教师与学生、教师与教师、学生与学生等之间的矛盾，高校

---

① 毛泽东文集：第 7 卷［M］. 北京：人民出版社，1993：73.

② 程勉中. 大学学院制管理改革中责权利关系的调整［J］. 云南民族大学学报（哲学社会科学版），2005（3）.

领导干部要有解决这些矛盾的办法和能力。

8. 要处理好业务和管理的关系，解决工作分配问题

业务是指行业中需要处理的事务，对于管理干部来讲，就是要做好所在部门的领导、管理工作。而管理就是制定、执行、检查和改进。管理是处理人与事的艺术，管理是要以有效的方法达到期望的具体成果，而艺术就是达到某种所需要的具体结果的“诀窍”。管理的对象是“人”和“事”，而人是“万物之灵”，其思想、行为以及心理情绪差异万千，几乎让人不可捉摸；各种事物形态种类的多样性及其变化更让人不可能观察一切、明白一切。所以，管理难以运用固定不变的法则来应付千变万化的环境，这就需要在管理实践中运用高超的艺术，正确处理业务和管理工作的关系，科学安排，激发组织内成员的工作热情，汇集众人的才智，实现组织的共同目标。

### （二）加强思想政治理论课教师队伍建设

从管理者的思路来看，思想政治理论课教师队伍建设是思想政治教育方面的人力资源建设，是一个系统工程，总体来说应从招聘、培养和激励管理等方面着手。

1. 认真做好队伍的招聘工作

教师队伍的招聘工作应坚持一定的标准，按照标准严格、结构优化的方针，坚持专兼结合的原则实现优秀人才选拔。

（1）确立选拔标准

依据德才兼备的原则，招聘思想政治理论课教师应在思想政治素质、专业知识和实践能力等方面做出规定，实现招聘来的教师能够迅速上岗，发挥其应有的作用。中共中央宣传部、教育部发布的《关于进一步加强高等学校思想政治理论课教师队伍建设的意见》，对思想政治理论课教师招聘做出具体的要求。高校在招聘思想政治理论课教师时，应严格按照这一规定执行。

（2）完善招聘程序

借鉴人力资源管理理论，思想政治理论课教师招聘一般来说有以下几个程序：

首先，根据学校的情况，确定思想政治理论课教师招聘的人数和要求。思想政治理论课教师队伍的招聘应由校党委领导统一安排，组织相关专家、有经验的教师和人事专员组成招聘工作小组，核对本校思想政治理论课教师的需求，并进行整理和汇总。工作小组可以根据本校思想政治理论课教师的素质和相关文件确定本校思想政治理论课教师的素质水平及招聘的任职要求。

其次，对应聘的思想政治理论课教师进行笔试和面试。工作小组应首先对应聘的思想政治理论课教师进行筛选，组织合格的人员进入笔试环节。笔试环节试题一般来说应组织工作小组中的专家进行编写，原则是符合本校和各级主管机关的文件精神要求。笔试合格的教师要通过工作小组的面试环节才能进入下一个试讲环节，并将试讲环节的得分作为思想政治理论课教师招聘的一个关键分值。

最后，广泛征求意见，并报校党委审批。一般来说，招聘领导小组要结合本校对思想政治理论课教师的需求和笔试、面试、试讲合格的人员情况征求意见。原则上，应聘的思想政治理论课教师应是全方位的人才，各个方面都应有优秀的表现。但是在具体实践中，某一方面特别突出的人才正好适合本校需要的情况也是有的，学校应给予重视。

必须注意的是，思想政治理论课教师招聘过程中必须要有一个高水平的考官队伍，严格要求招聘过程中的报考资格、筛选程序，对于招聘的方法进行科学合理的设定，对于将要担任本校思想政治理论课教师的人员进行综合的测评，做到人员和岗位的完美匹配。

2. 不断加大队伍的培养力度

一支适宜于本校思想政治理论课发展的教师队伍必须是高水平的教师队伍。这支教师队伍不能只靠招聘而来，作为人事工作的一部分，思想政治理论课教师必须得到足够的培养，实现有计划、有步骤地建设高水平教师队伍。

（1）完善培训体系，提高队伍素质

高校在制定思想政治理论课教师培训规划的过程中，应建立一个完善的而又有重点的培训体系，全面培养思想政治理论课教师的同时突出其专业能力，实现其职业发展的专业化。从实践上看，思想政治理论课教师培训要重点深化岗前培训、课程轮训、骨干教师研修和在职培训。

（2）加强实践锻炼，搭建交流平台

实践锻炼是思想政治理论课教师培养的一个重要组成部分。高校要适当组织思想政治理论课教师进行社会实践和学习考察，通过“引进来”与“走出去”相结合的方式，实现社会资源与校内资源的完美结合，以丰富校园实训的内容。高校要围绕教学的需要提升思想政治理论课教师的能力。一般来说，应按照打开教学思路、丰富教学内容、拓展教学方法、解决教学问题的模式，围绕思想政治理论课的教学提升教师的能力。各高校可以帮助思想政治理论课教师进一步了解国情、了解世界，开阔思想政治理论课教师的视野，为其思路的打开奠定材料基础，同时也为其教学内容的丰富奠定基础。此外，还可以将其他类型单位的思路引入思想政治理论课教师培训的内容中，为他们丰富教学方法积极创造条件。因此，各高校可以选择优秀的思想政治理论课教师参与到各种形式的社会实践中，通过挂职锻炼和学习考察的方式提升其能力。另外，还可以通过思想政治理论课教师担任辅导员、班主任的方式帮助思想政治理论课教师了解学生，督促思想政治理论课教师围绕学生去安排核心价值观教育，实现思想政治理论课教学和日常思想政治教育的优势互补。

国外的资源也是思想政治理论课教师培训的一部分。高校可以组织教师出国研修，对优秀教师制订专项培养计划，鼓励和支持思想政治理论课教师进行海外访问和进修。

3. 建立健全队伍的管理机制

科学的管理是思想政治理论课教师发挥工作热情、提高工作效率的一个重要保障。从当前思想政治理论课建设的需要来看，其管理机制主要包括考核机制和激励机制两个方面。

（1）建立健全考核机制

一套公开、客观、全面的思想政治理论课教师工作考核机制，是了解教师队伍工作状况的一个重要环节和有效手段。当前，考核机制的建设应着重做好以下工作：

第一，成立思想政治理论课教师工作考核的领导机构，确定考核机制建设的人员保障。一般来说，思想政治理论课教师工作的考核工作主要由教务处、人事处和所在学院牵头进行。新的考核机制建设，应将领导、教师、学生组织起来，实现考核的公平公正。

第二，确定思想政治理论课教师考核标准。一套科学的标准是实现思想政治理论课教师队伍建设的重要保证。一般来说这个标准主要包括以下方面：一是思想政治理论课教师队伍的思想政治素质。思想政治素质是高校思想政治理论课教师队伍建设的方向保证，是考核的重中之重。一般情况下，这个方面的内容主要包括思想政治理论课教师的世界观、人生观、工作作风以及思想方法等。二是思想政治理论课教师的业务知识与工作能力考核。这个方面的考核主要包括马克思主义理论知识、思想政治工作专业知识、教学能力、调查研究能力等。三是思想政治理论课教师的工作绩效考核。这个方面的考核非常复杂，很多学校采取的方法是学生对教师的工作进行评价。四是思想政治理论课教师队伍的学习能力考核。这个方面的考核标准主要是思想政治理论课教师培训出勤情况、教师教学技能掌握情况、专业知识掌握情况等。

第三，要不断完善思想政治理论课教师队伍的考核方法。从不同高校开展思想政治理论课教师考核的方法来看，思想政治理论课教师队伍考核的方法主要有以下方面：一是坚持素质考核与业绩考核相结合。在考核的过程中，高校要坚持思想政治理论课教师“德、能、勤、绩、廉”的综合考察，将政治方向、理论水平、业务能力、开展效果、工作态度等方面结合起来，做到综合考察。二是做到“软件”与“硬件”相结合。所谓“软件”，主要是指岗位培训过程中的各类知识的实际应用能力。这个是无法通过一个准确的指标进行考察的，所以称为“软件”。所谓“硬件”，主要是指思想政治理论课教师在培训过程中所获得的各项证书。这些是容易观察到的，所以称为“硬件”。“软件”与“硬件”的结合能够更加准确地衡量一个教师的能力与态度。三是坚持年终考核与平时考核相结合。思想政治理论课教师的业务能力和工作状况既要有年终的集中考核，还要开展平时的经常性检查。两者的结合既能够看到教师的工作成绩，也能够看到教师平常的工作缺陷，帮助教师改正，实现其发展。四是坚持学校考核和学生考核相结合，实现考核评价与监督管理两个作用。

（2）建立健全激励机制

激励机制，顾名思义就是要通过一项管理制度提高教师工作的积极性。从思想政治理论课开展的实效性来看，激励机制是非常必要的一个环节。从激励机制的需要来看，健全激励机制需要从以下几个方面入手：

第一，坚持精神激励与物质激励并重。对思想政治理论课教师进行激励时，首先应进行精神激励。精神激励要常用，经常性地肯定教师的工作。这是日常教师管理的一个重要方面。其次，要注重物质激励，从物质上对教师的工作予以肯定，让教师能够时常看到自己的成绩，进而激励自己努力工作。精神激励和物质激励的结合应侧重精神激励，突出教师价值的自我实现，满足教师在物质得到基本保障以后的高层次需求。精神激励的方式多种多样，可以是口头奖励，也可以是正式的荣誉称号，主要根据实际的场合确定不同的方式。

第二，营造教师之间的竞争氛围，充分发挥环境的激励作用。良好的竞争环境对于团队的发展具有重要的激励作用。从思想政治理论课教师的发展来看，思想政治理论课教师的竞争观念培养在于突出参与竞争的自觉性和接受竞争的积极性。因此，对于高校管理者来说，要善于创造竞争形式，实现教师队伍竞争形式的多样化，给更多教师参与竞争的机会，以增强思想政治理论课教师参与竞争的积极性。

第三，要综合运用多种激励方法。从现有的激励方法来看，主要有目标激励、政策激励和考核激励。所谓目标激励，是指设置不同的建设目标实现激发他们在工作和学习中的动机，以激励他们在工作和学习中不断提高自身素质。

激励目标的设置需要注意目标的合理性、可行性和科学性，要让教师能够看到希望，而且也要求教师付出一定的努力。所谓政策激励，是指通过设置有导向性的政策实现思想政治理论课教师队伍的发展与提高。例如，高校可以优化教师职称评审条件，规范理论课教师的工资待遇和特殊待遇。所谓考核激励，是指将目标激励和政策激励结合起来，充分运用定量的考核结果，注重不同教师之间的差异，有的放矢地展开教师激励工作。

### （三）加强辅导员队伍建设

#### 1. 职业化

在经济全球化、政治多极化和信息网络化的时代背景下，大学生受到各种各样文化思潮和价值观的巨大冲击。同时随着我国改革开放的深入推进，社会深层次矛盾不断涌现，在一定程度上直接或间接影响了大学生的思想观念和价值取向。这些都迫切需要有一支专职的辅导员队伍来开展工作，迎接新时代大学生思想政治工作的挑战，引导大学生树立正确的世界观、人生观和价值观。辅导员是高校教师队伍和管理队伍的重要组成部分，是开展大学生思想政治教育的骨干力量，是高校学生日常思想政治教育和管理工作的组织者、实施者和指导者。大学生能不能成为社会主义事业的合格建设者和可靠接班人，关键之一在于能不能把大学生思想政治教育队伍建设好。

辅导员队伍的职业化是推进辅导员队伍建设专业化和专家化的前提，是辅导员队伍建设的必由之路。辅导员职业化，从广义上说，就是有一定数量的人员终生从事辅导员职业，并推动建立一定数量的制度、职业培训与管理体系。它包括职业化素养、职业化技能和职业化行为规范等三个部分。辅导员队伍职业化建设应包含四方面内容：一是从事辅导员工作的人员应经过专业的学习和培训并达到职业的基本要求。二是明确辅导员工作是一种可以终生从事的职业，逐步推行辅导员职业资格认证制度，在高校人事制度改革中，要为专职辅导员的聘任、考核、晋升等设计职业通道，使他们能在学生工作岗位上工作有动力，发展有前景。三是规范辅导员的继续学习和培训，根据高校发展的需要和大学生成长、成才的需要对辅导员进行定期考核和淘汰。四是加强辅导员职业生涯指导，拓宽辅导员的后续发展空间，在保证和促进辅导员履行好职责的同时，按一定的发展方向（如心理咨询、就业指导）培养他们，畅通他们的发展渠道。

#### 2. 专业化

辅导员的工作职责通常包括思想政治教育与引导、心理健康教育与指导、学风建设与学业指导、党团工作指导、素质拓展指导、职业规划与就业指导、班级建设工作、日常管理工作、宿舍管理和安全稳定工作等方面。而从实际情况来看，辅导员就是一块砖，哪里需要往哪里搬，很多辅导员往往“两眼一睁，忙到熄灯”。从这个意义上讲，辅导员充当了学生的“全职保姆”，但这一角色认同是错误的，如何做到辅导员岗位专业化，是当前大学生思想政治工作中值得探讨的重要课题。

辅导员专业化在其职业化和专家化的过程中起到了承上启下的作用，它既是辅导员职业化的升华，又是辅导员专家化的基础。所谓专业化，是指一个普通的职业群体在一定时期内，逐渐符合专业标准，成为专门职业并获得相应专业地位的过程。因此，辅导员队伍专业化，应当是高校辅导员队伍作为一个专业群体，逐渐形成自己的专业标准，成为一个专门的职业，并逐渐获得专业地位的过程。也就是说，辅导员专业化建设是要使辅导员成为一个相对独立的工作领域、有一个相对合理的内部任务分工和一定数量的专职工作人员，努力做到“术业专攻”，而不是现在的“万金油”或疲于奔命。具体包含以下几个方面：

第一，专业化的理论思维。思想政治教育工作是高校辅导员工作的核心内容，而思想政治教育工作具有很强的专业性、科学性，这就要求辅导员应具有相应的理论头脑和理论视野，能从专业化、科学化的角度认识工作和开展工作。

第二，专业化的知识结构。辅导员队伍建设是加强和改进大学生思想政治教育的关键和基础，辅导员应重点掌握相关理论思想，同时还应具有管理学、教育学、社会学和心理学以及就业指导、学生事务管理等方面的知识，能够开展与辅导员工作相关的科学研究。

第三，专业化的岗位技能。辅导员要有过硬的管理能力、思想教育水平和组织能力，组织开展好大学生思想政治教育的各项工作，还要有一定的科研能力，能够不断研究新的问题、新的情况，提出新的思路、新的举措。

3. 专家化

专家化是以职业持续发展为中心，以提升职业社会地位、社会评价和社会吸引力为目的，教育引导专业人才在专门岗位上经历长时间的磨炼、学习和研究，逐步将自己锻炼成为有足够能力应付新形势下的各种突发性、创新性的工作，能够适应各种复杂环境并灵活处理各种问题的一种复合型人才的理想状态。① 辅导员队伍专家化建设，必须是辅导员职业化和专业化有很大的发展，

① 王丽萍，姜土生. 高校辅导员队伍专业化、职业化、专家化建设的内涵与逻辑［J］. 思想教育理论导刊，2013（6）.

在此基础上，通过建立规范的培养机制，逐步将一批已然成为专业人才的辅导员培养成为专家，让他们有为、有位、有尊严，以他们为表率，从而带动整个辅导员行业对职业追求的激情和热情，拓展辅导员职业发展的空间，提高其职业化建设的标准，进一步推进辅导员职业化水平的不断提升。

## 四、社会层面

### （一）优化法治环境

法律对人们的行为举止有着重要的约束作用，同时也是人们生产生活的重要保障。营造优质的思想政治教育环境，提高思想政治教育的规范性，使得思想政治教育队伍持续健康发展有坚实的保障，需要对我国的思想政治教育的法治环境进行相关的完善。

当前，信息技术的发展使人们的生存环境有了很大的改变，人们通常将当前时代喻为新媒体时代、互联网时代，在这样的时代中机遇与挑战并存。为了营造良好的法治环境，塑造健康的生存环境，国务院以及相关部门针对互联网方面的立法力度不断进行加强、巩固，与此同时，颁布了相关的法律法规，不断地对互联网管理做出相关治理，构建具有一定合理性的互联网法制管理体系，打击互联网违法犯罪行为，充分保障互联网的安全化、规范化、秩序化运行。

### （二）组织交流学习

相关部门应积极组织不同高校之间教师的相互学习，实现校际交流和岗位轮换，将不同学校的经验在大学生思想政治教师群体中相互传播。此外，还可以通过组织建设高校思想政治精品课程的方式实现不同教师之间的交流。

# 第八章

# 机制建设：大学生社会主义核心价值观培育与践行的机制构建

2016年12月，习近平总书记在全国高校思想政治工作会议上强调，“高校党委对学校工作实行全面领导，承担管党治党、办学治校主体责任，把方向、管大局、作决策、保落实。要加强高校党的基层组织建设，创新体制机制，改进工作方式，提高党的基层组织做思想政治工作能力”①。在高校意识形态教育工作实践中，必须建立健全教育机制，以此保证教育的预期效果和总体质量可以实现。

## 第一节　管理机制构建

大学生社会主义核心价值观培育的管理机制是否科学合理，直接影响社会主义核心价值观培育的效果。管理机制的涉及范围广泛，沟通回应机制、工作保障机制、风险预警机制等都属于大学生社会主义核心价值观培育的管理机制。

### 一、大学生社会主义核心价值观培育管理模式的转变

#### （一）经验型管理逐渐转向规范型管理

1. 增强制度意识，树立制度观念

一方面要正确引导大学生积极主动地参与管理制度的制定和完善，另一方面要引导大学生自觉主动地遵守各项管理制度，只有这样才能促使管理制度的不断完善并在管理实践中落实。随着制度权威的形成，以及各项相关机制的不断建立和完善，群众必然会更加关心教育，并且会更加积极主动地参与教育，会更自觉主动地进行自我教育、自我约束、自我管理；全员、全程社会主义核

① 习近平. 把思想政治工作贯穿教育教学全过程［EB/OL］. 新华网，2016-12-08.

心价值观培育意识增强；教育者和受教育者之间的互动性也会有所增强。在这样的发展趋势下，大学生社会主义核心价值观培育将会出现巨大转变，受教育者不再是单调地接受教育者的知识灌输，他们从被动逐渐转向主动。管理制度对所有人树立一致的标准和要求，个体在制度面前都是平等的，制度的权威性正是民主性、平等性、规范性赋予的。

2. 保证社会主义核心价值观培育管理制度得到群众认可

推行大学生社会主义核心价值观培育管理规范化，实际上就是要按照一定规章制度设置并实行教育的目标要求、内容以及队伍建设，相关方面必须按照一定规范进行，而不是随意而动。规范型管理的实施不会一蹴而就，被管理者制度意识的增强，制度观念的确立也是需要时间的。要实现社会主义核心价值观培育运行的制度化，社会主义核心价值观培育就必须依据现代社会之需求，构建内容全面、功能齐全、配套完善的制度体系，它包含：咨询、决策制度，实施、协调制度，反馈、评估制度。管理规范化可以一步步推进，从试行开始逐渐推广为目标管理，在逐步推进下实现大学生社会主义核心价值观培育管理的科学化和规范化。

### （二）粗放型管理逐渐转向精致化管理

1. 确定人在管理中的核心地位

随着时代的发展，我们所处的社会环境不断变化，信息化、市场化、现代化是当前时代发展的主要趋势和特征，而在这样的背景下，我国的大学生社会主义核心价值观培育管理也从“粗放型”逐渐转向“精致化”。当前的管理方式适应科学精神与人文精神的统一思想，实现了“人本管理”与“科学管理”的有机融合。一方面，大学生社会主义核心价值观培育管理涉及的领域很广，这不仅是资源统筹规划的工作，同时还需要对人力、物力和财力进行科学合理的资源配置；另一方面，社会主义核心价值观培育管理工作的对象是人，而管理的本质对象是人的思想，因此必须在管理中贯彻“人本管理”和“人文精神”的管理理念。在传统社会主义核心价值观培育管理工作中，更重视的是这项工作是“做什么”，但是现代社会主义核心价值观培育管理工作更重视的则是这项工作应该“怎么做”以及这项工作“如何做好”。可以看出，对于当前的“精致化”管理来说，更重视一些社会主义核心价值观培育的细节，重视从细处着手的微观操作过程。因此，必须有针对性地进行内容管理，科学地进行管理安排，同时还要选择艺术性的管理方法，进行最优化的管理设计，因为只有这样才能实现真正意义上的科学优质的管理。现代社会主义核心价值观培育管理更重视人的主体性，强调依靠人、尊重人，充分发挥人在社会主义核心价值观培育中的主观能动性，坚持将主体人作为社会主义核心价值观培育精致化管理的核心。

2. 在管理中促进人的全面自由发展

随着时代的进步，大学生社会主义核心价值观培育管理逐渐从“粗放型”转向“精致化”，这个过程实际上体现了一种价值追求，是对管理工作的一种精细化，对传统管理模式的优化和完善，体现了追求卓越、至善至美的工作境界。社会主义核心价值观培育的重点实际上体现在其过程上，因为社会主义核心价值观培育是一项长期、复杂的活动，所以教育效果通常具有一定滞后性。这就要求社会主义核心价值观培育管理者要保持良好的心态，要正确地认识社会主义核心价值观培育过程和结果之间的关系，要在教育教学实践中持续投入工作热情，要保持自己对教育的热情。社会主义核心价值观培育理念和方法的转变，要求社会主义核心价值观培育管理者运用创新思维改进和优化工作体系和作业流程，促使他们积极主动地运用各种现代化管理手段，促使他们不断凝聚教育管理的组织力，不断追求主体人的全面自由发展。

## 二、建立健全沟通回应体制

在进行大学生社会主义核心价值观培育时，应该建立沟通回应体制，这样可以更有效地进行观点和看法的交流、沟通，可以通过及时有效的回应解决实际问题。通过沟通回应机制，可以充分发挥教育者的主导作用，同时还可以发挥受教育者的主体作用。但传统社会主义核心价值观培育在沟通上存在平台不多、渠道不畅、手段落后及沟通多回应少等不足，在回应时间上随意性大，在回应方式上简单模糊，因此必须创新社会主义核心价值观培育的沟通回应体制。

在建立社会主义核心价值观培育的沟通回应体制时，应该坚持以人为中心，强调人的主体性，充分发挥受教育者的能动作用，与受教育者建立平等的交流互动关系，实现双方的和谐交往、交流，而且使社会主义核心价值观培育工作更有针对性，交流渠道更加畅通，教育者回应力更加强烈，从而做到化解矛盾，理顺情绪，引导有力，未雨绸缪。

建立大学生社会主义核心价值观培育的沟通回应体制，应坚持平等原则，营造平等交往的氛围；坚持沟通方式的多样性原则，确保上下级和师生沟通渠道畅通；坚持以鼓励为主，引导受教育者克服心理障碍，帮助解决实际问题；充分利用信息网络技术，牢牢把握网络社会主义核心价值观培育的主动权。在建立大学生社会主义核心价值观培育沟通回应体制时，应该注意以下三方面的工作。

第一，从制度角度来看，首先应该建立校领导联系院系、院系领导联系教研室、党员教师联系学生班级的制度，这样可以更深入地了解和掌握学生和老师的思想状况，收集更全面的信息，及时掌握情况，采取措施，对症下药；其次要建立值班领导“接待日”制度，尤其是校院两级领导要通过“接待日”了解师生个体需要或困惑，帮助他们疏导情绪，解决困难；再次要建立学生信息员制度，以班干部、入党积极分子为主体的信息员队伍，能够把一切情况通过正常的途径及时传送到思政工作部门；最后要建立信息反馈制度，对于通过联系制度和值班接待制度以及其他渠道收集到的问题，一定要按规定程序在最短的时间内及时处理，做到件件有着落，事事有回应，以取信于师生。

第二，从沟通渠道的角度来看，应该加强对网络的应用。随着网络的发展和普及应用，它对人们的思想政治生活产生了一定影响，人们的政治思想、政治情感、政治价值取向等都受到了网络的影响，应提倡通过网络正面地交流思想、交换看法、传递信息、谋面对话，倡导在网络中相互学习、相互借鉴。要开通并维护好校园网 BBS 论坛，把 BBS 论坛作为师生思想政治状况的风向标，定期研究论坛中反映集中、带倾向性的问题，判断思想政治工作形势；要利用好校长信箱、学生工作信箱等载体，确定专人负责来信的处理，每天根据师生提出的问题提交相关部门处理后，将处理意见及时在网上反馈给师生，并给予一定的教育引导；要建立网上交流视频，邀请校领导和职能部门相关领导定期或不定期地通过视频与师生面对面交流，讨论问题，提出解决方案或达成谅解等。

第三，从教育对象的角度来看，应该关注新职工、高学历职工、离异职工和离退休职工等群体的心理情况，要给予他们恰当的心理救助。通过开设心理课程、讲座等形式对教职工进行心理健康教育，帮助他们掌握基本的心理知识；通过心理咨询、开设心理热线等形式解决他们的心理问题；还可以通过建立心理宣泄室，让他们发泄心中的情绪，促进心理健康。

### 三、建立健全工作保障体制

随着我国社会主义市场经济的不断发展，我国大学生社会主义核心价值观培育的管理制度建设提出新要求，必须保证一定物质条件和制度条件，才能保证管理制度的正常运作。但是近年来，随着思想政治工作地位的逐渐弱化，专职思想政治工作队伍数量不足成为不争的事实，在经费投入方面相应地呈减少的趋势。与此相反，思想政治工作却面临更加复杂和繁重的任务，这与人财物保障的现状是严重背离的，因此必须建立健全社会主义核心价值观培育人财物保障体制。

建立大学生社会主义核心价值观培育的保障体制，可以更好地联系社会主义核心价值观培育的各个保障要素。管理制度实际上就是这些要素相互作用、相互影响、相互制约的关联方式，是保障要素构成的复杂系统，包括专门的组织机构、专门的队伍机构、相关的规章与制度、必要的资金和装备以及相关的外部环境等方面的内容。建立社会主义核心价值观培育的保障体制，是指通过提高社会主义核心价值观培育的工作水平和整体素质，增加必要的经费投入，改善设施环境，从而更好地发挥社会主义核心价值观培育的服务保证作用。

### （一）建立健全大学生社会主义核心价值观培育的管理制度体系

为了开展更有效的大学生社会主义核心价值观培育，就必须建立科学的管理制度体系，要保证该制度体系与我国现行的法律法规相协调、与高等教育的发展方向一致、与大学生培养目标相适应。中央明确规定，党委一把手要负起思想政治工作第一责任人的职责，进一步明确了党委书记是思想政治工作的主管领导和第一责任人，各级党委是思想政治工作的主管部门，负有直接的领导责任。再如中共中央宣传部、教育部《关于进一步加强高等学校思想政治理论课教师队伍建设的意见》中明确要求："进一步完善《普通高等学校本科教学水平评估方案（试行）》，把思想政治理论课建设作为高等学校教学水平评估体系的重要组成部分，列为二级指标，加大其权重和显示度。如果高校的思想政治理论课教学水平没有达到基本要求，那么该校在教学水平的测评方面不可以评为优秀等级。"对于大学生社会主义核心价值观培育来说，这些规定可以为其提供强有力的保障。要探索和建立强化领导和管理的具体制度，如党政联席会议制度、党群工作协调会制度、干部思想动态分析制度、领导干部联系点制度等，都是有益的探索。要充分调动各方面的积极性，齐抓共管，形成合力。要逐步制定出与新时期思想政治工作相适应的法律和规章制度，使思想政治工作能依法有序地进行，实现由人治型向法治型、由经验型向科学化的转变。加强思想政治工作的法治建设，使思想政治工作做到规范化、制度化，保证工作体系各责任单元都能各司其职，协调配合。同时也要使思想政治工作依法行事，靠制度运作，真正做到不为个人的主观意志所左右。

### （二）建立人才培养体制

首先，应该加强对大学生社会主义核心价值观培育工作者的管理，要建立健全大学生社会主义核心价值观培育工作者任职资格准入制度。建立任职资格的准入制度是实现大学生社会主义核心价值观培育工作专业化发展的基本条件。中共中央宣传部、教育部《关于进一步加强高等学校思想政治理论课教师队伍建设的意见》中明确规定："新任教师原则上应是中国共产党党员，具备相关专业硕士以上学位，工作期间应兼职从事班主任或辅导员工作。在事关政治原则、政治立场和政治方向问题上不能与党中央保持一致的，不得从事思想政治理论课教学。"辅导员队伍建设也要按照"高进，厚待，严管，优出"的原则制定从业标准。其次，科学设置社会主义核心价值观培育工作岗位，并保障较高素质人员的加入，以免造成人多效率低的现象。再次，提高思想政治工作队伍的整体素质。对于政工干部，当务之急是要加强理论武装，使之逐渐朝专业化、专家化方向发展。就当前的社会主义核心价值观培育工作者整体状况来说，其中很大一部分专职人员并不是社会主义核心价值观培育专业出身，因此他们主要靠教育经验开展教育活动，对于不断变化、日益复杂的社会主义核心价值观培育工作越来越不适应，因此很有必要对政工干部进行定期培训，为他们学习专业知识创造条件。对于思想政治理论课教师，要通过实践研讨、理论学习、鼓励考研攻博等形式加强理论研究和理论提升，同时要把理论武装和实践工作有机结合起来，安排思想政治理论课教师担任兼职辅导员或其他思想政治工作。最后，要努力创造良好的政策环境、工作环境和生活环境，使社会主义核心价值观培育者工作有条件、干事有平台、发展有空间，真正做到政策留人、事业留人、感情留人。

### （三）建立经费投入保障体制

首先，应该建立符合实际情况的资金投入机制，只有保证资金基础，才能开展大学生社会主义核心价值观培育基础设施的建设，才能有力推进社会主义核心价值观培育工作的开展。社会主义核心价值观培育不是营利的事业，不可能也不能搞什么创收。但是在市场经济条件下，它的运作程序也必须在市场经济的规则下进行。教育行政部门要明确设立高校社会主义核心价值观培育工作方面的投入科目，确定合理的投入额度，列入预算，按时调拨。在高校，如何保证高校社会主义核心价值观培育活动的正常经费，如何保证社会实践的必要经费，如何保证聘请专家学者参与教育活动的经费，如何确保从事社会主义核心价值观培育专职人员待遇不低于专业教师待遇的经费等，都是社会主义核心价值观培育必不可少的、应该确保的经费。从实践经验来看，一般在社会主义核心价值观培育工作上获得良好效果的单位都有雄厚的资金支持；反之，缺乏经费支持的单位，即使在社会主义核心价值观培育工作上付出努力，其效果往往也比较一般。其次，要对社会主义核心价值观培育工作进行经费独立预算。目前的经费预算以人事结合为基础，以切块包干使用为原则，由于思想政治工作难以量化，因此相应的经费难以得到有效保障，有时甚至出现无经费的现象。再次，要建立单独的账户保障经费投入和运转。由于现行的社会主义核心价值观培育工作条块分割，经费投入也是先拨付给各相关职能部门，再拨付到各院系，最后落实到师生。这种层层拨付，中间环节较多，难免有拖欠或者克扣现象，从而影响工作的顺利或者有效开展。高校应针对社会主义核心价值观培育设立专门的专项资金账户，这样可以减少经费支出时的中间环节，做到及时拨付，正常运转。最后，针对社会主义核心价值观培育经费的使用建立科学有效的监督机制，保证做到专款专用。

#### （四）优化和改善大学生社会主义核心价值观培育工作的物质条件

高校开展社会主义核心价值观培育工作必须为其提供相应的物质条件，如场地和设备等，只有不断优化和改善物质条件，为社会主义核心价值观培育工作创造更好的环境，才能提高教育效果。社会主义核心价值观培育工作部门的活动场所，大学生心理咨询的场所，学生群体活动的场所，必要的计算机和多媒体设备，必要的专题图书、交通工具，都需要不断得到改善和优化，才能取得更好的工作效果。

### 四、建立健全高校意识形态教育的网络监督机制

近年来，网络的发展对社会各个方面产生影响，涉及范围也十分广泛。随着网络不断渗入人们的学习、工作和生活，对人们的思想观念、行为方式等均造成了一定影响，尤其是对于正处于思想形成关键期的大学生来说，网络对他们的成长和发展产生了巨大影响。一方面，随着网络的发展，它已经成为大学生获取知识和信息的重要渠道，也是他们进行思想沟通和情感交流的重要途径，在他们的学习和生活中网络都发挥着不可替代的重要作用；另一方面，网络是一个开放空间，在这个空间内充斥着各种信息，其中不乏一些不良信息，这对于大学生的健康成长造成了负面影响。网络的发展可以让世界范围内的各种文化更好地交流，可以激发世界文化的创新，而新兴文化也在很大程度上丰富了高校意识形态教育的内容，有利于高校意识形态教育文化事业的发展。但与此同时，网络也为高校意识形态教育带来了一定挑战，网络的开放空间带来了新的文化冲突和社会矛盾。例如，西方资本主义国家试图通过网络向我国渗透资本主义文化和思想，这些思想和文化可能造成我国大学生的思想混乱，并且长

期沉溺于网络虚拟世界会淡化大学生的现实道德感，会影响大学生形成社会主义核心价值观。因此，必须创新高校网络思想教育的管理机制。

## （一）加强政府对网络环境的规范与管理

CNNIC 发布的第 48 次《中国互联网络发展状况统计报告》显示，截至 2021 年 6 月，我国的网民规模达到 10.11 亿人，手机网民规模达 10.07 亿人。其中，20~29 岁的网民人数较多，占整体网民规模的 17.4%，位列第三①。大学生是国家的希望、民族的未来。在信息技术迅猛发展、社会信息化程度不断提高、世界范围内不同思想文化相互激荡的条件下，引导大学生积极学习和吸收人类文明的优秀成果，鉴别、抵御各种落后思想的侵袭，成为社会主义先进文化继承者、发扬者，这不仅仅是教育问题，也应该成为政府行为。

### 1. 加强网吧管理

虽然大部分大学生都拥有自己的个人电脑，但不可否认的是仍有一部分大学生会在网吧上网，因此有必要加强网吧管理。第 43 次《中国互联网络发展统计报告》的数据显示，截至 2018 年 12 月，仍有 19.0%的网民在网吧上网②，而且在网吧上网的人群中大学生占了很大比重。大学生上网多在网吧进行，由于缺乏管理，网络里的黄色信息、灰色信息、黑色信息等严重污染了大学生网民的心灵。虽然 2001 年，国务院曾经发布《互联网经营场所管理办法》，严禁互联网上网服务营业场所经营者和上网用户利用互联网上网服务营业场所制作、复制、查阅、发布、传播散布谣言，扰乱社会秩序，破坏社会稳定，散布淫秽、色情、赌博、暴力、凶杀、恐怖或者教唆犯罪的有害信息。但是具体的防护工作，仍需要长期坚持。

### 2. 规范校园上网场所

第 43 次《中国互联网络发展统计报告》的数据显示，截至 2018 年 12 月，有 22.1%的网民在学校接入互联网③。因此，高校应该结合本校实际情况，进一步完善校园上网环境。各高校应该利用自身硬件条件优势，多建立校内上网场所，制定相关规章制度，如《大学生上网规定》《校园网络文明公约》等，对大学生网民上网时间、场所、活动内容等加强管理。宣传网络法治，增强管理实效，通过技术手段对反动、黄色或封建迷信等内容进行查堵；建立一套完整的网络监管体系，引导大学生网民自觉遵守网络行为规范，控制自身网络行

---

① 第 48 次《中国互联网络发展状况统计报告》[EB/OL]. 中国网信网，2019-02-28.

② 第 43 次《中国互联网络发展状况统计报告》[EB/OL]. 中国网信网，2019-02-28.

③ 第 43 次《中国互联网络发展状况调查报告》[EB/OL]. 中国网信网，2019-02-28.

为，在高校形成一种健康的、是非明确的网络环境。

### （二）加强网络资源管理，运用高新技术手段

1. 加强校园网络内容的筛选

从网络类型划分，可以将校园网分为教学子网、办公子网、宿舍子网等，校园网的管理人员需要全面了解并掌握校园网络的布线结构、网络系统结构和参数配置等具体情况，对每个网管交换机的每个端口要详细对应配置，如端口对应的是哪一个教室、哪一间办公室、哪一个用户或是级联到下一级交换机等，并严格做好系统参数备份，一旦出现问题，能够及时反应，一查到底，落实到具体的责任人。

2. 加强网络难点管理

高校应该针对大学生网络意识形态教育工作的难点进行重点管理，主要是针对骨干网、局域网、校园网加强管理，只有这样才能为开展科学有效的思想政治工作提供保障。高校应充分利用现有的网络监控管理技术，建立信息进出校园网的“海关”，筑起信息防火墙，净化网络空间。要加强对免费主页及链接的审查、落实实名制注册登记，并通过必要的技术、行政、法律手段，阻止各类不良信息进入校园网。要将管理与教育结合起来，自律与他律结合起来。通过各种形式，增强大学生上网的法律意识、责任意识、政治意识、自律意识和安全意识，培养健全人格和高尚情操，树立良好的网络道德，自觉构筑抵制不良冲击的防火墙。

### （三）加强立法与制度建设，建立健全网络系统管理制度体系

1. 加强网络与信息安全立法工作

网络近年来发展迅速，为了保证网络环境安全，我国必须进一步规范网络秩序，加强网络立法。随着近年来我国的不断努力，在网络立法方面已经取得了一定成绩。国务院和公安部早在 1996 年和 1997 年先后颁布了《计算机信息网络国际联网管理暂行规定》和《计算机网络国际联网安全保护管理办法》，我国刑法和其他有关法律文本中，也有关于打击计算机犯罪、保护信息安全的条款。计算机与网络安全法规的出台与实施，在规范网络行为、保护网络用户利益，特别是在使青少年免受非法和有害信息的侵害等方面起到了积极的作用。全国人民代表大会常务委员会于 2016 年 11 月 7 日发布《中华人民共和国网络安全法》，并于 2017 年 6 月 1 日起正式施行。《网络安全法》是为保障网络安全，维护网络空间主权和国家安全、社会公共利益，保护公民、法人和其他组织的合法权益，促进经济社会信息化健康发展而制定的。只有加强网络立法，

建立健全商业网站和网吧管理制度，才能有效地规范商业网站和网吧经营者的商业行为，打击其不法行为，才能为大学生的健康成长创造一个良好的社会环境。

2. 建立健全校园网络与信息安全管理制度

信息网络时代，高校必须进一步加强校园网的管理与监督，应该建立健全符合国家法律规定以及自身实际情况的网络管理制度，加强对网络信息的监管，以此提升校园网络的安全性，为大学生提供环境良好的网络空间。具体来说，高校应该合理规划校园网络系统，将校园网络的管理职责落实到具体的部门和个人，加强网络系统硬件管理，建设专业的校园网络管理队伍并对他们进行定期和不定期的专业培训，建立健全校园网络信息发布与监控制度，建立健全师生网络行为监控与管理制度等。校园网对于当前的高校教育来说具有重要作用，因此必须加强校园网的管理与监控。这就要求高校建立健全科学、完备的网络系统管理与信息安全监控制度，以此保证校园网充分发挥其在思想政治教育中的作用，保证其为广大师生员工提供良好的校园服务。

3. 健全其他相关管理制度

需要注意的是，高校建设的校园网与其他商业网站存在本质区别，校园网旨在为大学生提供服务。因此，为了保证大学生可以顺利进行校园生活，教学活动可以按一定秩序开展，就必须建立和健全一套特殊的管理制度，如网络管理制度、检查制度等。适时地约束学生的上网时间，控制学生的上网行为，加强对网络的管理力度。

### （四）建立健全网络信息安全监控体系

1. 建立健全网络信息安全管理责任机制

信息时代，信息安全保障工作成为国家建设的重点工作，它直接关系到国家的信息化建设以及发展全局，对于高校意识形态教育来说也应该重视信息安全保障工作。切实加强对信息安全保障工作的领导。意识形态教育信息化是发展趋势，一方面要推进信息化进程，另一方面要切实开展信息安全保障工作。为了保证意识形态教育的安全有效，必须建立健全信息安全管理体制，要明确信息管理的主管领导，做到工作职责落实到具体部门和人员。

2. 建立健全网络信息安全管理监控机制

高校应该积极配合信息管理相关部门，高校内部的各相关部门也应加强配合，要建立健全网络信息管理的协调机制，及时沟通情况，从而有针对性地进行网络信息管理，打击网上违法犯罪活动，形成齐抓共管的整体合力。要从源头上消除网上淫秽色情等有害信息传播的基础，压缩淫秽色情网站的生存空间。

3. 建立健全网络信息安全的物质保障机制

大学生网络意识形态教育工作的顺利开展，需要高校提供基本的网络环境和条件，因此高校必须保证网络设施的安全运行并且要对其进行长期维护。特别是要重点支持信息安全的基础性工作和基本设备的配备，增加对信息安全保障体系关键技术、设备的资金投入，并在年度经费预算中列入网络信息安全专项经费。

4. 建立健全网络信息监控机制

在开放的网络空间中充斥着海量信息，这些信息鱼龙混杂，其中有不少会危害青少年大学生的信息，这就要求建立健全网络信息监控机制对网络信息进行筛选分析。此外，意识形态教育工作者需要及时了解学生的思想动态，及时过滤错误的、非法的信息及病毒的传播，避免消极影响的产生。

5. 坚持技术监控和人员监控并重机制

坚持技术监控和人员监控并重，需要做到以下两点：第一，制定科学合理的监控内容标准，明确监控对象或范围，这是对网络信息进行监控的前提条件。第二，加强技术监控与人员监控的有机结合。高校网络意识形态教育应加大对监控技术的应用，大力开发适应高校网络意识形态教育需要的监控软件。在搞好技术监控的同时，加强人员监控。只有这样，才能互为补充、相得益彰。搞好人员监控，首先要有网络意识形态教育的专职监控员，定岗定责，实行责任制和责任追究制；其次，要在意识形态教育网站或主页上设置监督窗口接受广大网民的监督。

6. 加强打击网络违法犯罪活动

开展大学生网络意识形态教育，必须为其创建良好的网络环境，这就要求相关部门和人员加大力度净化网络环境，各高校应该积极配合公安机关等执法部门针对网络违法犯罪活动开展工作，加强对学生的意识形态教育和行为管理。对参与网络违法活动的学生，应给予严肃批评教育，对构成犯罪者，应移交公安机关依法处理。公安机关应及时掌握利用互联网从事淫秽色情、卖淫嫖娼、赌博诈骗等其他违法犯罪活动的线索，依法从重从快打击利用淫秽色情网站进行违法犯罪活动。

## 第二节 运行机制构建

要素是系统有机体内在的构件，要素离不开整体，整体也不是要素的简单相加，要素论离不开系统论、机制论。思想政治教育各要素的相互作用就形成了思想政治教育机制。思想政治教育机制，是指思想政治教育过程中各构成要素按一定的组合方式而形成的机理和运行方式。它要研究思想政治教育过程中思想政治教育现象的各个侧面和层次的整体性功能及其规律，包括运行中各个部分之间的相互作用以及与思想政治教育系统之外其他系统之间的相互作用等。它具有以下含义：第一，它是思想政治教育各构成要素的总和；第二，它的功能是各相关因素功能的耦合，其功能的发挥依赖于各构成要素之间的相互衔接、协调运转，依赖于各要素功能的健全；第三，它是一个按一定方式有规律地运行着的动态过程。近年来，在加强和改进大学生社会主义核心价值观培育的探索中，人们越来越认识到一个好的运行机制可以赋予思想政治教育生机与活力。因此，根据当前大学生社会主义核心价值观培育的实际需要和内在规律，有必要研究大学生社会主义核心价值观培育运行机制的构建及其运作方式。

### 一、大学生社会主义核心价值观培育运行机制的构建基础

加强和改进大学生社会主义核心价值观培育，关键在于落实。总结思想政治教育的成败得失，制度化、规范化无疑是今后努力的方向。思想政治教育制度化、规范化的实现，要依据学生的实际和教育的需要制定细则，融教育于管理，将思想政治教育的要求条文化，并依靠有效机制的运行将这些条文落实到个人的具体行动中。当前大学生社会主义核心价值观培育的方针政策非常明确，问题的关键在于，思想政治教育如何正常、有序、一以贯之地运转。因此，大学生社会主义核心价值观培育的重点应是如何构建与发展社会主义市场经济相适应的思想政治教育运行机制，从而从体制上确保思想政治教育的实效性。

#### （一）建立健全大学生社会主义核心价值观培育运行机制的必要性

建立健全思想政治教育运行机制，是形成“整体合力”的内在要求。要根据大学生社会主义核心价值观培育的特点和自身发展规律，将开展工作的各项要素、条件、要求、环节、方式和手段有机地联结起来，建立系统、规范、科学的工作制度、运行程序和活动方式，从而推动思想政治教育高效运作、整体

推进。

1. 进一步强调大学生社会主义核心价值观培育的重要性

通过建立健全党委统一领导、党政群齐抓共管、有关部门各负其责、全社会大力支持的领导体制和工作机制，促进各级党委和政府从贯彻落实习近平新时代中国特色社会主义思想的高度，把加强和改进大学生社会主义核心价值观培育作为培养中国特色社会主义事业的建设者和接班人、确保党和人民的事业兴旺发达的战略任务，作为提高党的执政能力、巩固党的执政地位的一项重要工作，摆在更加突出的位置，列入重要的议事日程，经常研究分析大学生的思想动向，切实担负起政治责任，进一步加强和改进领导。

2. 协助形成大学生社会主义核心价值观培育的强大合力

工作运行机制是对思想政治教育职责的明确，也是落实思想政治教育各项目标任务的重要保证。但有的高校对完成这一共同目标任务缺少可操作的整体部署和明确的职责分工，致使思想政治教育时紧时松，各自为政，零打碎敲，形不成整体合力。针对这一情况，在高校要建立健全思想政治教育运行机制，对思想政治教育进行统一部署，把各项目标任务具体分解到有关职能部门和单位，采取有力措施，加强督促检查，保证各项任务落实到位。同时，按照分工协作的要求，认真担负起各自应尽的职责，最大限度地发挥各自的优势，发挥各职能部门和全体教职员工的积极性、主动性和创造性，共同做好大学生社会主义核心价值观培育工作。

3. 协助创建健康良好的社会环境

大学生理想信念的树立、思想品质的培育、道德情操的培养、文明习惯的养成、美好心灵的塑造，需要社会各方面的共同支持，需要营造健康向上的良好社会环境，特别是要大力营造良好的文化环境、舆论环境、校园周边环境。因此，通过建立健全有家庭密切配合以及全社会大力支持的工作运行机制，促使宣传、理论、新闻、文艺、出版等部门和机构增强社会责任感，把握好正确导向，弘扬主旋律，为大学生社会主义核心价值观培育工作创造良好的舆论环境，为大学生提供更多更好的文化产品和文化服务，满足他们的精神文化需求。同时，依靠社会加强对学校周边文化、娱乐、商业经营活动的依法管理，切实维护学校秩序和社会稳定，切实维护大学生的合法权益和身心健康。①

① 汪风涛. 构建高校学生思想政治教育工作运行机制刍议［J］. 学校党建与思想教育，2006（5）.

### （二）建立健全大学生社会主义核心价值观培育运行机制的理念

思想政治教育作为一种特殊而复杂的生产，既有人力、物力、财力的投入，也要有精神成果和相应的物质成果的产出，同其他社会活动一样，也有一个效益的问题。思想政治教育活动的实效性，是指在思想政治教育过程中，充分发挥各要素的作用，通过科学的工作方法，达到符合社会主义现代化建设所需要的精神、物质成果的教育效果。思想政治教育不论是“投入”还是“产出”，都基本上是一种精神活动，它的实际效果难以像经济活动的效果那样可以用货币、公式来表示和计算，但这并不等于思想政治教育的实际效果是“虚无缥缈，随意评说”，它是客观存在的。只有使精神生产的具体特殊性表现出来，才能正确评价思想政治教育的实效。大学生社会主义核心价值观培育效果的特殊性表现在：

1. 建立具有长期性的大学生社会主义核心价值观培育运行机制

思想政治教育通过教育者的教育、管理和自己的言行举止等，把先进正确的思想、科学的世界观传授给大学生，使其由微知著、由少至多地逐步积累，并对思想政治教育这些“投入”进行理解、消化、吸收之后，变为认识世界的能力，再通过自己的言行表现出来。这种“表现”既有一个过程又有一定的局限，也就是说，大学生思想政治教育的效果一般不是“立竿见影”，而是要经历一个由量变到质变的较长的过程。比如，对大学生进行正确世界观、人生观、价值观的教育，其收益在短时间内是难以显示的，但它却潜在于大学生的身心之中，在其人生旅途中起着不可估量的作用。

2. 建立具有间接性的大学生社会主义核心价值观培育运行机制

思想政治教育在创造物质效益、推动生产力的过程中，要经过两次转化。第一次转化，产生“直接成果”，即精神效益，表现为大学生立场、观点、方法的变化和思想觉悟的提高。第二次转化，通过大学生思想觉悟的提高转化为物质力量，产生“间接成果”，即物质效益。思想政治教育产生的物质效益虽难以直接独立地显示出来，但它能使大学生释放出潜能、积极性和创造性，不断完善自己，为将来奉献社会进行知识、能力储备。

3. 建立具有模糊性的大学生社会主义核心价值观培育运行机制

思想政治教育效果评估也不像经济效益的实现那样具有确定性。思想政治教育的对象是学生，学生的思想是无形的，其变化纷繁复杂，只能通过言论和行为表现出来，而行为发展的轨迹又是迂回曲折的，甚至还可能出现暂时的倒退。这就决定了思想政治教育是渐次递进、反复强化的过程，其效果也时隐时现、时强时弱，处于动态变化之中，不易用数量来衡量，一般只能用定性的东西来把握。它不像生产经营管理那样，可以通过经济效益、物质成果进行量化表示，使人一目了然。

遵循以实效性为本的观念，思想政治教育者应坚持严格要求与热情爱护的有机统一，即在思想政治教育过程中要把对学生的严格要求与爱护、尊重、信任学生结合起来。严格要求，就是以培养学生的创新精神和实践能力为重点，按照造就“有理想、有道德、有文化、有纪律”的德、智、体、美等全面发展的社会主义事业建设者和接班人的标准对学生进行严格的教育和科学的管理，促进学生内部的思想感情矛盾转化，逐步达到改造人、教育人、提高素质的目的。热情爱护，就是热情地关注学生的思想政治品德的形成，关心他们的各种现实问题，把党和政府的温暖送到学生的心坎上，并以此达到感化、熏陶学生的目的。严格要求与热情爱护辩证统一，二者缺一不可。没有严格要求，只有热情爱护，思想政治教育就会迷失方向，甚至会形成消极情绪和错误的思想观念，影响学生思想觉悟的提高；同样，没有热情爱护，只有严格要求，思想政治教育就缺乏科学性和感染力，人为地造成教育者与学生的心理隔阂，进而削弱思想政治教育的质量。对受教育者给予关心爱护与尊重，不仅是严格要求的出发点与情感投入的基础，而且它本身也是一种强有力的教育力量，这就是“亲其师，信其道”。教育者的爱护与关怀对学生具有真诚的感染作用，直接关系到学生思想政治品德的形成和个性发展的方向。因此，在思想政治教育中，既要严格要求学生，对他们提出正确、合理、明确、具体而有层次的要求，又要热情爱护学生，充分信任他们，激发和维护他们的自尊心和上进心，形成民主、平等、感情深厚的教育者与学生的亲密关系，做到爱中有严、严中有爱。

遵循以实教性为本的观念，思想政治教育者要坚持身教与言传相结合。教育者应当做到两点：第一，要有高尚的人格。教育者的人格形象对思想政治教育的成效产生着巨大的影响作用。所谓人格，是社会实践中形成的人的内在综合素质及其控制机制，是人的思想、性格、行为等惯常模式。教育者的人格以其品位的高低、格调的差异而影响着学生接受教育内容的多少，妨碍或促进着学生主观世界的改造。大量事实证明，如果教育者具有高尚人格，他就会得到学生的尊敬和信赖，学生也就乐于接受教育者所宣讲的理论。教育者高尚的人格形象与思想政治教育中其他要素有机结合，就能把思想政治教育的效果成倍放大；反之，学生则会对教育者的说理产生怀疑乃至抵触情绪，最终导致思想政治教育产生事倍功半甚至劳而无功的结果。教育者高尚的人格形象具有情感上的沟通作用、对真理的形象化作用、行为上的示范作用以及对育人环境的净化作用，直接影响着学生的心理变化，左右着教育过程中各种因素作用的发挥，从而决定了思想政治教育成效的方向和大小。第二，要做学生的表率。我国古代教育家孔子最早倡导教育者的表率作用，揭示了“其身正，不令而行；其身不正，虽令不从”的道德教育原理。孔子一生从事教育，提出过许多先进、科学的教育思想，最可贵的是他能“以身立教”，严于律己，为学生做出了表率，因而受到学生们的爱戴和尊敬，也受到后代教育工作者的敬仰，被后人誉为“万世师表”。教育者的表率作用主要表现为：有坚定的政治信念；有扎实的科学文化理论基础；有高尚的道德品质；有良好的工作作风；有文明的礼貌风度；等等。总之，教育者要处理好言传与身教的关系，自己身先士卒，率先垂范，用自己的模范行动去实践自己提倡的先进道德标准和价值观念。只有这样才能增强思想政治教育活动的实效。

遵循以实效性为本的观念，要树立大德育思想，合力育人。大学生社会主义核心价值观培育是一个系统的立体工程，保证这个系统工程从理论认识转化为教育实践，需要学校各部门协调配合，齐抓共管，形成教育合力，营造良好的学生思想政治教育“小气候”；同时，也应该明确学校、家庭、社会和个人在思想政治教育中的责任和义务，努力营造一个全社会都来关心大学生健康成长的良好思想政治教育“大气候”，共同担负起育人的责任。为此，要做到两点：

第一，要把大学生社会主义核心价值观培育纳入高等教育的体系之中。要把思想政治教育融入大学生专业学习的各个环节，渗透到教学、科研和社会服务的各个方面，改变大学生社会主义核心价值观培育只是思想政治教育者的事情的狭隘观念，扩大教育主体队伍。通过全员育人、全过程育人满足大学生成长、成才的需要。

第二，要把大学生社会主义核心价值观培育纳入社会发展的系统工程之中。大学生社会主义核心价值观培育活动的开展，会受到各种环境因素特别是社会环境因素的制约和影响。良好的环境可以促进大学生社会主义核心价值观培育，发挥教育的功能。不良的社会因素也可能削弱学校教育，增加思想教育的难度。因此，大学生社会主义核心价值观培育要集聚家庭、学校和社会方方面面的力量，形成思想政治教育合力，共同营造大学生健康成长的良好社会环境。教育的合力来自家庭、学校和社会，学校教育指导，家庭参与督促，社会不断优化环境。而所有这些又都离不开学生的笃信笃行。为明确责任起见，一些高校在新生进校时就与学生及家长签订意向性协议，明确学生在校期间学校、家长、学生各自应该承担的职责和履行的义务，明确学生在校期间行为后果哪些该由家庭承担、哪些该由社会承担、哪些该由学校承担、哪些该由学生自己承担。

责任明确了，矛盾少了，关系自然也就顺了。家庭、社会、学校都参与到学生思想政治教育中，就能构建“育人场”。由于血缘关系、亲情关系的汇合背景，家庭教育具有经常性和可信性；社会教育通过社会舆论、社会活动等方式进行，具有广泛的教育内容，它是学生思想政治素质提高的大课堂；学校教育是对学生进行有目的、系统的正规教育，对学生的全面发展起着主导作用。这样，高校就能充分发挥家庭、社会的教育功能，确保社会、家庭和学校教育的一致性和协调性，构建“育人场”，把学生置于“场”中，实现全员育人、全程育人。

## 二、建立健全大学生社会主义核心价值观培育的舆论引导机制

2016 年 2 月，习近平总书记在党的新闻舆论工作座谈会上指出，“党的新闻舆论工作是党的一项重要工作，是治国理政、定国安邦的大事，要适应国内外形势发展，从党的工作全局出发把握定位，坚持党的领导，坚持正确政治方向，坚持以人民为中心的工作导向，尊重新闻传播规律，创新方法手段，切实提高党的新闻舆论传播力、引导力、影响力、公信力”。由此可见，舆论工作是主流意识形态建设工作的重要内容之一。

### （一）坚持党性原则和实事求是原则

#### 1. 坚持党性原则

新闻舆论必须坚持党性原则，也就是说必须保证大众媒介坚定正确的政治方向，要保证社会上新闻传播以正确的舆论导向为基础。宣传舆论中的党性，就是要体现在站在党的立场上，坚定不移地贯彻党的路线、方针、政策。站在党的立场上，就是要站在人民群众的立场上，因为中国共产党的利益和人民的利益是统一的，党性和人民性从来都是一致的、统一的。因此，坚持党性原则，就必须坚持对党和人民负责的一致性，把为党的事业服务和为人民说话统一起来，也就是坚持党性和人民性的统一。

我们党是马克思主义政党，自成立之日起就十分重视意识形态建设，而新闻媒体的党性建设是意识形态建设领域的重要组成部分，因此我们党始终强调新闻媒体工作要坚持党性原则。1942 年，毛泽东在延安整风时期强调：“党性是阶级性的彻底表现。党报要有坚强的党性，代表党的利益，无论发表什么消息和文章，都要首先考虑对党是否有利。”① 正因为媒体宣传工作的意义如此之重大，所以必须坚持党管媒体的原则，增强引导舆论的本领，掌握舆论工作的主动权，牢牢把握舆论导向，正确引导社会舆论。

---

① 吴冷西．回忆领袖与战友［M］．北京：新华出版社，2006：10.

2. 坚持实事求是原则

坚持实事求是原则对于当前的媒体传播来说具有极为重要的作用和意义，一方面可以帮助恢复主流媒体的公信力，另一方面还可以帮助党和政府更好地引导信息时代的大众传媒舆论传播。实事求是，就是一切从实际出发、理论联系实际，讲真话、办实事，不弄虚作假，不欺骗群众。解放思想、实事求是，是保证中国共产党永葆蓬勃生机的法宝，是建设中国特色社会主义理论的精髓。

媒体工作必须保证真实性，也就是必须保证其传播内容的真实性，这是媒体活动内在的重要规律，同时也是信息接受者对信息传播者提出的一项基本要求。马克思主义传播观认为，无产阶级、社会主义主流媒体，要维护新闻的真实性，要正确地认识、反映、影响世界，必须坚持辩证唯物主义和历史唯物主义的世界观、方法论，也就是坚持实事求是。马克思曾指出：只有"根据事实来描写事实"，而不是"根据希望来描写事实"的报刊才是真正的报刊；新闻记者应当"极其忠实地报道他所听到的人民的呼声"，"只要报刊有机地运动着，全部事实就会完整地被揭示出来"①。恩格斯也曾指出："绝不允许自己的倾向性影响我们对……报道的判断。"② 列宁对于信息真实性指出："我们应当说真话，因为这是我们的力量所在"③；"要向公众全面报道和阐明真相，不浮夸、不武断、不造谣"④。发挥大众传媒的舆论引导功能，依然需要遵循实事求是的基本原则。大众传媒既是党和政府的传话筒，又是群众的"喉舌"，因此它不能偏离自己的角色定位。一方面，在对公共事物进行报道时，必须保证报道的真实性、客观性和全面性，要充分尊重社会公众的知情权；另一方面，在进行新闻策划和议程设置的过程中，必须要遵循公平、公正、公开、独立的原则，保持自身的独立性和客观性，尊重客观事实，客观地反映各方观点，尤其是少数意见甚至持反对的意见。

就我国当前的大众媒体舆论引导工作来说，从整体上来看保持着一种良性的发展态势，但不可否认的是，在当前复杂多变的国内外形势下，也出现了一些不良现象。一是一些报道夸大其词，违背科学。一些报告为了吸引眼球或是出于对社会造成恶劣影响的目的，在报道中加入一些具有虚假性和欺骗性的内容，混淆视听。二是一些犯罪案件的报道，缺乏基本法律意识和法律常识。一些媒体为了博眼球而过分干预事件，甚至干预司法，从而在社会上引起不好的

① 马克思恩格斯论新闻［M］. 北京：新华出版社，1985：105-106.

② 马克思恩格斯论新闻［M］. 北京：新华出版社，1985：238.

③ 列宁全集：第11卷［M］. 北京：人民出版社，1987：333.

④ 列宁全集：第9卷［M］. 北京：人民出版社，1959：212-213.

舆论导向，造成“媒介审判”现象的发生。三是一些媒体只关注报道的收视率和点击量，在新闻中加入大量娱乐化内容，造成了大众媒介的严重娱乐化倾向。随着互联网的发展，网络舆情成为新课题，很多严肃的社会事件在网络传播中失去了其严肃意义，甚至发展为带有很强娱乐性的社会事件。人民网的“社会走笔”栏目发表杂文，对这类现象进行了分析。文章中指出，“一个严肃的话题奇异地充满了娱乐性，以媚众和无立场为立场的传播代替了传统成了社会心理的最高权，多元化最终沦为单一化的事不关己不正经不负责的娱乐，娱乐压倒一切。善与恶的黑白分明于是在事不关己的起哄中让位给色彩斑斓而混乱的——搞笑。”① 媒介应该起到价值引导作用，不能单纯地娱乐化追求而忽视了其他功能，也不能流向庸俗化和肤浅化。

可以看出，出现以上这些问题的原因在于没有坚持实事求是的原则。为保证信息传播的真实、客观和全面，大众传播必须始终坚持实事求是原则，坚持传播的真实性、权威性、准确性。这就要求媒体工作者具有较高的职业道德和社会责任感，坚决杜绝虚假信息，自觉抵制错误观点，传播真实准确的新闻信息。只有这样，大众传媒才能真正肩负起“党的喉舌”和“群众喉舌”的双重职责。

### （二）发挥大众传媒舆论监督功能

大众舆论引导工作是一个复杂的系统工程，其中一个重要组成部分就是舆论监督，在网络时代开展舆论引导工作，必须充分发挥舆论监督功能。舆论监督，是指公众借助大众媒介的传播优势，以公开的方式对国家事务、社会现实、国家公务员以及一切社会成员的行为所实施的检查、评定和督促。舆论监督所体现的是一种公众意志，所以它所实施的社会监督具有很强的影响力和权威性。发挥报刊、电视、电台和网络等大众传媒的舆论监督作用，一方面可以保障人民群众的知情权、表达权、参与权和监督权，另一方面可以对党内和社会上的消极面给予积极稳妥的报道和适当的批评，促进社会主义民主政治建设。

目前，单纯依靠党内监督有时不能实现全面监督，这时就需要充分发挥大众传媒的舆论监督功能，以更好地对舆论传播进行监督。长期以来，传统媒体和群众很难发挥其舆论监督功能。以互联网为基础的新媒体的出现，为弥补这种监督体制的弊端增添了机遇。“如果说之前媒介技术的发展增强了媒介的权力，而使少数社会当权者对传播的控制权不断流失的话，那么新媒体技术所带来的传播革命则普遍地将‘传播权力’从媒介的一方转移到受众的一方，从而

① 田文生. 大众传媒媚俗化倾向评析［J］. 新闻与传播研究，2000（59）：45.

使受众有更多的媒介选择和信息选择，并且能更加主动地使用媒介。"① 大众传媒的舆论监督实质是群众监督的一种新形式，属于非权力型监督，是中国共产党整个监督体系的一个重要组成部分。

随着新媒体的出现和不断发展，大众传媒的舆论监督功能获得了更多、更强的权利，有效地促进了社会主义民主政治的发展。新媒体相较于传统媒体具有更强的开放性、匿名性，这就决定了新媒体的舆论监督方式更高效、辐射范围更广、影响力也更大。

总之，随着新媒体的产生和发展，大众传媒的舆论监督功能越来越重要，其优势也得到了充分展现。但我们必须清醒地、全面地认识舆论监督，因为舆论监督也可能产生反面作用。例如，有些人利用网络开放性、匿名性等特征制造谣言，传播不利于社会主义的一些舆论；还有些人利用网络舆论监督的功能肆意诬陷他人。因此，我们一方面必须以新媒体舆论监督为切入点，形成监督合力，完善社会主义监督体制。另一方面，必须以制度化的方式、法律的形式，规范、引导大众传媒的舆论监督功能，遏制其负面效应。

### （三）健全大众传媒舆论引导制度

随着网络时代的到来，我们党的思想宣传和引导工作受到了一定影响，主要是因为开展工作的环境发生了变化，这就导致具体的工作任务也发生了重大变化。以网络为基础的新的大众媒介的普及，以前所未有的方式开拓了社会舆论空间。同时随着新媒体的不断发展，已经逐渐形成了新的网络舆论场，而这一舆论场具有全新的特征。这就要求我们必须建立并健全大众媒体的舆论引导制度，以此推进社会主义主流意识形态工作的顺利开展。

#### 1. 建立健全网络舆情监测制度

网络时代，大众传媒的舆论引导功能越来越重要。为了更好地发挥这一功能，我们必须加强和优化舆情监测。这主要体现在三个方面，即甄别制度、反馈制度和责任制度。甄别制度，就是通过设计出严格的程序来识别舆情的真假、判断舆情性质，剔除伪舆情信息。反馈制度，就是相关负责人必须按照一定的程序甄别、处理舆情，形成科学的分析结果并迅速反馈给相关部门。责任制度，就是在合乎法律的基础上，明确规定从事舆情工作的机构、部门以及工作人员的责任和义务，以防止舆情信息外泄、非法交易、监督失灵等现象的出现。2008 年，人民网正式组建舆情监测室，对传统媒体网络版、网站、网络"意见

---

① 许静. 舆论学概论 [M]. 北京：北京大学出版社，2009：197.

领袖”个人博客、微博客等网络舆情主要载体进行24小时监测，并形成科学化的监测分析研究报告等成果。虽然我国在舆情监测方面已经取得了一定成果，但是舆情监测制度还没有完全形成，还需要不断地探索和完善，因此要建立健全大众传媒舆情监测制度，同时要尽快建立和完善对舆情搜集机构、部门和相关人员的保障制度。

2. 建立健全舆论传播制度

在舆论引导工作中，应该及时采取正确的舆论疏导。首先要对大众媒介舆情进行全面分析，之后采取正确疏导方式，引导社会舆论朝着有序、良性的方向发展。同时，要借鉴传播学的原理，比如，强化网络“把关人”的作用，利用新媒体进行有效的“议程设置”，高度重视、发挥网络意见领袖的积极作用等来引导受众认知，引导舆论。

3. 建立健全舆论应急制度

建立健全舆论应急制度并不是一项单一内容的工作，而是包含了丰富内容。具体来说，需要建立大众媒体舆情危机应急预案、大众媒体舆情联动机制、权威信息快速发布制度等。其中，建立大众媒体舆论应急制度主要是针对一些突发事件，以此及时有效地进行舆论引导。在当前的大众传播时代，更可能发生突发事件，网络事件和现实事件通常还会相互交织。因此，政府必须及时、全面、准确地掌握并传递突发事件的信息，只有把握舆论焦点才可以在社会中进行切实有效的舆论引导。由此可见，健全大众传媒舆论应急制度是关键保障。

### 三、大学生社会主义核心价值观培育运行机制的运作

思想政治教育的客观效果在很大程度上依赖于运行机制的选择。高校学生各自所处的社会背景、生活经历以及受教育程度不同，这就决定了他们之间的思想观念、思维方式、思想觉悟的差异。因此，他们改变自己思想、观念、立场的契机也不会相同。这就要求思想政治教育的运行机制要与大学生的身心特点和思想实际相符合，体现出针对性和独特性，促进学生自觉地通过进一步的认识活动来把握客体及主客体相互作用规律，将教育者倡导的思想观念和行为方式逐渐内化为自己的价值观念体系，既提高认识水平，也完善实践手段，提高实践能力，更好地改造客观世界。一般来说，思想政治教育的运行机制是一个以一定方式有规律地运行着的动态过程，它力图通过对思想政治教育系统动态过程的考察，对多因素、多变量的思想政治教育运行做一种整体的、动态的刻画，从而达到实现思想政治教育运行的最优化控制的目的。其基本运作形态主要包括灌输、说服、激励、反馈等。这几种形态在思想政治教育矛盾转化过

程中相辅相成，共同构成一个有机的逻辑整体。

（一）灌输环节

灌输，是指向受教育者输送某种思想理论或知识。“灌输”在俄语中直译为充实，列宁首先将“灌输”引入思想政治工作中。1902年他在《怎么办》一书中指出：“工人本来也不可能有社会民主主义的意识。这种意识只能从外面灌输进去。各国的历史都证明：工人阶级单靠自己本身的力量，只能形成工联主义意识。”① 毛泽东同志对“灌输”的思想也有过论述，他在《论持久战》中说，“没有进步的政治精神贯注于军队之中，没有进步的政治工作去执行这种贯注，就不能达到真正的官长和士兵的一致，就不能激发官兵最大限度的抗战热忱”②。人的正确思想观念和行为的形成，必然有一个学习知识和前人实践经验，并在实践中运用正确思想指导个人言行的过程，这样才能实现由自发到自觉的转化。思想政治教育的灌输就是教育者使用各种恰当的方式，向学生输送科学知识、先进思想和理论的过程。思想政治教育的灌输要建立一种以注重调动学生思想自觉、发挥其思想主体作用的“理性说服”教育模式。所谓“理性说服”主要是指主体的自我说服，它是学生在接受科学知识、先进思想和理论，形成情感，培养意志和展开行为时，积极主动的自我思考与评价的实践活动。

思想政治教育灌输过程的基本构成要素有三个：一是教育者，二是灌输的内容，三是学生。要使灌输教育在大学生社会主义核心价值观培育运作中行之有效，必须注意把握以下几个方面：

1. 对灌输客体进行研究

研究灌输客体是有效灌输的前提。青年大学生是灌输的客体，是具体接受者，提高他们的政治、思想、理论和道德修养是灌输的根本目的。但这种灌输必须建立在他们也追求真、善、美，企盼尊重、理解、信任的心理和情感需求的基础之上。因此，对他们进行认真细致的研究，摸清其思想实际状况、接受能力和心理承受能力，既是实施有效灌输的基础，也是决定其成败的前提。

2. 保证灌输内容的科学性

这是有效灌输的物质基础。思想政治教育内容的科学性主要体现在：第一，内容要有新意，有时代气息，有折服人的道理。由于多次运动对马列主义真理的曲解，加上国际“共运”处于低潮，还用老一套的口号而没有说服力的内容，不仅难以起到积极作用，甚至会使学生产生厌倦心理。因此，要使灌输起作用，

---

① 列宁选集：第1卷［M］. 北京：人民出版社，1995：317.

② 毛泽东选集：第2卷［M］. 北京：人民出版社，1991：511.

就要发掘新内容，要言之有物；要研究社会面临的现实问题，做出客观、辩证、科学的解释。马克思主义理论要发展，必须联系实际，指导人们对现实问题进行正确的认识和分析，这样的灌输才具有积极意义。第二，思想政治教育的道理要贴近学生的现实生活，与学生的希望值并轨。对于党和政府的“肯定”与“否定”，要以事实说话。当今学生的观念、思维方式等发生了深刻变化，学生更重视直观、注重事实，不相信那些与事实不沾边的大话、假话。这要求进行思想政治教育时要特别注意用事实说话。第三，思想政治教育讲述的道理要经得起实践的检验。广大大学生思辨性强，对他们进行灌输教育时，他们相信思想政治教育者所讲的道理，但更相信亲眼所见或亲身体验的事实。只有经过实践检验、被事实证明的道理，才能真正为青年大学生所接受和信服。因此，必须用马克思主义的立场、观点、方法研究实际问题，做出符合客观事实的科学结论。

3. 提高灌输主体的综合素质

这是有效灌输的主观保证。思想理论灌输的主体，即具体施教者必须具有较高的素质，包括良好的政治思想素质、优秀的专业理论素质、较强的工作能力素质等。教育者素质的全面提高是实施有效灌输的基础，也是高校培养目标得以顺利实现的重要保证。高校应努力造就一批“专家化、学者型”政工人才，加强对他们的思想道德教育和专业知识教育、协作精神教育、科技知识教育，用高素质的工作队伍来保证思想政治教育的可持续发展。在影响素质提高的诸多因素中，起决定作用的是教育者自身，因此，教育者必须遵循先受教育的原则，认真学习各种思想理论，并注重理论学习与工作实践的结合，把理论用于强化自身的人格力量，自觉做到严于律己、以身作则，以自己的德行感召人、塑造人。此外，还要研究灌输的具体方法、有效的载体和途径，建立多层次、全方位的灌输教育的网络系统。①

### （二）说服环节

“说服”在思想政治教育运行机制中占有十分重要的地位。马克思主义认为：社会主义事业是全体人民的事业，只有依靠人民群众方能取得胜利，因此在人民内部必须发扬社会主义民主。共产党人在人民群众中工作，对人民群众的思想问题、认识问题以及相互间的矛盾，必须采取平等的、说服的方法，不能居高临下，随便训斥，否则就会混淆两类不同性质的矛盾，挫伤甚至扼杀人

① 黄蓉生. 21 世纪青年大学生思想政治教育创新研究［M］. 重庆：西南大学出版社，2001：138.

民群众的积极性、主动性、创造性。毛泽东在《关于正确处理人民内部矛盾的问题》一文中提出："凡属于思想性质的问题，凡属于人民内部争论的问题，只能用民主的方法去解决，只能用讨论的方法、批评的方法、说服的方法去解决，而不能用强制的、压服的方法去解决。"① 在新的历史条件下，坚持和运用"说服"教育的方法，有利于团结和带领广大人民群众为建设中国特色社会主义而努力奋斗。

说服是一个非常重要的概念，不少科学都使用它或使用过与它相似的概念。我们认为，说服就是指个人或群体运用充分有力的道理、话语，通过信息符号的传递去影响他人或群体的思想和行为的教育实践活动。说服是一种多变量所组成的结构，主要包括三大要素，即说服者、被说服者及其环境。其中，说服者是说服主体。一般来说，说服者威信的高低与说服的效果成正比。说服者的威信由专业性和可信度两个因素构成，前者是指专家身份，后者主要与扮演说服角色人物的人格特征、外表形态以及讲话时的信心、态度有密切关系。被说服者是说服的客体，说服的效果同被说服者的个性特点密切联系。在同一情景内接受同一说服者谈话，不同的人会做出不同的反应。个性特点主要指自尊心的强度、想象力的丰富、性别、智力水平等。环境是说服者与被说服者的周围境况，主要是指空间环境、时间环境和社会环境。环境状况是影响说服效果的重要条件。

根据以上分析可以看出，在大学生社会主义核心价值观培育中提高说服效果应该注意以下几方面：

1. 正确把握并分析学生的心理

这要求思想政治教育者要实事求是地从学生的思想实际、年龄特点、个性差异及心理状态的实际出发进行说服，既不放空炮、唱高调、隔靴抓痒，也不搞模式化、"一刀切"。为此，在思想政治教育过程的说服中，教育者必须了解学生的需要，分析学生的态度，知道他们想些什么、最关心的问题是什么、最急需解决的问题是什么。只有充分了解说服对象，掌握其心理，才可采取相应的说服策略，向说服对方展开心理攻势，让其接受教育者希望接受的观点、道理。

2. 正确把握说服学生的时机

要取得良好的说服效果，说服者应该选择一个适当的说话时机，在恰当的时候发言，善于把握最佳点，如在转换环境时、在物质或精神上获得满足时、

① 毛泽东选集：第 5 卷［M］. 北京：人民出版社，1977：368.

在情绪低落时、在处于困难中时。过早了，条件不成熟，达不到预期目的；晚了，则时过境迁，说了也于事无补。

3. 合理地运用说服技巧

语言是传递信息、表达思想感情的工具，言语是语言的具体运用和个别体现。说服人要借助语言来表情达意。言语的表达对说服的效果有着不可低估的影响：言语表达恰当，就有感召力，说服力就强；表达不恰当，如过于刺激说服对象，枯燥无味，颠三倒四等，就说服不了人。因此，说服者的言语表达应委婉生动。“摆事实，讲道理，以情感人”是说服教育对象时必须遵循的基本准则。说服人的目的，无非是影响人的思想和行为；要影响人的思想和行为，必须深入人的思想；而能够融入人的思想深处的，只有“理”。所以，说服者要晓之以理，讲透道理；要融进积极的情感效应，动之以情，以情感人。

4. 教育者要保证自身品行高尚

教育者品行高尚是完成说服的重要条件。陶行知先生对教育工作者提出了这样的要求：学高为师，身正为范。学高，指精深的专业知识，良好的文化素养；身正，指高尚的道德情操、良好的文明修养。实践证明，教育者的政治素质、品德修养、治学态度、思想作风以及仪表举止、生活习惯，都会对学生产生潜移默化的作用。教育者自身行为所展示的思想境界，本身就是重要的教育内容和活的教材。因此，要达到说服的目的，教育者首先要提高自身的素质。

“说服”是一门学问，它以尊重对方为原则。“说服”不是压服。压服，是指信息接受者感到没有选择的权利，只能按照信息的要求去做。压服的结果，取得的只是表面上的不稳固的效果。压服者的动机可能没有错，但由于手段不正确，往往导致了目标的偏移。“说服”本身含有感化的意味，使对方心悦诚服。这就要求教育者充分尊重学生，在说服过程中不以势凌人，不以理压人，不以教育者自居而对学生横加指责；要与学生处在同一平面上，并且给学生说话的机会，让他们主动参与说服过程，逐步引导学生提高认识。当然，尊重不等于迁就，它是有限度、有分寸的。尊重对方的最终目的是说服对方，并且使说服传授的双方都充分发挥主动性，优化说服的效果。

### （三）激励环节

“激励”一词，从语义学的角度看是激发、鼓励的意思。现代管理心理学认为，所有的人的行为，都是受到激励而产生的，并有其一定的目的和目标，这种“目标—导向”行为以总是围绕着满足需要的欲望而进行的。激励可以激发人的动机，引起、鼓励、推动人的行为，充分调动人的积极性。作为思想政治教育运行机制的形态体现之一的激励，主要是指教育者遵循大学生的思想、行为发生发展的特点和规律，按照社会和学校的要求，采取有计划的措施，设置一定的外部环境，施以正强化和负强化的信息反馈，激发学生形成积极的心理推动力，鼓励学生在学习、生活中表现出高度的积极性、能动性和创造性，正确、高效、持续地达到教育者预定目标的实践活动。激励有益于强化学生的正确观念和思想行为，摒弃错误的言行，使学生的思想行为在实践中得到锻炼和升华，朝着预定的目标持续努力。

在高校思想政治教育中，构建一个良好的动态的激励模式，将会使思想政治教育更富成效，“激励源—激励原则—激励方式—奋进”是该模式的第一个阶段。激励源即教育者，是激励的主体，激励的方式均由激励源输送；激励原则是方向，只有坚持激励原则，才能使激励方式的运用不偏离正确的轨道；采用适当的激励方式，其目的是让大学生产生奋进意识并采取努力的行动。

激励环节的第二个阶段，即大学生的奋进过程。绩效不是由激励本身直接导致的，而是通过大学生的努力才能取得的。运用激励只是为了使学生不断努力，可以说是个人奋进的催化剂，因而激励决定着努力的程度、努力的方向及维持努力的时间。绩效的取得，要受到诸多因素的影响，其中最主要的有能力和技能、周围环境、个人努力程度等。

激励环节的第三个阶段是对绩效进行评价的过程。思想政治教育的绩效就是思想政治教育引起学生思想行为、组织行为、精神或文化环境以及学习效率积极变化的表现，它有优差之分。大学生的行为通过激励后就会产生一种绩效，教育者要及时正确地给予评价。对绩效好的进行奖励，对绩效差的进行批评教育甚至惩罚。无论奖励或惩罚都是一种评价的手段，都应做到公平、合理，让先进更先进，后进赶先进，从而达到激励的最佳效果。在公平评价学生取得的绩效后，还要看他们所取得的绩效是否达到了教育者培养目标的要求，是否满足了学生个人的心理需要。若双方都满意，说明激励是成功的。

激励环节的最后一个阶段，即反馈的过程。理想的激励模式应该是学生经过努力后所达到的绩效正好符合激励者预先设置的目标的要求，而这种绩效的取得也正好满足了学生个人的心理及社会心理的需要。特别需要指出的是，一般情况下激励可以反复进行，因为激励是一个让人努力的过程，而不是激励本身就能实现；组织目标要求和个人满足程度反馈到激励源即教育者，教育者对反馈来的信息做出分析判断。如果激励未能使学生取得组织要求的效果，而且个人的某种需要也未能得到满足，那么就需要再一次进行激励，并寻找合适的激励手段，直到激励者和激励对象双方满意为止。

### （四）反馈环节

反馈本来是控制论的一个基本概念，指“把施控系统的信息作用于被控系统后所产生的结果再输送回来，并对信息的再输出发生影响的过程”①。按照控制论的创始人维纳的解释，“反馈即将系统以往的操作结果再次送入系统中去”，其特点在于“根据过去的操作情况去调整未来的行为”。由此可以确定，所谓反馈，就是指用系统活动的结果来调控整个系统活动的过程，又称反馈控制。

思想政治教育作为一个相对开放而又独立的大系统，也是由包括施控系统（教育者）和受控系统（受教育者）在内的若干子系统相互关联、相互作用而构成的一个有机复合体，要保证这一系统运作机制的有效性，离开反馈显然是无法达到预期目标的。对于任何一个控制系统而言，由于环境变化而产生的干扰信息的作用，总会使受控系统的输出状态偏离预定状态，只有通过反馈，将系统运行所出现的状况与预定状态之间的偏差信息及时输送给施控与受控系统，借以调整和改变施控与受控系统输入和输出的信息，方能保证系统预定目标的达成。具体而言，所谓思想政治教育的反馈，是教育者将输出的决策信息付诸实施，然后把作用于学生的实施信息即效果再输送回来，对教育工作进行调节，做出新的决策。反馈渗透在整个思想政治教育运作机制之中，有助于提高思想政治教育目标决策的科学性，保证思想政治教育系统运行的稳定性。

依据思想政治教育系统运行的基本流程，可以将反馈归纳为以下几个类型：

1. 前置反馈

前置反馈，是指在大学生的思想和行为开始之前，教育者便按照预定的目的，根据可能出现的趋势和偏差预先发出控制信息，来调整和控制大学生思想和行为的趋向。有时又称“思维内反馈”，它可对思想政治教育系统运行结果做前瞻性的控制。例如开展校园文化建设，如果在工作之前，先对校园文化的现状做广泛而细致的调查，了解青年大学生对校园文化建设所持的态度，分析以前同类型的活动存在哪些缺点，应如何改进；然后，根据校园文化建设的目的和宗旨，确定重点及首要内容，预设性开展系列示范教育，这样就能保证校园文化建设沿着正确的方向发展。

2. 中程反馈

中程反馈，是指在思想政治教育的施控系统发出决策控制信息作用于受控系统的过程中，由于环境变化的影响，常使决策控制信息出现自身不周密或与客观情况的变化不相适应的地方，需要及时地把原决策信息与客观环境之间的

---

① 王德胜．当代交叉学科实用大全［M］．北京：华夏出版社，1992：321.

矛盾情况包括环境信息的来源、特点、对教育者和大学生所产生的影响，以及方案计划、方法、内容、途径、措施等决策信息的执行情况借助多级反馈通道输送给决策者，从而对决策信息做出必要的修改和补充，以便决策者不断地修正和调解原决策与环境变化之间的偏差信息。中程反馈有助于各部门、各子系统之间信息的及时沟通，从而使系统在有机协调的基础上保持正常而高效的动作。

3. 后继反馈

后继反馈，是指在思想政治教育系统运行结束后，要以大学生思想、行为变化为基础，通过对系统运行结果加以客观全面的分析和考评，获得有关系统运行结果的信息，并使大学生受到鼓舞、震动和教育。借助于后继反馈信息，不仅可以使大学生在思想政治教育系统运行结束后得到及时的教育强化，使其受到鼓舞，还可以充分启发大学生自我教育的自觉性，使其不断汲取以往的经验教训，自觉主动地认识和纠正自己思想和行为上的偏差，使之符合思想政治教育之目标要求。后继反馈更加突出信息反馈对未来或下一步思想政治工作系统运行的指导、调控作用，它往往会成为随后发生的事物的“前置反馈”。

4. 退出反馈

退出反馈，是指思想政治教育系统中的教育者和被教育者要退出个人的小圈子，退到与自己有关的事物之外从他人或全局的角度来考察，调整自己的思想和行为。由于学生的思维往往存在固定性倾向，加上思想问题本身也不是一下子就可以解决的，因此常出现思想政治工作做得越多，需要解决的问题也就越多的局面，使思想政治教育者常常是 8 小时上班、24 小时待班、工作忙不完、效果看不见，学生也常常表现出思想疙瘩越解越多的状况。这就需要教育者或学生退出反馈，站在旁观者或从全局角度来审视面对的事物或思想问题，以寻求问题解决的新的突破口。

总之，这四类反馈相互关联、相互补充、相互作用，以完整有机的反馈形态共同体现在思想政治教育运作中。反馈是思想政治教育运作机制不可缺少的有机组成部分。

## 第三节　评价机制构建

开展大学生社会主义核心价值观培育活动，需要了解和掌握教育的实际效果，而评价机制就是切实反映教育效果的体系。大学生社会主义核心价值观培育的评价机制，是指通过对社会主义核心价值观培育内容、方式方法的效果进行全面、科学的评价，进而建立的反馈社会主义核心价值观培育效果的有机体系。为确保社会主义核心价值观培育评价沿着正确方向，科学、有序、协调地开展，就必须要建构一套有效的评价机制。

## 一、基本的大学生社会主义核心价值观培育工作评价机制建设

### （一）建立健全政策导向机制

政策导向对于大学生的全面自由发展具有重要作用，建立健全科学、正确的政策导向机制是提高大学生思想政治效果的重要保障。一般情况下，大学生社会主义核心价值观培育政策主要是指教育评价中的奖惩政策制定，各种引导性政策。需要注意的是，进行社会主义核心价值观培育评价并不仅仅是为了评价教育对象的思想政治素质情况，更重要的是以此为根据优化社会主义核心价值观培育，从而有效提升教育的质量和效果。评价的终点不是评价报告的提出，而是应该充分考虑评价在评价报告提出后的指导作用。因此，必须在评价中制定一系列与评价对象切身利益、发展前途等相关的政策，以此让教育教学评价具有重要的导向作用。政策导向与评价对象的切身利益以及社会发展有重要联系，所以应该按照一定步骤和阶段来落实。

### （二）建立健全技术支撑机制

科学技术的飞速发展是社会发展的一个重要特征，随着技术的不断更新和优化，当前的大学生社会主义核心价值观培育评价可以借此进一步提升准确性。因此，大学生社会主义核心价值观培育评价应该充分利用先进的科学技术，从而提升社会主义核心价值观培育评价的科学性、准确性，推进大学生社会主义核心价值观培育的科学性、有效性。

第一，组织专家进行技术指导。大学生社会主义核心价值观培育评价和其他专业学科的评价存在显著区别，它具有自身独特的理论体系和技术要求。因此，为提高教育评价的准确性，应该组织专门从事评价研究的专家、教授进行技术指导，让他们作为评委或顾问提高评价的科学性、准确性。

第二，组织评价人员进行技术培训。提高大学生社会主义核心价值观培育评价的科学性，必须提高评价人员的专业能力，要保证评价人员熟练掌握相应的评价技术，只有这样才能保证评价的准确性。因此，有必要组织评价人员参与技术培训，以此提升他们的专业业务水平，让他们在教育评价中充分发挥作用。

第三，建构科学准确的数学模型。数学模型的运用是大学生思想政治评价具有科学性、准确性的重要技术支撑。一般情况下，将数学模型运用于教育评价要构建三类模型，即检验类数学模型、信息处理类数学模型、评价定义类数学模型。数学模型的构建是提高评价可靠性、准确性的重要因素。

第四，运用高新科技成果。科学技术的运用提升了大学生社会主义核心价值观培育评价的科学性、准确性，促进了教育评价的科学化发展，加强高科技成果在教育评价中的应用具有重要的意义和作用。例如，可以将现代技术设备与社会主义核心价值观培育评价有机结合起来，以此实现教育评价的数字化，保证社会主义核心价值观培育评价的理论、实践与技术都能实现符合时代特色的科学化发展。

## 二、大学生社会主义核心价值观培育的评价手段创新

选择合适的评价手段，是保证评价结果科学、准确的重要因素。大学生社会主义核心价值观培育评价手段是大学生思想教育评价的一个重要方面和重点内容，创新大学生社会主义核心价值观培育评价手段，对于揭示大学生社会主义核心价值观培育的客观规律、促进教育活动的深入开展、提高社会主义核心价值观培育的针对性和有效性，具有重要意义。

### （一）积极运用网络平台

随着现代数学的不断发展和进步，以及计算机的广泛应用，大学生社会主义核心价值观培育评价有了新的平台和手段。利用现代数学和计算机可以实现教育评价的科学量化。传统的思想教育评价很难量化，是因为在思想现象中除了有确定性现象外，还存在不确定性现象，如随机性现象与模糊性现象。对于确定性现象，可以采用严密而精确的传统数学方法进行分析和处理；而对于不确定性思想现象，就难以用传统的数学方法了。21 世纪以来，相继建立起来的数理统计、模糊数学，则为解决大学生社会主义核心价值观培育评价这个难题提供了有效的工具和手段。现代电子计算机的广泛运用，无疑为定量评价提供了良好的物质基础与技术保证，为大学生社会主义核心价值观培育评价的科学化开辟了广阔的前景。随着网络技术的发展和普及应用，相较于传统评价，网络评价具有显著的优势，最明显的就是“时间无屏障”“信息无屏障”等优势。因此，在坚持传统手法中有利方面的同时，要运用好网络这个新兴评价工具。网上满意度测评操作简单、点击方便，而且其匿名性使评价者敢于自由表达。网上系统评价不仅使评价成为一种常态的社会主义核心价值观培育质量监控和

信息服务手段，还可以实现过程和结果的“阳光评价”，并能降低现场评价中评价主体和迎评单位的时间成本与经济成本。

（二）贴近学生，重视热点性和创新性评价

在当前复杂多变的国内外形势下，我国的大学生社会主义核心价值观培育工作任务艰巨、责任重大。在传统的社会主义核心价值观培育评价中，通常不会与学生群体有过多联系，没能充分发挥大学生群体对于增强大学生社会主义核心价值观培育实效性的重要作用，因此难以解决好难点和热点问题。比如，认真学习宣传贯彻社会主义核心价值体系，深入开展中国特色社会主义理想信念教育，既是当前大学生社会主义核心价值观培育的首要任务和重中之重，也是学生思想道德素质发展的必然要求，必须采取有效措施抓紧抓实。同时，与大学生切身利益密切相关的生活服务保障、评优评奖、就业指导以及权益维护等，都是当前大学生社会主义核心价值观培育的热点，必须从育人的高度抓实抓好。随着网络逐渐成为人们生活中的一部分，以及不断开放的社会环境，大学生的学习、生活环境也日益复杂多变，对大学生社会主义核心价值观培育来说，其面临着全新的问题和挑战，尤其是在理想信念教育、心理健康教育、网络社会主义核心价值观培育等领域的问题给大学生社会主义核心价值观培育提出了新的挑战，对此必须加强调查、深入研究，在理论和实践形式上积极创新。要注意在创新实践的基础上坚持以学生为本，贴近学生，总结升华理论性的成果，并将其应用到新的工作实践中，从而实现大学生社会主义核心价值观培育评价手段的创新。

（三）注重差异，进行分类指导

从大学生社会主义核心价值观培育活动实现的宏观层面来说，分类指导是指按照大学生的实际情况因材施教，选择最合适的教育方法和手段。而对于大学生社会主义核心价值观培育评价来说，分类指导主要是在了解和掌握各校特色和亮点的基础上，指导学校之间的互相借鉴和学习，用适合本校的方法来对本校的大学生社会主义核心价值观培育进行评价。由于各校基础不同、底子不同，大学生社会主义核心价值观培育的评价模式是不能依葫芦画瓢的，更不能照抄照搬。可采取鼓励同类学校之间互相学习和借鉴的方法，找出差距，改进工作，从而达到拓宽眼界、开阔视野，进一步加强和做好大学生思想政治工作的目的。

特色是实现发展的关键，高校发展、高校社会主义核心价值观培育发展都要重视特色。高校应该找准自己的核心竞争力，要突出自身的特色，走特色发展之路。不同类型的学校应该有不同的特色和亮点。特色和亮点需要发掘，更要加以培育。比如说，通过社会主义核心价值观培育，从司法类院校的大学生身上反映出“公开、人人平等”的理念，从师范类院校的大学生身上反映出“学高为师、身正为范”的理念，从医学类院校的大学生身上反映出“生命为天、人命关天”的理念。当然，即便是同一类院校在教育教学上也应该有不同的特色。

### （四）统筹大学生社会主义核心价值观培育评价手段

#### 1. 现场考查

在大学生社会主义核心价值观培育评价中，现场考查是比较常用的评价手段。对这一评价手段的创新，应该体现在“听、看、查、访、询”等环节。

“听”。即听取大学生社会主义核心价值观培育工作情况汇报。汇报的内容和形式取决于内部评价的类型，它可以是全面、综合、集中或书面形式，也可以是单项、专题、分组或口头方式。

“看”。即指应该对大学生社会主义核心价值观培育进行实地察看，充分了解教育工作的条件、场所和设备等硬件。如思想政治理论课教学机构、心理健康教育咨询中心、理论性学习型社团、主题教育网站建设等的教学、科研、实验、办公或活动用房以及专用计算机室、图书资料等的配备与购置，都须在“看得见、摸得着”中做出事实评价。

“查”。即指应该对大学生社会主义核心价值观培育的相关资料进行抽查。包括教育工作计划、工作总结、会议记录、活动方案、文件通知、宣传手册、获奖证书、媒体报道材料等，其中关于教书育人、管理育人、服务育人和文化育人的规章制度是查阅的重点。

“访”。即指进行大学生社会主义核心价值观培育的集体座谈和个别访谈。为评价进行访谈时，应包括教职员工和大学生两个群体。在大学生这个层面上还可以细分出多种对象类别，以大学生为重点，对大学生进行深度的了解；而在全员育人中作为主体力量的社会主义核心价值观培育工作队伍，可分为党政干部和共青团干部、思想政治理论课和哲学社会科学课教师、辅导员和班主任“三支队伍”。

“询”。即指质疑和问询，它贯穿于大学生社会主义核心价值观培育现场考察评价的整个过程，可以对被评价单位或观测点负责人进行当面质疑和问询。现场考察虽然是一种传统的考评手段，但是它却具有一些现代考评手段不具备的优势。不过，这种评价方法的成本高、效率低，并且开放性和透明度相对不足，对教育过程的重视程度不足。现代思想政治考核手段很大程度上依赖信息技术，尤其是依赖网络技术。这些科学技术和手段使教育评价突破了传统的区域界限，评价者只要接入互联网就可以随时随地地进行教育评价，也就是说现代教育评价实现了跨空间评价。

2. 网络工具

当前高校在开展大学生社会主义核心价值观培育评价中会积极运用网络工具，以提高评价的效率。一般情况下，开展大学生社会主义核心价值观培育网络评价会按照以下程序进行。

第一，建立健全网络评价系统。大学生社会主义核心价值观培育评价需要进行网络教育评价，因此必须在网络评价平台上搭建相应的网络评价系统，为大学生社会主义核心价值观培育评价提供一个科学的专用网站。专用网站需包括评价组织管理网页、评价专家操作网页、评价对象参与网页、群众参评页等。在网络评价系统中，教育教学评价的组织者可以随时对评价专家、评价对象和其他评价者的身份进行切实有效的认证。

第二，搜集与整理评价数据。一般情况下，由评价组织者、评价专家和评价对象共同进行评价数据的搜集与整理工作。先由评价组织者通过组织管理网页提供评价指令数据，而后由评价专家利用抽样、调研等方式对评价数据进行科学的采集，最后评价对象需要通过网页提交自评结果，之后的工作则可以让网络评价系统按照设定好的程序自行完成。

第三，制定网络评价指标体系。在进行社会主义核心价值观培育评价时，必须制定科学的网络评价指标体系，只有这样才能保证评价的准确性。制定该体系，要求社会主义核心价值观培育评价组织者与评价专家充分考虑教育目的和被评价者的实际情况，以此制定具有针对性的评价指标，将这些指标有机地组合在一起形成科学的网络评价指标体系。

第四，确定网络评价权重系数。评价指标的权重系数，即评价专家根据社会主义核心价值观培育的目的与受评对象的实际情况，全面分析各相关评价因素。

第五，进行讨论并做出评价。网络评价系统中，评价者和评价对象可以进行讨论交流，这与其他教育评价不同。通过网络评价平台，评价者可以就某个问题进行切磋、展开讨论。必要时，评价者还要与评价对象就评价问题进行沟通探讨。在讨论交流的基础上，评价对象和参评群众分别在各自的网页上进行测评，给出测评意见。

## 三、大学生社会主义核心价值观培育的评价内容创新

对于大学生社会主义核心价值观培育评价来说，内容十分丰富、全面，包括教育目标的实现情况、教育任务的完成情况、教育内容的科学性、教育方法的合理性和教育组织形式的有效性等，都在评价的范围内，都需要按照一定客观尺度进行评价，而且必须进行评价才能进一步反馈和预测。大学生社会主义核心价值观培育评价内容反映社会主义核心价值观培育工作的导向性，也是学校培养人才的基本核心，它体现了人才培养的模式和社会对人才的基本要求。随着教育现代化的发展势必要求社会主义核心价值观培育内容现代化。比如对人的现代化要求，即社会对人才的要求，以及个体主体性的体现，包括人的主体性精神、创新精神、发散式思维、良好的心理素质等。因此，构成大学生社会主义核心价值观培育评价的重要内容必须体现出主体性、多元化、个体化、求异性、可持续性特征。只有这样，才能更好地推进学校的素质教育，促进人的全面发展。

### （一）加强对社会主义核心价值观培育师资队伍的评价

在全新的教育模式下，教育者和受教育之间的关系发生了改变，从传统的单向灌输变为师生间的双向交流互动，实现了“主体客体化”和“客体主体化”，通过教师的外化与学生的内化来实现思想道德素质教育的目的。开展大学生社会主义核心价值观培育必须有良好的师资队伍做保障，队伍中的教职员工必须具备良好的政治素养、道德素养，还要有较高的智力水平和良好的身体素质；要对社会主义核心价值观培育事业充满热情和追求，具备扎实的社会主义核心价值观培育理论功底，要对这项工作充满责任感和事业感；必须保证为人正派、言行一致，可以在大学生面前发挥良好的榜样作用。高校在构建自身的社会主义核心价值观培育师资队伍时，应该充分考虑自身的实际情况，保证队伍结构的合理性，保证队伍中既有经验丰富的社会主义核心价值观培育教师和专家，也有年轻的中青年骨干，同时还需要有精力旺盛、思维敏捷的后备军；既要保证队伍中有专职人员，也要保证有一定比例的兼职人员，要让社会主义核心价值观培育师资队伍形成一张广阔的教育网，扎根于大学生群体中。在开展大学生社会主义核心价值观培育工作时，必须给予辅导员和班主任充分的重视，发挥他们的力量，要重点考察他们是否切实履行了自己的工作职责。具体来说，辅导员和班主任的工作职责包括：深入了解大学生的实际情况，制订班级工作计划并按时召开主题班会，指导班级开展丰富多彩的活动等。

### （二）加强对社会主义核心价值观培育受教者的评价

大学生社会主义核心价值观培育的对象是当代大学生，检验教育效果应该通过观察大学生得出结果，大学生的思想观念和行为习惯等可以反映社会主义核心价值观培育的实际效果。因此，对大学生社会主义核心价值观培育效果评价时必须对大学生综合素质进行评价，要将其作为大学生社会主义核心价值观培育评价指标的核心。评价大学生的思想道德水平，首先应该考察大学生对思想政治理论知识的理解和掌握程度，也就是要考察当代大学生对世界观、人生观、价值观以及社会主义、集体主义、爱国主义等思想观念的认识、领会和掌握。其次，要考察大学生的行为习惯，这主要是指他们在学习和生活中表现出来的道德行为，学习态度、爱国热情、做人准则、文明礼貌等都可以反映大学生的道德水平。具体来说，可以将大学生的道德表现分为其参与各种集体活动的态度和表现、思想政治理论课及其他专业课程的出勤情况、课外科技活动参与情况、课外文艺体育活动参与情况等。大学生之间应该进行道德行为和道德观念的互评，按照自己观察的结果给予对应的评价。学生之间的相处时间较长，了解程度较深，因此可以对彼此做出比较全面、具有概括性的德育评价。此外，学生参与教育评价还可以有效提升社会主义核心价值观培育评价工作的参与性、民主性、公平性。

### （三）加强对社会主义核心价值观培育实施过程的评价

对大学生社会主义核心价值观培育评价，还必须对其过程进行评价。一般来说，该过程可分为以下几个方面：第一，对院系社会主义核心价值观培育工作规划、计划的评价。从院系的层面进行考察，检查院系的社会主义核心价值观培育规划、计划是否符合系统工程的指导思想，是否与上级制定的规划、计划保持总体一致；检查院系制定的规划、计划是否具有可实施性，是否可以将责任具体落实到人。第二，对教育活动的评价。对教育活动的考察主要是指对社会实践活动的考察，如社会调查、志愿活动和生产劳动等。要考察社会主义核心价值观培育的社会实践活动的内容是否积极向上、形式是否丰富多彩，保证社会实践活动涉及学术、科技、体育、艺术和娱乐等各个领域。第三，对实施细节的评价。社会主义核心价值观培育活动的重点在于其过程，因此必须加强对教育过程的评价。具体来说，需要对教育模式创新性、依法治校及违纪教育等情况进行科学全面的评价，对学生各级组织开展教育的指导水平、管理水平和运用现代教育技术水平的考查，对教职员工在教书育人、管理育人、服务育人方面参与度及表率作用的考查等。此外，大学生社会主义核心价值观培育活动是由多个环节组成的。因此，要考察这些步骤和环节的连接情况，检查这一连接是否科学合理；要考察社会主义核心价值观培育活动的进程是否符合大学生的思想变化规律和教育发展规律等。

### （四）加强对大学生网络虚拟群体整体状况的评价

网络具有开放性，任何人都可以在网络平台上发表和传播自己的观点，但是这种自由性为一些图谋不轨的人提供了可乘之机。这些人在网络上散布一些不正确的思想观念，其中一些思想观念因为迎合大学生网络虚拟群体中部分青年的偏激心理而得到认同，这直接对大学生产生了不利影响，让大学生产生背离社会主流的错误思想观念，以致做出一些破坏校园和谐甚至是社会和谐的不良行为，从而造成了大学生政治思想社会化的偏离。因此，必须加强大学生网络虚拟群体社会主义核心价值观培育评价，并且应该将理想信念教育作为网络社会主义核心价值观培育的核心内容，要不断提升大学生对各种网络信息的判断鉴别能力以及对不良网络信息的抵御能力。要引导大学生树立正确的世界观、人生观和价值观，要坚持不懈地用马克思列宁主义、毛泽东思想、邓小平理论、“三个代表”重要思想、科学发展观和习近平新时代中国特色社会主义思想武装大学生，开展中国革命、建设和改革开放的历史教育，开展基本国情和形势政策教育，开展科学发展观教育，让大学生可以正确认识社会发展规律，正确看待国家发展过程中出现的各种问题，清晰地意识到自身担负的社会责任，确立在中国共产党领导下走中国特色社会主义道路、实现中华民族伟大复兴的奋斗目标过程中不断发展、创新和坚定信念。

# 参考文献

[1]《十谈》编写组. 加强和改进新形势下高校思想政治工作十谈 [M]. 北京：人民出版社，2017.

[2] 王飞雪，文长春. 最新高校思想政治工作十二讲 [M]. 北京：红旗出版社，2017.

[3] 刘秉亚. “微时代”高校思想政治教育创新研究 [M]. 成都：西南交通大学出版社，2017.

[4] 张景荣. 社会主义核心价值观研究综述 [M]. 北京：社会科学文献出版社，2017.

[5] 赵汉杰. 当代大学生思想政治教育的创新研究及新媒体路径的实践探索 [M]. 北京：中国书籍出版社，2017.

[6] 翟中杰. 大学生网络思想政治教育过程导论 [M]. 北京：人民日报出版社，2017.

[7] 杨娜，李坤. 新媒体时代高校思想政治教育 [M]. 北京：九州出版社，2017.

[8] 赵兴龙. “互联网+”教育：以学生为中心的教育变革 [M]. 北京：科学出版社，2017.

[9] 许建宝. “微时代”背景下的高校思想政治教育 [M]. 长春：东北师范大学出版社，2017.

[10] 龙妮娜，黄日干. 新媒体与大学生思想政治教育研究 [M]. 北京：光明日报出版社，2016.

[11] 吴礼宁. 修身立德，文明守法——大学生社会主义核心价值观教育的理论与实践研究 [M]. 北京：中国水利水电出版社，2016.

[12] 陶建新. 大学生社会主义核心价值观培育研究 [M]. 成都：西南财经大学出版社，2016.

[13] 全家悦. 崛起与重构——大众文化影响下中国共产党意识形态传播路

径研究［M］. 北京：人民出版社，2016.

［14］郭亦鹏. 高校教学管理信息化建设［M］. 长春：吉林大学出版社，2016.

［15］刘华丽，王喜荣. 新媒介环境下高校思想政治教育效果研究［M］. 北京：知识产权出版社，2016.

［16］段艳兰. 信息全球化背景下的高校思想政治教育［M］. 长春：吉林大学出版社，2016.

［17］屈晓婷. 新媒体时空解码——大学生思想政治教育研究［M］. 北京：北京交通大学出版社，2015.

［18］刘洪敏. 新时期大学生思想政治教育理论研究［M］. 北京：北京理工大学出版社，2015.

［19］靳玉军，周琪. 思想政治教育学原理［M］. 重庆：西南师范大学出版社，2015.

［20］宋振超. 信息化视阈下高校思想政治教育有效性研究［M］. 北京：中国书籍出版社，2015.

［21］王燕文. 社会主义核心价值观研究丛书：总论［M］. 南京：江苏人民出版社，2015.

［22］喻嘉乐. 新时代研究生群体社会主义核心价值观教育研究［M］. 杭州：浙江大学出版社，2015.

［23］陈海燕，等. 全球化时代高校思想政治教育创新研究［M］. 济南：山东大学出版社，2015.

［24］杨庆山，史瑞杰. 大学生网络思想政治工作研究与实践［M］. 北京：中国书籍出版社，2015.

［25］李东，孙海涛. 在大学生中培育和践行社会主义核心价值观研究［M］. 北京：中国书籍出版社，2015.

［26］廖启云. 现代化视域下思想政治教育发展研究［M］. 北京：中国社会科学出版社，2015.

［27］邱仁富. 社会主义核心价值观培育研究［M］. 上海：上海大学出版社，2015.

［28］梁剑宏. 大数据时代：思想政治教育环境新论［M］. 北京：光明日报出版社，2015.

［29］季海菊. 新媒体时代高校思想政治教育的解构与重塑［M］. 南京：东南大学出版社，2014.

[30] 谢守成，王长华，等. 国际化视野下大学生思想政治教育创新发展研究 [M]. 北京：人民出版社，2014.

[31] 王爽. 新媒体时代大学生思想政治教育的挑战与创新 [M]. 北京：中国言实出版社，2014.

[32] 王继新，左明章，郑旭东. 信息化教育：理念、环境、资源与应用 [M]. 武汉：华中师范大学出版社，2014.

[33] 方宏建，郭春晓. 大学生思想政治教育学 [M]. 北京：人民出版社，2014.

[34] 黄蓉生. 改革开放以来大学生思想政治教育论纲 [M]. 北京：人民出版社，2014.

[35] 李才俊，唐文武. 网络视角下的思想政治教育方法新探 [M]. 成都：西南交通大学出版社，2014.

[36] 郭纯平. 我国高校思想政治理论课实践教学研究 [M]. 广州：世界图书出版广东有限公司，2014.

[37] 陈志勇. 新媒体时代的大学生思想政治教育 [M]. 北京：中国文史出版社，2014.

[38] 陈芝海. 大学生社会主义核心价值观教育研究 [M]. 北京：光明日报出版社，2013.

[39] 王虹，刘智. 新媒体时代高校思想政治教育创新研究 [M]. 北京：中国社会科学出版社，2012.

[40] 张禧，尹君，陈从楷. 坚持社会主义核心价值体系　创新大学生思想政治教育 [M]. 成都：西南交通大学出版社，2012.

[41] 林滨，等. 全球化时代的价值教育 [M]. 北京：人民出版社，2011.

[42] 卜毅然. 新时期高校思想政治理论课教育教学改革论 [M]. 长春：吉林大学出版社，2011.

[43] 姜正国，范大平，杨国辉. 全球化背景下的高校思想政治教育创新研究 [M]. 长沙：湖南人民出版社，2011.

[44] 张再兴，等. 网络思想政治教育研究 [M]. 北京：经济科学出版社，2009.

[45] 龙汉武. 高校学生思想政治教育实效性研究 [M]. 成都：四川人民出版社，2009.

[46] 张光慧. 大学生网络思想政治教育机制创新研究 [M]. 北京：中国言实出版社，2009.

[47] 唐家良. 高校辅导员队伍专业化建设与成长 [M]. 北京：现代教育出版社，2008.

[48] 夏晓红. 高校网络思想政治教育 [M]. 济南：泰山出版社，2008.

[49] 林庭芳. 高校思想政治理论课教育教学现代化研究 [M]. 北京：人民出版社，2006.

[50] 林立涛. 大学生社会主义核心价值观培育评价机制构建研究 [J]. 思想理论教育导刊，2018 (6).

[51] 喻畅，赵明远. 当代大学生社会主义核心价值观培育现状的思考 [J]. 湖北函授大学学报，2018 (1).

[52] 马小华. 论社会主义核心价值观的形成与认同 [J]. 学术交流，2018 (3).

[53] 许志铭. 增强高校校园网凝聚力创新研究——基于互联网+背景下网络思想政治教育资源的思考 [J]. 湖北经济学院学报（人文社会科学版），2017 (2).

[54] 社会主义核心价值观内涵——国家层面+社会层面+公民层面 [J]. 世纪桥，2017 (1).

[55] 杨冬梅. 社会主义核心价值体系融入大学生思想政治教育运行机制的构建 [J]. 经济师，2015 (12).

[56] 李文阁. 论社会主义核心价值观的形成、内涵与意义 [J]. 北京师范大学学报（社会科学版），2015 (3).

[57] 徐俊. 个体化社会中的教育使命 [J]. 教育发展研究，2014 (Z2).

[58] 章国锋. 后现代：人的“个体化”进程的加速 [J]. 中国政法大学学报，2011 (4).

[59] 习近平在全国高校思想政治工作会议上强调：把思想政治工作贯穿教育教学全过程　开创我国高等教育事业发展新局面 [N]. 人民日报，2016-12-09.

[60] 努力培养出更多更好的人才——习近平总书记在北京市八一学校考察时的讲话引起热烈反响 [N]. 人民日报，2016-09-11.

[61] 习近平向全国广大教师致慰问信 [N]. 人民日报，2013-09-10.

[62] 习近平. 做党和人民满意的好老师——同北京师范大学师生代表座谈时的讲话 [N]. 人民日报，2014-09-10.

# 后　记

《大学生社会主义核心价值观培育与践行研究》付梓了，这是社会各界鼎力支持和悉心帮助的成果，值得欣慰。

本书是新一轮广西一流学科建设项目——百色学院马克思主义理论学科开放课题“新时代大学生社会主义核心价值观培育与践行研究”的研究成果。

本书是百色学院马克思主义理论学科研究人员根据党的十八大以来对大学生进行社会主义核心价值观培育与践行状况的调查研究结果和开展社会主义核心价值观培育与践行工作做法的经验总结，以及运用有关的理论知识，对社会主义核心价值观的内涵和意义、社会主义核心价值观融入校园文化建设、充分发挥新媒体在大学生社会主义核心价值观培育与践行的作用、大学生社会主义核心价值观培育与践行的环境、目标、原则、方法、主渠道、队伍、机制进行深入的研究而成。本书力求理论与实践的有机结合，使之既有抽象的培育与践行理论探讨，又有实际的培育与践行工作建议，具有较强的可读性和操作性。因此，本书既可作为大学生社会主义核心价值观培育与践行的教材，也可作为关心大学生成长的教师、家长和有关领导指导大学生社会主义核心价值观培育与践行的参考书。

本书在撰写出版过程中，笔者与课题组其他成员谢岭华、韦陈锦、农彦、韦明裕、黄景斌、张吴斌一起深入开展大学生社会主义核心价值观培育与践行调查研究，他们提供了第一手材料和前期研究成果；参阅和引用了许多专家学者的科研成果和文献资料；百色学院马克思主义学院和学科建设与研究生工作处对本课题研究给予了大力支持。对所有关心、帮助我们的同志和热情支持大学生社会主义核心价值观培育与践行工作的社会各界人士，谨此表示衷心的感谢！

由于本人水平有限，书中定有许多不足之处，真诚地希望各位专家和读者指正。

邱其荣

2022 年初夏于澄碧湖畔